MARKETING EDUCACIONAL EM AÇÃO

M345　Marketing educacional em ação: estratégias e ferramentas / organizado por Sonia Simões Colombo ... [et al.]. – Porto Alegre : Artmed/Bookman, 2005.

ISBN 978-85-363-0514-1

1. Administração – Educação – Gestão. I. Colombo, Sonia Simões. II. Título.

CDU 658.8:37.07

Catalogação na publicação: Mônica Ballejo Canto – CRB 10/1023

MARKETING EDUCACIONAL EM AÇÃO
ESTRATÉGIAS E FERRAMENTAS

SONIA SIMÕES COLOMBO e colaborabores

2005

© Artmed Editora S.A., 2005

Capa: Gustavo Macri
Preparação de originais: Elisângela Rosa dos Santos
Supervisão editorial: Mônica Ballejo Canto
Projeto gráfico e editoração eletrônica: TIPOS design gráfico editorial

Reservados todos os direitos de publicação, em língua portuguesa, à
ARTMED® EDITORA S.A.
Av. Jerônimo de Ornelas, 670 - Santana
90040-340 Porto Alegre RS
Fone (51) 3027-7000 Fax (51) 3027-7070

É proibida a duplicação ou reprodução deste volume, no todo ou em parte, sob quaisquer formas ou por quaisquer meios (eletrônico, mecânico, gravação, fotocópia, distribuição na Web e outros), sem permissão expressa da Editora.

SÃO PAULO
Av. Angélica, 1091 - Higienópolis
01227-100 São Paulo SP
Fone (11) 3665-1100 Fax (11) 3667-1333

SAC 0800 703-3444

IMPRESSO NO BRASIL
PRINTED IN BRAZIL
Impresso sob demanda na Meta Brasil a pedido de Grupo A Educação.

Autores

Sonia Simões Colombo (org.)
Psicóloga e especialista em Administração de Empresas. Autora do livro *Escolas de Sucesso*; Organizadora e Co-autora do Livro *Gestão Educacional*. Lead Assessor pela Quality Management International. Professora de MBA em várias instituições de ensino em disciplinas de Gestão de Pessoas e Ética. Diretora da Humus Consultoria Educacional. sonia@humus.com.br

---

Alessandro Barbosa Lima
Criador da E-life Comunicação, primeira empresa brasileira especializada em Comunicação Boca a Boca e Marketing nas Redes Sociais. Mestre em Ciências da Comunicação pela Escola de Comunicações e Artes da USP. Graduado em Comunicação Social (Jornalismo) pela Universidade Federal de Pernambuco. Articulista do Canal Informática do Portal Terra e Professor da Universidade Anhembi Morumbi. albali@elife.com.br

Alvaro Luis Cruz
Master in Business Administration – University Of Pittsburgh; Actualización de Directores de Instituciones Educacionales – Universidade de Anahuac – Roma; Executive Development Program – ISE – Instituto Superior da Empresa. Bacharel em Direito – Universidade Paulista; Arquitetura e Urbanismo – USP; CMO EDUCARTIS corporation – USA. Diretor da Rede Pitágoras em São Paulo. alcruz@pitagoras.com.br

Célia Dugaich
Gestora de Marketing da Fundação Rotarianos de São Paulo, entidade mantenedora do Colégio Rio Branco, Faculdades Integradas Rio Branco, Instituto de Tecnologia Avançada em Educação, Escola Especial de Crianças Surdas e Centro de Ensino Profissionalizante Rotary. Foi Gerente de Marketing do IBMEC São Paulo por sete anos. Graduação em Administração de Empresas pela PUC-SP e pós-graduação em Marketing pela ESPM. celia.dugaich@uol.com.br

Eduardo Ramalho
Especialização em Marketing e Gestão de Operações pelo MIT. Doutor em Engenharia. Mestre em Métodos Quantitativos e Engenheiro Naval pela Politécnica da USP. É responsável pelo marketing do Programa de Educação Continuada da Escola Politécnica da USP. Consultor de empresas. Diretor de CRM e Database Marketing da ABEMD. Membro de bancas da FEA-USP, ECA-USP, ESPM. edumkt@uol.com.br

Elisa Wolynec
Diretora de Marketing da Techne. Master of Science pela Universidade de Sheffield, Inglaterra. Doutora e Livre Docente pela Universidade de São Paulo. Consultora em projetos de educação a distância e e-learning. elisaw@techene.com.br

João Marcos Rainho
Jornalista. Diretor da JM Publisher Comunicação e da Agência Publisher de Notícias. Consultor da GV Consult (FGV). Ex-editor das revistas *Ensino Superior* e *Marketing & Negócios*, *Melhores Práticas Educativas* e *Guia Escolas 2003*, entre dezenas de outras publicações segmentadas. Colaborador da revista *Educação*. Pioneiro em projetos de comunicação para qualidade. jmrainho@ig.com.br

Marcos Henrique Facó
Formado em Arquitetura e Urbanismo pela Universidade Mackenzie com pós-graduação em Engenharia pela École Polytechnique Fédérale de Lausanne, na Suíça. MBA pelo IAG da PUC-RJ e mestre em Administração de Empresas pela FGV; Professor do MBA em Marketing. Gerente de Comunicação e Marketing da Fundação Getúlio Vargas. mfaco@fgv.br

Maurício Cruz Sampaio
Pedagogo, pós-graduado em Tecnologias Interativas Aplicadas à Educação PUC-SP. Especialista em Marketing Pleno pela Midia Marketing School. Sócio Mantenedor do Colégio Jardim França; Diretor de Marketing da Promove Ação Sócio Cultural. Coordenador de Programas para Juventude do Estado de São Paulo. m.c.sampaio@terra.com.br

Miguel Dib Daud
Diretor Presidente da Sales & Negotiation. Administrador de Empresas pela USP e Marketing Pleno pela Midia Marketing School. miguel@snpublicidade.com.br

Shemi Jacob
Bacharel em Direito pela Universidade de Tel Aviv (Israel) e MBA pela Universidade de Derby (Inglaterra). Certified Trainer nas práticas do Edward de Bono e sócio-fundador da Edusys, licenciada oficial para os programas e serviços do Dr. Edward de Bono para o Brasil e Israel. shemi@edusys.com.br

Victor Rafael L. Aguiar
Administrador de Empresas – PUC/SP; Pós-graduado em Marketing – ESPM/SP. Mestre em Engenharia de Produção – UFSC/SC. Professor Universitário (Graduação e Pós-Graduação); Gerente de Marketing e Relacionamento da Universidade da Região de Joinville – UNIVILLE. vaguiar@univille.edu.br

Wandy Cavalheiro
Assessora de Marcas Corporativas (*Branding Consellor*) do Instituto Superior de Comunicação Publicitária – Universidade Anhembi Morumbi. Administradora de empresas, com especialização em Gestão de Marcas pela FGV/ SP. Especialista em Marketing Educacional e em Gestão de Marcas, atuando há 30 anos no mercado educacional. wandy@anhembi.br

William A. Torres
Formado em Tecnologia em Processamento de Dados pelas Faculdades Claretianas e Pós-graduado com MBA em marketing pela ESPM São Paulo. Gerente de Marketing da Techne. william@techne.com.br

Apresentação

Este livro não tem a intenção de esgotar todas as reflexões e posicionamentos sobre o assunto, mas engloba os principais aspectos para a concretização do bom *marketing* educacional, sintonizado com o ambiente competitivo do mercado atual.

Os autores convidados a fazer parte desta obra foram escolhidos levando-se em consideração a grande experiência que possuem na gestão do *marketing* educacional, sendo representados por renomados mantenedores, diretores, gerentes de *marketing* e consultores. A composição do projeto teve a participação ativa de cada um, fortalecendo, assim, a estrutura da obra, seu conteúdo e a linguagem adotada. Esperamos que os conceitos, as estratégias e as ferramentas aqui apresentados estimulem o leitor a fazer uso efetivo nas instituições de ensino em que atua.

Cada capítulo contempla exemplos e sugestões para implementações no cotidiano escolar, além de conceitos específicos. O Capítulo 1, "A Essência do *Marketing* Educacional", apresenta com muita propriedade o cenário do ensino no Brasil, as características dos serviços educacionais e os componentes para o desenvolvimento de um bom planejamento de *marketing*. O Capítulo 2, "*Branding*: Gestão da Marca em Instituições de Ensino", aborda de maneira detalhada o conceito de *branding*, as premissas da gestão focada na marca, os atributos e valores que a compõem, as interações com os *stakeholders* e o *marketing value*.

O Capítulo 3, "A Pesquisa de *Marketing* como Ferramenta Competitiva", analisa os tipos de pesquisas existentes e oferece modelos de instrumentos aplicáveis às instituições de ensino. O Capítulo 4, "Propaganda e Promoção" considera de forma abrangente vários exemplos reais praticados por escolas privadas do ensino básico, de idiomas e superior.

O Capítulo 5 "Estratégias de Captação de Alunos", abrange todas as variáveis que norteiam um processo estruturado de captação, com análises e ações voltadas para o público-alvo da instituição de ensino. No Capítulo 6, "Marketing de Relacionamento nas Instituições de Ensino," a autora enfoca a filosofia e as diretrizes necessárias para a prática consistente do relacionamento em todas as atuações que norteiam a instituição.

No Capítulo 7, "Comunicação Integrada: Jornalismo, Relações Públicas e Publicidade", o autor demonstra as diferenças existentes entre as várias possibilidades de comunicação e apresenta dicas preciosas para o uso de cada uma nas várias situações do dia-a-dia escolar. O Capítulo 8, *"Buzz Marketing"*, apresenta as tendências e a importância do boca a boca para as instituições de ensino, sinalizando o crescimento da prática dos rumores na atualidade.

No Capítulo 9, "Professor: o quinto P do Mix de *Marketing* Educacional", o autor relata sua experiência como mantenedor de uma escola de ensino médio, enfatizando a importância das atitudes e dos comportamentos dos professores para a prática do *marketing* e fortalecimento da imagem institucional. Os Capítulos 10 e 11 apresentam o uso da tecnologia no processo do *marketing*, sendo que em "Tendências do *Marketing On-line* para Promoção de Produtos e Serviços Educacionais" é relatado o *marketing* de permissão, as redes sociais, os blogues e o *marketing* viral. Em "Portais Institucionais como Instrumento de *Marketing*", apresenta-se uma pesquisa com os *websites* e portais das 100 maiores instituições de ensino superior particulares do país, cujo resultado merece a atenção do leitor.

No Capítulo 12, "*Marketing* Lateral na Educação", a proposta do autor é quebrar paradigmas no âmbito das questões e respostas do *marketing* tradicional, levando-nos a refletir sobre a necessidade de se criar novos caminhos por meio do pensamento lateral. Por fim, no Capítulo 13, "*Marketing* Pessoal: Uma Reflexão", volta-se para o profissional da educação e analisam-se os fatores primordiais que o conduzem à busca da excelência nas relações interpessoais, no desenvolvimento dos processos organizacionais, na satisfação dos clientes e na efetividade dos resultados a serem alcançados.

Nossa expectativa é que o leitor possa usufruir ao máximo o conteúdo das análises aqui expostas, ampliando sua visão a respeito do *marketing* educacional. O educador poderá realizar a leitura da maneira que melhor lhe convier, uma vez que o livro foi desenhado para tratar cada especificidade do *marketing* em determinado capítulo.

Agradeço ao meu sócio e aos funcionários da Humus Consultoria Educacional pela participação ativa na conclusão deste trabalho e aos autores, que primaram pela qualidade do conteúdo e atendimento às solicitações em todas as etapas do desenvolvimento desta obra.

Sonia Simões Colombo

Sumário

Apresentação / 9

1   A essência do *marketing* educacional / 17
Marcos Henrique Facó

Marketing educacional 17
As características dos serviços de ensino e a qualidade 20
Sistemas de informação de *marketing* 26
Cenário do ensino no Brasil 27
Planejamento de *marketing* 31
Referências 34

2   *Branding:* gestão da marca em instituições de ensino / 35
Wandy Cavalheiro

Conceituando *branding* 35
A gestão com foco na marca 37
Importância da marca e construção de identidade 38
Posicionamentos possíveis para as instituições de ensino 39
Atributos e valores da marca 40
Stakeholders: quem são e como interagir com todos 41
Premissas da gestão com foco na marca 43
Branding employee: uma visão integrada de todas as áreas 44
Design no *branding* – comunicação visual na marca 46
Branding value ou *marketing value*: como mensurar resultados ... 47
Estratégias de comunicação: o que muda na visão do *branding* ... 49
Referências 50

3   A pesquisa de *marketing* como ferramenta competitiva / 51
Victor Rafael L. Aguiar

Introdução 51
A pesquisa de *marketing* 52
Os passos para realizar um bom projeto 52
Clientes e consumidores 53

A pesquisa de *marketing* em fontes secundárias 54
A pesquisa de *marketing* em fontes primárias: pesquisa quantitativa 55
Características da pesquisa quantitativa 58
A pesquisa de *marketing* em fontes primárias: pesquisa qualitativa 58
Vantagens da pesquisa qualitativa 60
A decisão de terceirizar ou não a pesquisa 60
Considerações finais 60
Referências 60

4 Propaganda e promoção / 79
Miguel Dib Daud

Persuasão 79
Padrão de respostas fixas 80
Comportamento de compra complexo 80
Valor 82
Benefícios, e não atributos 83
Arquétipos 84
Emoções positivas 85
Emoções negativas 85
Promessa 86
Prova 86
Generalização 87
Testemunhal 88
Contigüidade e freqüência 88
Promoção de vendas 89
Atmosfera 90
Eventos 91
Considerações finais 92
Referências 93

5 Estratégias de captação de alunos / 95
Eduardo Ramalho

Introdução 95
Primeiro passo: definir o público-alvo da instituição de ensino 96
Segundo passo: definir o valor do aluno e seu respectivo
    custo de captação 100
Terceiro passo: planejar e implementar as ações de comunicação 105
Considerações finais 110
Referências 114

6 Marketing de relacionamento nas instituições de ensino / 117
Célia Dugaich

Marketing de relacionamento 117
Por que *marketing* de relacionamento em uma instituição de ensino? 118
Costumer Relationship Management 119
Pesquisa de *marketing* 120
Relacionamento com o consumidor final 121
Prospecção 121
Razões de escolha 122
Atração 122
Fidelização 123
Aluno para sempre 125
Relacionamento: um princípio organizacional 126
Endomarketing 127
Formadores de opinião 128
Relacionamento e lucratividade 129
Referências 130

7 Comunicação integrada: jornalismo, relações públicas e publicidade / 131
João Marcos Rainho

Introdução 131
Conceitos e experiências 132
Gestão democrática e participativa 134
Cases de como não fazer 135
Gestão do conhecimento 138
Imagem institucional 141
Considerações finais 143
Referências 144

8 *Buzz marketing*: como fazer clientes e colaboradores falarem da sua instituição / 145
Alvaro Luiz Cruz

Introdução 145
O *buzz*: o que é o boca a boca e por que é tão importante
  para as instituições de ensino 145
Os caminhos do *buzz*: as redes de atenção por onde trafegam
  os rumores 148
O conteúdo do *buzz*: sobre o que as pessoas falam 153

Os efeitos do *buzz*: casos práticos de aplicação 157
Considerações finais 161
Referências 161

9 Professor: o quinto P do mix de *marketing* educacional / 163
Maurício Sampaio

O *marketing* além do giz e da lousa 163
O *marketing* fora da sala de aula 171
O *marketing* social e o professor 173
Referências 176

10 Tendências do *marketing on-line* para promoção de produtos e serviços educacionais / 177
Alessandro Barbosa Lima

Introdução 177
Quatro Tendências para o *marketing on-line* 179
Tendência 1: *marketing* de permissão levado a sério 179
Tendência 2: redes sociais 182
Tendência 3: *blogues* 185
Tendência 4: *marketing* viral 187
Referências 190

11 Portais institucionais como instrumento de *marketing* / 193
Elisa Wolynec
William A. Torres

Introdução 193
A função do portal da instituição de ensino superior 193
Princípios básicos 194
Navegação 196
Informação 196
Design e comunicação visual 197
Interatividade 198
Tratamento dos visitantes 198
Atendimento aos alunos 199
Relacionamento com ex-alunos 199
Pesquisa 199
Resultados da pesquisa 201
Exemplos de portais universitários 204
Considerações finais 206
Referências 207

12 *Marketing* lateral na educação / 209
Shemi Jacob

Os desafios do *marketing* tradicional 209
Os desafios no mercado educacional 210
As respostas do *marketing* tradicional 212
O *marketing* lateral 214
O pensamento lateral e criatividade 215
O *marketing* lateral em alguns mercados e setores de atividade 216
O *marketing* lateral na educação 217
O *marketing* lateral e as relações com o *marketing* tradicional 220
O processo de *marketing* lateral 220
O *marketing* lateral integrado ao *marketing* educacional 222
Referências 223

13 *Marketing* pessoal: uma reflexão / 225
Sonia Simões Colombo

Introdução 225
A formação da competência 226
Autoconfiança 232
As barreiras para o bom *marketing* pessoal 233
Implementando a gestão pessoal para eficácia do *marketing* individual 234
As boas práticas do *marketing* pessoal 237
Alinhando os objetivos pessoais com os objetivos da instituição 242
Considerações finais 244
Referências 244

. 1 .
A Essência do *Marketing* Educacional

Marcos Henrique Facó

> "*Marketing* é o conjunto de atividades humanas que tem por objetivo facilitar e consumar as relações de troca."
> PHILIP KOTLER

MARKETING EDUCACIONAL

Em grande parte do século XX, as instituições educacionais guardavam uma imagem de certa forma intocada, como se estivessem em redomas de vidro, tanto no viés do diálogo com a realidade quanto da preocupação em voltar seu olhar para o público consumidor de seus serviços. Era como se a escola, com seus modelos tradicionais – e, em grande parte, antiquados –, se auto-sustentasse com a imagem de centro norteador da formação intelectual do indivíduo e fizesse por ele escolhas, estabelecendo ela mesma os parâmetros de satisfação.

A partir da década de 1970, com o *boom* da comunicação de massa e o movimento ocidental de democratização do saber, há um crescimento do número de instituições de ensino, da quantidade de vagas oferecidas e dos modelos de educação oferecidos. Mesmo que se tenha de atrelar, no caso brasileiro, o aumento da oferta universitária ao programa desenvolvimentista, não se diferencia a educação superior da educação básica no tocante à mudança de cenário do binômio oferta-procura.

É como se, com a onda de mudanças – e mais se pensarmos os passos do mundo ocidental em direção à globalização e à constituição de uma nova ordem mundial –, as instituições de ensino começassem a se "atualizar" por necessidade imediata de sobrevivência no cenário da competição desenfreada e por um mercado que impunha a esse universo até então intocado uma nova relação com o seu público, agora entendido como "cliente".

Paralelamente às mudanças na estrutura das empresas, globais ou não, em que o conceito de qualidade passou a ser elemento determinante nas diretrizes operacionais e mercadológicas, as instituições de ensino não puderam deixar de incorporar essa nova linguagem e, principalmente, essa nova forma de conceber a relação com seu público. Impôs-se a preocupação norteadora do mundo empresarial: como satisfazer o cliente? E mais: como estabelecer qualidade no processo de prestação de serviços? Como quantificar os resultados de seu trabalho? E como – talvez a pergunta mais desafiadora – romper com a idéia arraigada de que instituições de ensino não combinam com *marketing*?

Em um primeiro momento, para as instituições que se viram obrigadas a estabelecer estratégias para evitar a diminuição no número de seus alunos, a noção de *marketing* envolvia basicamente a noção do senso comum: o *marketing* se caracterizava como venda ou propaganda. Não obstante as rejeições que isso pudesse implicar como o entendimento superficial e errôneo de que o ensino seria "vendido", tornou-se quase obrigatória uma tomada de posição atenta a todas as mudanças que o mundo vinha sofrendo, sobretudo, no tocante às novas necessidades que o indivíduo ia apresentando.

Assim, mais facilmente se constituiu a noção de *marketing* educacional. *Marketing*, em seu conceito primário, envolve avaliação de necessidades, pesquisa de mercado, desenvolvimento do produto, preço e distribuição, o que leva as ações de analisar, planejar, implementar e controlar a se instituírem como etapas do processo final de satisfação do cliente.

É importante definir o que não é *marketing*. *Marketing* não é apenas propaganda. Basicamente, propaganda é o anúncio pago, enquanto publicidade é a divulgação gratuita ou espontânea, não direta, como matérias em jornal, artigos publicados, seminários, etc. *Marketing* não é exclusivamente venda, mesmo que o objetivo final seja estabelecer uma relação de troca com o consumidor final. *Marketing* não é tábua de salvação: ele de nada adianta se o serviço for essencialmente de qualidade ruim ou duvidosa, ou ainda se o problema da instituição de ensino for de cunho administrativo. *Marketing* não é manipulação de pessoas e informações; é, antes de tudo, um elemento que busca atender a necessidades de um determinado público, no caso estudantes. Ele pode também despertar e estimular desejos no indivíduo, possível futuro aluno.

Palavras como "cliente" ou "consumidor" não faziam parte do vocabulário do mundo acadêmico. No caso do *marketing* educacional, precisamos primeiro definir claramente quem são os usuários desses serviços. Muitos acreditam que somente o aluno é o "cliente". Nesse sentido, temos de fazer uma distinção entre o ensino básico e o superior. Na educação básica, verificamos dois clientes dos serviços educacionais: o aluno e os responsáveis. Quem participa diretamente e faz uso dos serviços de ensino é o aluno, mas quem escolhe, "compra" e monitora o desenvolvimento e a *performance* da escola são os responsáveis. Assim, eles também são "clientes" dos serviços educacionais. Já no ensino superior, na maioria dos casos, cabe ao estudante realizar as atividades descritas. Os pais deixam de ser os responsáveis e passam a ser o que podemos chamar de "clientes secundários", ou melhor, "apoiadores" do processo decisório na escolha e permanência na instituição de ensino superior em questão. Porém, não podemos deixar de verificar a importância de um terceiro "cliente", que é comumente esquecido pelas instituições de ensino superior: a empresa. As empresas também fazem uso do conhecimento adquirido pelos alunos nas instituições de ensino superior durante seus estudos. Assim, podemos chamá-las de "clientes finais", pois é nelas que o graduado fará uso do conhecimento adquirido durante o seu curso, através da prática de sua atividade profissional.

Desse modo, vemos que ter em mente uma noção clara de quem são os "clientes" é um ponto central para podermos tratar os aspectos relevantes do *marketing* para as instituições de ensino. Esses "clientes", direta ou indiretamente, desejam ver seus anseios e suas necessidades atendidos em condição plena. E é com essa finalidade – de atender as necessidades do que passamos a chamar de "cliente" e tornar as instituições competitivas e sadias – que o *marketing* educacional surge no Brasil na última década do século passado.

Como já foi mencionado, o *marketing* não abrange somente a comunicação, comumente chamada de propaganda. Não se trata apenas de atrair novos alunos para as escolas e faculdades. O *marketing* envolve questões como produto, preço, promoção e ponto (distribuição). Podemos definir o produto como sendo os serviços educacionais prestados, com toda a sua gama de possibilidades de cursos diferenciados. Atualmente, existe uma enorme variedade de novas profissões, que sequer eram imaginadas no passado recente e, conseqüentemente, novos cursos: *webdesigner*, técnico em redes de computadores, telecomunicações, etc. Outras profissões também ganharam espaço nos cursos superiores: moda, gastronomia, aviação, teatro, entre outras. Quanto ao preço (valor monetário) que é cobrado, posicionamos a instituição e passamos a gerar uma expectativa nos "clientes" potenciais. De uma instituição que cobra uma mensalidade de valor elevado espera-se encontrar uma qualidade em seus serviços que seja superior à encontrada em outra que aplica uma mensalidade mais barata, assim como tendemos a acreditar que uma escola barata ofereça serviços inferiores. Devemos ainda levar em consideração a questão do custo, entendido como esforço a ser empregado quando da escolha. Maior distância, maior duração de um curso, falta de estacionamento, etc., podem representar um custo maior para o "cliente", que considera, quando de sua escolha por uma instituição, todos esses atributos, que devem estar presentes no processo de comunicação. A promoção (propaganda), por ser o mais visível, é o aspecto mais conhecido do *marketing*, envolvendo a comunicação para o mercado não somente dos cursos que ela oferece, mas também formando uma imagem da instituição para a sua comunidade. É através da comunicação que a escola ajuda a formar sua imagem, mas, ao contrário do que a maioria pensa, não é somente através dela. A forma de comunicação mais eficiente é o boca a boca. É por meio dele que as pessoas trocam suas experiências, que solicitam informações sobre determinada instituição. Dificilmente alguém matricula seu filho em uma escola sem consultar outras pessoas sobre a mesma e tentar garantir que os serviços realmente sejam os esperados. Esse fato é pouco comentado entre os "marqueteiros", pois é grande a dificuldade de se conseguir gerenciar ou controlar o que se fala sobre uma instituição. Por esse motivo, tal fato, que é fundamental, foi historicamente relegado ao esquecimento[1]. Tais informações referem-se à localização e ao modo de distribuição desses serviços educacionais, englobando possibilidades de instituições com apenas um *campus*, *multicampi*, com ensino presencial, a distância, etc. Atualmente, muitas instituições estão adotando o esquema de *franchise* como opção de expansão.

Não existe *marketing* sem ações integradas nesses quatro aspectos. Dessa forma, devemos ter em mente que *marketing* é uma atividade bastante abrangente dentro de uma empresa ou instituição de ensino. Ele deve atuar de maneira correta para proporcionar resultados satisfatórios e, para isso, se faz necessário seu perfeito entendimento. O administrador de uma instituição de ensino deve entender o que é *marketing*, tanto quanto um profissional de *marketing* deve compreender o que é educação. Caso contrário, haverá ruídos, não permitindo seu uso adequado.

AS CARACTERÍSTICAS DOS SERVIÇOS DE ENSINO E A QUALIDADE

Não devemos tratar o ensino apenas como um produto, pois ele não o é. Seu valor é muito elevado e ele atende ao estudante, à família, à comunidade e, de uma forma geral, a toda humanidade. Foi através do desenvolvimento do conhecimento e da sua transmissão que chegamos até aqui. Não podemos comparar o ensino a nenhum outro tipo de serviço, pois até mesmo a medicina, que é um serviço que salva diversas vidas, foi anteriormente estudada em um estabelecimento de ensino.

A educação, em sua origem, nunca foi pensada como empresa, ou melhor, como forma de atividade lucrativa. Entretanto, obter recursos para sua existência e manutenção se faz imprescindível. Como os governos não conseguiram atender todas as necessidades prementes na área do ensino, a iniciativa privada ocupou esse espaço, sendo que, nos dias de hoje, podemos encontrar instituições de ensino com objetivos empresariais ou não. Contudo, para sobreviver, ambas precisam gerar recursos, os quais advêm basicamente das mensalidades escolares.

---

[1] Este assunto será aprofundado no Capítulo 8.

Assim, como em outros serviços, o "cliente" paga pelos mesmos; porém, diferentemente de outros serviços, ele não determina o que vai aprender, nem como vai aprender. É a instituição, em conjunto com o professor, que determinará esses aspectos. Cabe ao "cliente" escolher a instituição e, no ensino superior ele também pode escolher o curso.

É interessante ressaltar que o professor não deve ser encarado como um funcionário. Na verdade, é ele quem presta o serviço, é ele quem ensina, e não a instituição. A escola é apenas um local de entrega dos serviços educacionais, que reúne alunos e professores em condições propícias para o aprendizado. Nesse sentido, a escola deve selecionar os professores adequados para cumprir sua missão, que, por sua vez, deve adequar-se às necessidades existentes por parte de uma determinada comunidade, atendendo a certos níveis de qualidade.

Entretanto, há particularidades na área de educação que impedem que se opere a mensuração do grau de satisfação como se pode averiguar em um simples processo de venda e compra de mercadorias. São cinco as peculiaridades dos serviços educacionais: intangibilidade, inseparabilidade, perecibilidade, variabilidade e interferência.

O serviço educacional não pode ser testado, experimentado ou avaliado antecipadamente, ou seja, é intangível. Não há como uma pessoa testar várias escolas antes de fazer sua escolha. Por isso, sua decisão enfrenta medos muito pertinentes: perda de tempo, de dinheiro, insatisfação e a quase impossibilidade de reversão, uma vez que não há como recuperar o processo em outro estabelecimento, dado o seu caráter durativo.

Não há como separar a produção do serviço do seu consumo, ou seja, o serviço educacional é consumido no momento em que é produzido, não existindo se não houver o aluno. Desse modo, a qualidade do serviço dependerá, também, da qualidade do aluno partícipe. Tal característica de inseparabilidade revela-se uma grande barreira ao lançamento de um novo curso, escola ou faculdade, pois é preciso atrair alunos para algo que não possui referência, cuja qualidade ainda não se pode comprovar.

O serviço educacional é perecível, porque só existe no momento em que é produzido e enquanto se faz processo, ou seja, não há como estocar o produto. Dessa forma, vagas não preenchidas não significam que haverá um estoque de serviço a ser utilizado posteriormente, e sim que houve perda. Em princípio, no caso das escolas, existe um momento e, no caso das universidades, dois momentos para a "venda": as matrículas. Com a impossibilidade de se estocar e com poucas oportunidades de venda, esta deve ser bem planejada a fim de se obter os resultados esperados.

Há uma impossibilidade de padronização dos serviços educacionais, ou seja, a variabilidade é fruto da prestação do serviço em que se envolve material humano distinto. O mesmo professor não dará uma aula igual para alunos diferentes. Vale lembrar que a qualidade dos serviços reside também em saber lidar com essas diferenças, já que a busca de padronização não implicará diretamente na qualidade.

Por último, a interferência no processo de prestação do serviço educacional ocorre porque não se pode prever a condição do cliente, não há como garantir excelência e qualidade de ensino se os alunos "chegam" malpreparados. No caso de um produto, o cliente não exerce qualquer tipo de interferência, podendo a empresa garantir uniformidade e padronização. Já no caso da educação, a qualidade sofrerá interferência direta do tipo de aluno que está estudando.

Tais peculiaridades são fatores que interferem na avaliação da qualidade esperada pelo cliente. Nos serviços, há o que é chamado de percepção de qualidade, que não tem a ver necessariamente com a qualidade em si. Independentemente de como se avalia a instituição, a percepção de qualidade é como os clientes – correntes e futuros – vêem o serviço prestado e a instituição prestadora do serviço. E tal percepção é igualmente variável: cada um pode avaliar de acordo com seus interesses, uma vez que, obviamente, o que é bom para uns não é bom para outros.

E como é possível construir uma percepção de qualidade? Em essência, pela confiabilidade, pela tangibilidade, pela prontidão, pela segurança e pela empatia.

A instituição educacional deve inspirar confiança, a qual se constrói na relação diária com os clientes, no cumprimento dos cronogramas, na clareza da relação entre a instituição e os alunos e pais, na explicitação de seus objetivos e na manutenção de coerência com sua filosofia.

Como construir tangibilidade se o serviço é, por sua natureza, intangível, como já foi visto? A resposta está na apresentação e na aparência, que vão desde o cuidado com os elementos físicos, como mobiliário, instalações, equipamentos, vestuário dos funcionários, conservação e conforto da instituição em geral, até os elementos subjetivos, como forma de apresentar-se verbalmente, postura e comportamento dos funcionários, atendimento telefônico, para citar alguns exemplos.

A prontidão está intrinsecamente ligada à construção subjetiva da aparência. O grande diferencial de uma instituição de ensino de qualidade é atender de imediato os casos imprevistos. Deve haver sempre alguém habilitado a resolver problemas e dar informações ou atender pais e alunos que buscam auxílio ou resposta. A pior sensação que um "cliente" pode ter é de desamparo, ter de aguardar decisão posterior para um problema que exige solução imediata, ou ouvir por parte do prestador de serviço que não há solução para o problema apresentado.

Cada vez mais a segurança impõe-se como um fator decisivo na escolha por uma ou outra instituição de ensino. Ambiente seguro – tanto em função de instalações dentro das especificações mais avançadas de segurança e conforto quanto em relação ao bem-estar que um ambiente livre de perturbações e atos de violência propicia – é sinônimo de tranqüilidade para pais e alunos. Como não desejar que o local onde se passará boa parte do dia não ofereça tais condições? Segurança também diz respeito ao fato de o "cliente" sentir-se seguro quanto ao serviço que será entregue corresponder ao prometido quando da "venda". Ele precisa sentir-se seguro de que obterá o que lhe foi "vendido".

A empatia nasce do respeito e do convívio amigável entre todos os indivíduos de uma comunidade educacional. Há uma tendência à generalização dos estudantes por parte de um segmento da escola, o que inviabiliza o tratamento diferenciado, a aceitação e o reconhecimento das diferenças e, principalmente, o respeito ao ser humano que ali interage como "cliente". A falta de treinamento adequado é o grande responsável pelo tratamento pouco amigável por parte de funcionários, por exemplo. Em função de haver uma hierarquia, natural a toda instituição de ensino, é comum confundi-la com desrespeito. Casos em que alunos são agredidos verbalmente, ridicularizados ou mesmo negligenciados mostram-se ainda constantes, apesar de haver um esforço das instituições para construir uma imagem de confiança. Treinar, instrumentalizar e equipar todo o *staff* de uma instituição de ensino revela-se essencial na construção de uma qualidade percebida e, principalmente, na geração de recursos para a instituição. Se há fidelização do aluno e da família, mantém-se a continuidade na opção pela instituição, o que pode representar, a longo prazo, valores imprescindíveis à empresa.

Entretanto, é claro que existem falhas, que chamaremos de *gaps*, entre a qualidade do serviço esperado e a qualidade do serviço percebido. Uma coisa é o que o "cliente" espera encontrar em dada instituição, e outra é como ele percebe o que é realmente oferecido. A idéia do serviço esperado é formada pelo boca a boca, pelo que dizem a respeito de uma determinada escola, pelas necessidades pessoais do aluno, pelo que determinada pessoa espera obter em dada instituição e pelas experiências passadas, isto é, se já teve a oportunidade de estudar em outras escolas e como as percebia.

Tais *gaps* podem ser favoráveis ou desfavoráveis e, indubitavelmente, servem como elementos norteadores à constante revisão a que qualquer instituição deve submeter-se rotineiramente.

Pode-se verificar que os *gaps* são frutos de conflitos, ruídos, gerados entre os momentos de avaliação e construção do processo de percepção da qualidade. Se houver um *gap* entre o serviço esperado e o serviço percebido, sem dúvida ele é resultado de outros *gaps* prévios. Assim, na Figura 1.1, o *gap* quinto é resultado dos outros quatro.

O *gap* 1 caracteriza uma falha, por parte da instituição de ensino, na interpretação do que os clientes esperam do seu serviço educacional. Diversas vezes, a instituição de ensino crê que seus serviços por si só atenderão às expectativas dos clientes, sem estimar ou avaliar com seriedade que o que eles buscam pode não corresponder ao que será oferecido. A clareza do atendimento no momento da contratação dos serviços pode ser um elemento minimizador desse *gap*.

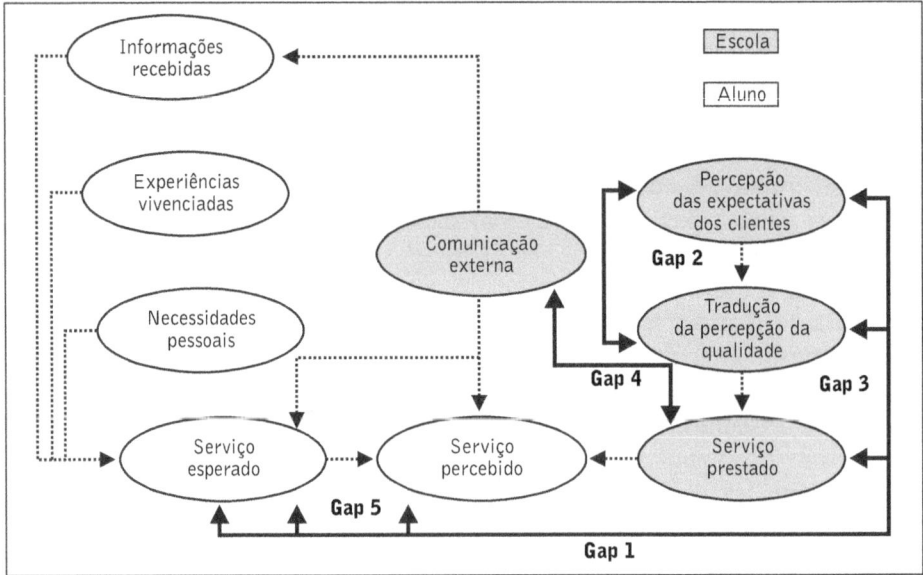

▲ **Figura 1.1** Tipos de *gaps*.

O *gap* 2 pode ocorrer a partir da tradução da percepção do que os clientes desejam nas especificações do serviço a ser prestado. Por exemplo, se a instituição não percebe que os clientes desejam aulas de informática e, com isso, não especifica essa disciplina no curso, pode haver, uma insatisfação. É, então, imperioso cuidar dessa etapa do processo.

O *gap* 3 ocorre em função da diferença do que a direção especifica como serviço e do serviço que realmente é prestado. Por exemplo, a direção da escola especifica que o professor deve ser rigoroso com sua disciplina, mas ele não o é. Nesse caso, a direção deve verificar se o que ela determina está sendo efetivamente executado.

O *gap* 4 resulta de um ruído de comunicação entre o que é informado ao "cliente", que influencia no serviço que ele espera encontrar, e o que percebe na prática. Por exemplo, se não houver coerência entre o que a instituição pratica e o que ela divulga externamente, tal conflito pode ocorrer. Com a finalidade de evitar esse *gap*, podemos ter um maior cuidado com o sistema de comunicação, garantindo eficácia e clareza das informações, tornando-as condizentes com o serviço que será oferecido[2].

---

[2] No Capítulo 7, será apresentado o processo de comunicação integrada, com maior aprofundamento sobre esse assunto.

A existência dos *gaps* gera frustração e sentimento de desrespeito, quebrando-se a confiança do aluno na instituição e, conseqüentemente, gerando prejuízos inestimáveis para a escola. Identificar em que ponto ocorrem falhas no processo constitui uma ação que deve ser constante no processo de fidelização e manutenção do cliente em busca de satisfação e qualidade.

As instituições de ensino possuem uma característica pertinente somente a elas quando tratamos da questão do *marketing*. Não encontramos em nenhum outro tipo de serviço, aspecto único ao ensino, a imensa freqüência nos contatos. Nenhum outro tipo de serviço possui uma freqüência de contato como a que vemos no ensino, em que os "clientes" freqüentam as aulas diariamente e por várias horas. Podemos verificar que serviços como os oferecidos por bancos possuem uma duração que pode ser semelhante ao da educação, já que a pessoa permanece "cliente" por vários anos, até mesmo durante toda a sua vida adulta. No entanto, a duração dos contatos é mínima e não tão freqüente, sobretudo se levarmos em conta a crescente utilização dos recursos virtuais, como a internet.

O aluno está em contato com seus professores em média quatro horas por dia, cinco dias por semana, na maioria dos casos, por quase 20 anos. Ele passa a maior parte de sua infância, adolescência e juventude dentro de um estabelecimento de ensino. Através desse contato diário é que o ensino é entregue, criando uma situação sem comparativos no que diz respeito à prestação de serviço. Como manter a qualidade desse relacionamento torna-se o grande desafio dos administradores de estabelecimentos educacionais. Com certeza, no decorrer dos anos, problemas diversos surgem e continuarão a surgir, pois isso é inevitável. Como responder a eles no dia-a-dia, de forma rápida e eficiente, torna-se questão de relevância para os administradores. Como em todo relacionamento, existe um desgaste natural que deverá ser monitorado constantemente: não basta apenas colocar o aluno para dentro da instituição, tão ou mais importante será mantê-lo no decorrer do tempo, de modo que permaneça satisfeito com os serviços recebidos. Essa ação faz parte das atividades de *marketing* de uma instituição de ensino.

Daí a importância do correto entendimento das várias atividades de *marketing* que, como vimos anteriormente, muitas vezes são, confundidas apenas com a questão da promoção, da captação de novos alunos. A administração deve pensar permanentemente as atividades de captação, satisfação, retenção, monitoramento do mercado, aprimoramento dos serviços, etc. Atualmente, para instituições de médio e grande porte, torna-se necessária uma área de *marketing*, que pode ser interna ou terceirizada, mas que planeje, implemente e controle as ações que permitam a adequação da escola frente às situações de mercado atuais, que, como todos sabem, passam por importantes mudanças. A seguir, faremos uma breve análise desse cenário no Brasil.

SISTEMAS DE INFORMAÇÃO DE *MARKETING*

Uma das atividades fundamentais do *marketing* é o monitoramento do mercado. Para o desenvolvimento de um bom planejamento de *marketing*, é necessária a criação do que chamamos de Sistema de Informação de *Marketing* – SIM. É através desse sistema que as informações relevantes são coletadas, armazenadas e estudadas, fornecendo recursos para o processo de planejamento das ações mercadológicas a serem implementadas. Segundo Kotler (1996), consiste de pessoas, equipamentos e procedimentos para reunir, classificar, analisar, avaliar e distribuir as informações necessárias, oportunas e precisas para os tomadores de decisões de *marketing*".

A concorrência – em nosso caso, outras instituições de ensino – deve ser constantemente monitorada. Precisamos conhecer seus preços, suas ofertas, suas inovações e ações de comunicação para que possamos orientar e posicionar nossa instituição corretamente. Até pouco tempo, a maioria dos administradores de escolas olhava somente para dentro de sua instituição, não dando a devida atenção ao que ocorria ao seu redor. Qual será o impacto para a instituição se a região onde está localizada apresenta uma diminuição populacional? Se a questão de segurança influencia a escolha por outras áreas mais seguras? Esses aspectos, que chamamos de *drivers*, também influenciam o mercado. Existem diversos bairros que estão passando por grandes transformações, sejam elas positivas ou negativas para a instituição. Estar ciente disso pode fazer toda a diferença.

Podemos dar o exemplo da questão, tão pouco conhecida no meio administrativo acadêmico, do *market share*, "pedaço" de mercado que uma instituição possui. Suponhamos que o número de matrículas no ensino médio privado em uma determinada cidade seja de 100.000 alunos e que tenha caído no período de cinco anos em 15%, passando para 85.000 alunos. Se uma determinada escola, nessa mesma cidade, possuía no início do período 1.300 alunos matriculados, detinha, assim, 1,30% do *market share*. No período de cinco anos, essa escola perdeu 6% de seus alunos, passando a ter 1.222. Apesar da perda no número de matrículas, sua fatia de mercado cresceu, passando para 1,44%. Como podemos constatar, apesar da perda de alunos sofrida pela escola, em relação ao mercado sua situação não é das piores, pois sua fatia do mercado daquela cidade até aumentou no período. Caso conheçamos os números de nossos concorrentes, poderemos acompanhar com mais precisão o desenvolvimento de nossa instituição em termos comparativos. Verificamos, assim, a importância de conhecer nossa posição em relação ao mercado e aos nossos concorrentes.

A pesquisa é uma das ações mais significativas do SIM. Ela pode ser feita de várias formas, mas iremos apenas mencionar a importância da pesquisa de mercado em face do posicionamento escolhido pela instituição. Para fazer frente à multiplicidade de possíveis variáveis, cada escola deve optar por um posicionamento claro e específico na mente de seu público. Uma instituição pode ser conhecida pela qualidade de seus cursos, pelo seu pequeno tamanho e exclusividade, por sua excelência em determinada área do saber, por ser vinculada à determinada religião ou país de origem. Cada indivíduo procura a instituição que melhor se adapta às suas necessidades; por isso, cada escola deve estabelecer seu posicionamento e trabalhar na consolidação do mesmo diante de seu público. Um dos grandes erros cometidos pelos administradores de instituições de ensino é o de querer ser tudo para todos, o que não é possível.

Determinado perfil de público deve ser escolhido e esse nicho de mercado, uma vez identificado, deverá ser estudado, tendo suas necessidades verificadas para a especificação dos serviços a serem oferecidos. O contrário também é válido. Uma vez definida a missão da escola e seu posicionamento, é necessária a identificação da localização do público que possa interessar-se pela instituição em questão. Esta será uma das tarefas a serem realizadas pela comunicação, que deverá transmitir os atributos específicos ao posicionamento escolhido. Contudo, não só a comunicação deve estar alinhada ao segmento escolhido. É necessário que o preço, a localização e o ensino propriamente dito também o estejam. Se um desses aspectos estiver em desacordo com a escolha, o fracasso será imediato.

Como a quantidade e a variedade de informações a serem trabalhadas são relativamente grandes, verificamos a importância de um profissional especializado para desempenhar mais essa função da área de *marketing*.

CENÁRIO DO ENSINO NO BRASIL

No Brasil, temos hoje uma instabilidade política no que diz respeito à área da educação. Com forte regulamentação e políticas que se alteram rapidamente, o ensino torna-se refém da falta de um planejamento adequado. A dicotomia entre o público e o privado torna-se latente a cada instante, e pressões de vários agentes chocam-se continuamente, impossibilitando a categoria de entender clara e detalhadamente o mercado no qual está inserida.

Ao contrário do que ocorria no passado, quando o ensino era massificado e de base homogênea e quando as instituições eram semelhantes em vários aspectos. Atualmente a gama de diferentes tipos de instituições é enorme, bem como os formatos de ensino, que variam em duração, formação, tecnologias e modos de entrega. Existem, ainda, escolas religiosas, leigas, com formação americana, alemã, suíça, etc. Escolas técnicas, centros profissionalizantes, faculdades isoladas, centros universitários e universidades com poucos alunos, localizadas em pequenos municípios ou *multicampi*, espalhadas por todo o território nacional, com milhares de estudantes. Até mesmo as empresas estão entrando nesse segmento, com suas universidades corporativas.

Antigamente, uma instituição de ensino não era percebida como negócio. Hoje, porém, com faturamentos que podem chegar a mais de 500 milhões de reais anuais, o setor tornou-se altamente atrativo para novos investidores. De maneira desordenada, vários novos estabelecimentos foram abertos nos últimos 10 anos, trazendo alterações profundas para a antiga estabilidade reinante.

Com margens elevadas, houve a possibilidade de intervenção por parte do governo no que seria um dos mais duros golpes econômicos para as instituições de ensino: a edição da lei que legalizou a inadimplência escolar. Este foi o fato mais marcante referente aos negócios do ensino nos últimos anos. Permitir que um "cliente" não pague as mensalidades e, mesmo assim, continue a receber os serviços, sem qualquer tipo de punição, foi a mais sentida intervenção sofrida pelo setor educacional privado. Esse fato permitiu a institucionalização do calote em um local que, contrariamente, deveria servir de formação de caráter, ensinando responsabilidade aos compromissos assumidos.

Apesar disso, novos grupos aventuraram-se nesse mercado, trazendo uma diminuição significativa das margens de lucratividade e sufocando os contínuos investimentos que se fazem necessários ao bom funcionamento das instituições.

Em 1997, havia no Brasil 25.467 estabelecimentos privados de educação básica, contra um total de 200.053 públicos (Figura 1.2). Em cinco anos, a quantidade de instituições privadas, nesse segmento, cresceu em 34%, ao passo que o setor público viu uma diminuição de 10% na quantidade de suas escolas.

No mesmo período, verificamos um aumento nas matrículas na educação básica em ambos segmentos (Figura 1.3), sendo o incremento no número de alunos da escola pública de 18%, apresentando uma situação contrária à que se passou com a quantidade de estabelecimentos. Assim, podemos verificar que, no caso do ensino público básico, o aumento da relação demanda e oferta foi

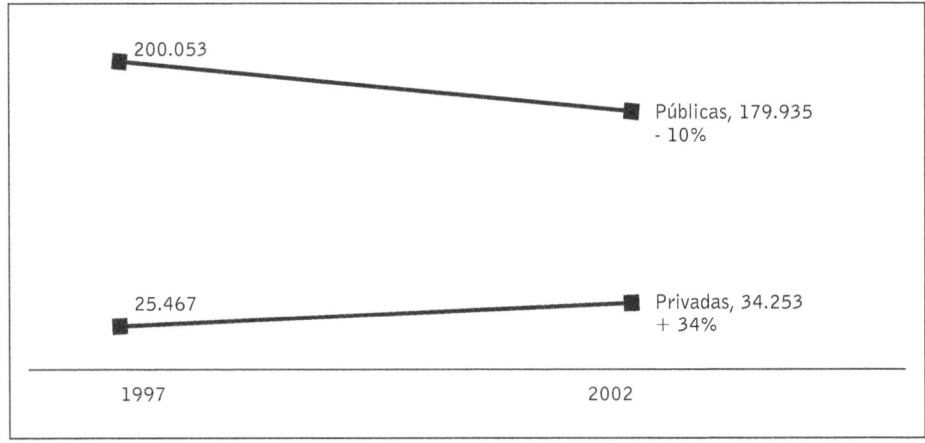

▲ **Figura 1.2** Instituições de educação básica. Fonte: MEC/INEP/SEEC.

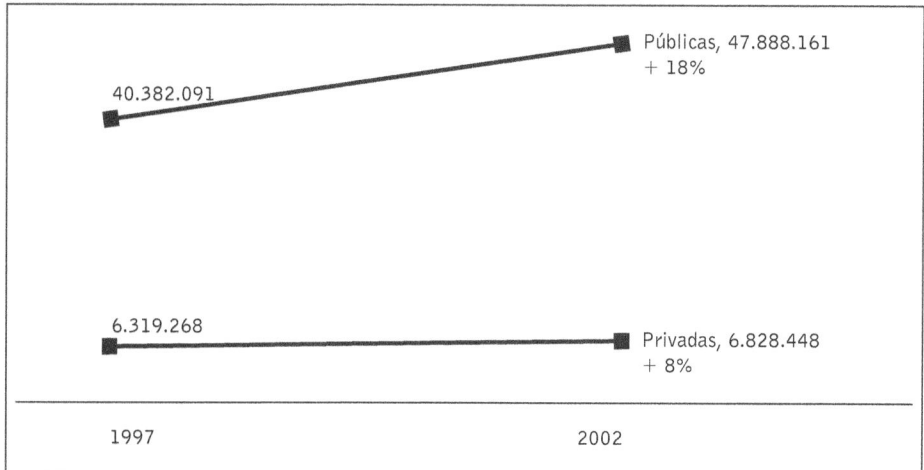

▲ **Figura 1.3** Matrículas na educação básica. Fonte: MEC/INEP/SEEC. Nota: para efeito de total, foram considerados os alunos de creche, pré-escola, classe de alfabetização, ensino fundamental regular, ensino médio regular, educação especial, educação de jovens e adultos nos cursos presenciais com avaliação no processo.

significativo, pois, ao mesmo tempo em que houve diminuição na quantidade de escolas, houve uma maior procura.

Já na educação básica privada, esse fato não se repete da mesma forma. Com um significativo crescimento no número de escolas, da ordem de 34% no período, ela vê a quantidade de matrículas crescer em apenas 8%, passando de 6.319.268 para 6.828.448 alunos (Figura 1.3). Assim, o setor privado viu, no período de 1997 a 2002, a abertura de 8.786 escolas, uma média de 1.757 por ano, contra a entrada de 509.180 novas matrículas. Dividindo-se esse número somente pelos novos estabelecimentos, teremos uma média de 58 alunos por escola aberta. Um problema mercadológico sem precedentes para a educação básica privada.

Quando vamos para o ensino superior, já percebemos uma situação diferente. A quantidade de instituições no ensino privado aumentou em 109%, contra uma diminuição de 7% no setor público (Figura 1.4). No período de cinco anos, foram abertos 753 estabelecimentos privados de ensino superior, contra um fechamento de 16 instituições públicas. Este foi, sem dúvida, um dos períodos de maior expansão na abertura de novas instituições privadas de ensino superior no Brasil.

Em ambos os setores, público e privado, o aumento da demanda foi significativo, mas o setor privado vê a quantidade de alunos dobrar em cinco anos, passando de 1.186.433 para 2.428.258 (Figura 1.5). Apesar do crescimento do número

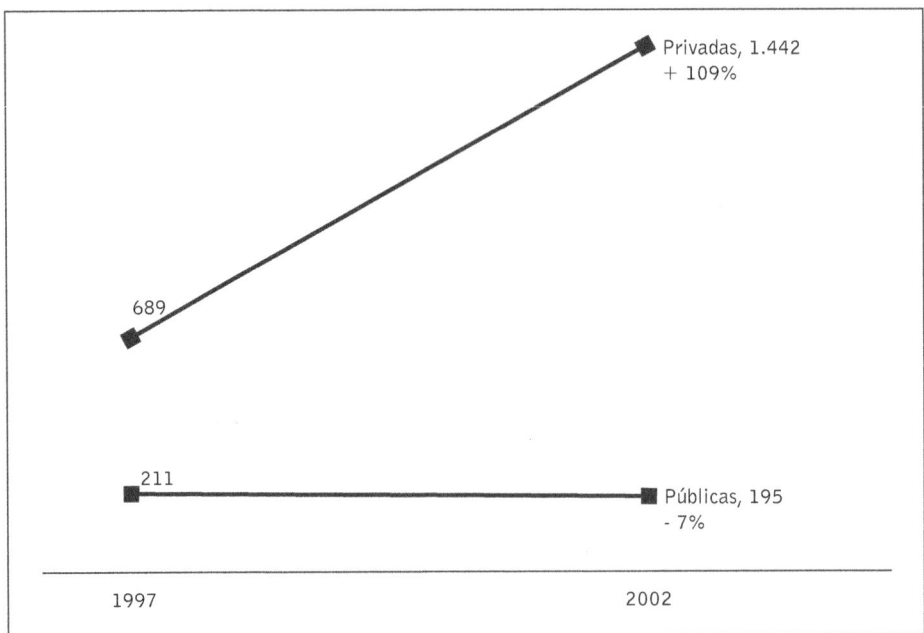

▲ **Figura 1.4** Instituições de ensino superior. Fonte: MEC/INEP/SEEC.

de alunos no setor público, tal crescimento foi bem menos significativo, ficando na ordem de 38%.

No ensino superior privado, vemos uma nova situação para o administrador de uma universidade, centro universitário ou faculdade. Um aumento sem precedentes na abertura de novos estabelecimentos, *campi* e cursos trouxe a necessidade de inserção da instituição em um mercado altamente competitivo e em constante mudança. A noção de "mercado" começa a permear o pensamento desses educadores, alterando significativamente o seu modo de atuar. Muitos departamentos de planejamento, *marketing* e comunicação são organizados com o objetivo de fazer face a mais esse desafio.

Um fato importante a ser destacado é a comparação entre o aumento das matrículas no ensino superior e na educação básica. Enquanto no ensino superior, somando-se o público e o privado, temos um crescimento de 79%, na educação básica temos apenas 17% de incremento.

Podemos concluir que o ensino está tornando-se um mercado atraente para investidores em busca de retorno financeiro, não só brasileiros, mas também estrangeiros, que já começam a entrar nesse segmento. Por exemplo, o grupo norte-americano Apollo fez uma sociedade com o grupo Pitágoras, de Belo Horizonte. O projeto deles para os próximos anos é abrir 50 novas unidades. Em

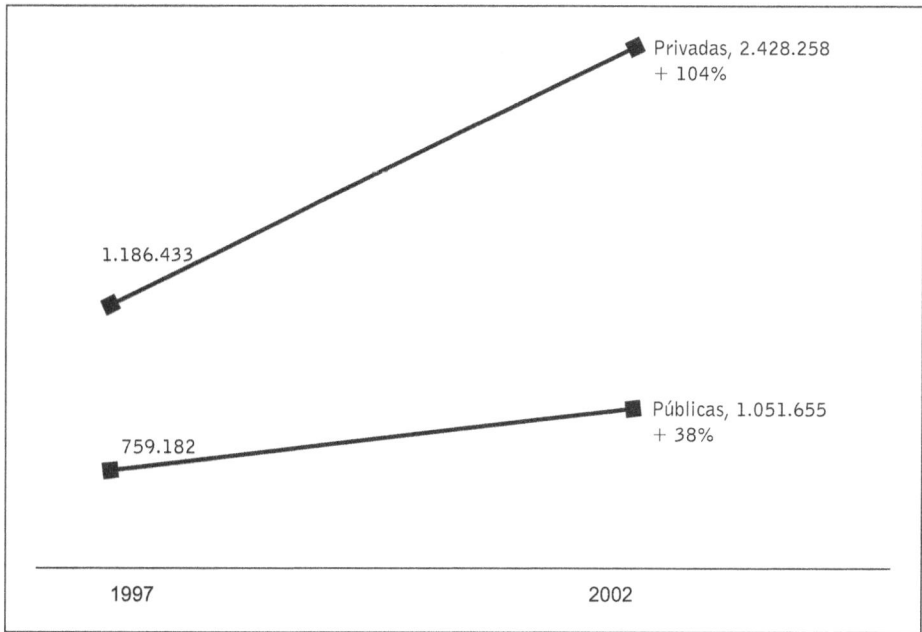

▲ **Figura 1.5** Matrículas no ensino superior. Fonte: MEC/INEP/SEEC.

2003, entrou em pauta na Organização Mundial de Comércio (OMC) a questão da liberalização da entrada de instituições estrangeiras no Brasil e na América Latina. Várias instituições de ensino estão sendo compradas e vendidas, várias fusões concretizaram-se, mas o importante aqui é mostrar que o mercado educacional está mudando e profissionalizando-se.

Assim, percebemos o surgimento de um novo cenário no ambiente educacional. Um crescimento na quantidade de instituições, em seus mais variados modelos, a entrada de escolas estrangeiras, com o acirramento da concorrência e a conseqüente profissionalização da sua gestão administrativa.

PLANEJAMENTO DE *MARKETING*

Historicamente, as instituições de ensino brasileiras sempre basearam suas ações no curto prazo, de forma a responder às constantes alterações ambientais, políticas, sociais, culturais e econômicas. Porém, esse ambiente nunca permitiu que os administradores conseguissem planejar suas ações. Com uma maior estabilidade na economia brasileira – basicamente devido à contenção da inflação a níveis toleráveis – e com o aumento da concorrência, a necessidade de planejar tornou-se premente. A possibilidade de analisarmos os resultados das ações realizadas no passado permitiu a implantação de uma visão de longo prazo, trazendo consigo a noção do planejar nesse novo cenário mercadológico.

O planejamento de *marketing* parte do pressuposto de que as instituições de ensino visam à sua longevidade por prazo indeterminado, uma vez que ninguém investiria em um processo de planejamento se pensasse em sua descontinuidade em uma data futura conhecida. Assim, identificamos, a seguir, várias etapas do processo de planejamento de *marketing*, mas considerando *a priori* que a instituição já definiu seus mercados e programas, ou seja, ela sabe exatamente que públicos vai atender e com que programas de ensino. Em outras palavras, a instituição já possui sua missão claramente definida.

Um planejamento de *marketing* deve conter: sumário executivo, análise da situação, metas e objetivos, estratégia de *marketing*, programas de ação, orçamentos e controles (Kotler, 1994).

O sumário executivo fornecerá os principais objetivos do plano, através do estabelecimento de uma linha condutora que apresenta a direção a ser tomada. Em seguida, uma das etapas mais importantes do planejamento de *marketing* é a análise da situação ou análise ambiental. É nessa etapa do planejamento que as situações passada, presente e futura são analisadas. Não podemos realizar um planejamento se não conhecemos detalhadamente os acontecimentos passados, o histórico da instituição. É necessário que tenhamos o histórico dos dados quantitativos: desempenho dos candidatos ao vestibular, matrículas, transferências, trancamentos e formados. Precisamos também conhecer o desempenho econômico da instituição, sua inadimplência e a evolução dos reajustes nas mensalidades. Também necessitamos de dados qualitativos, ou seja, o desempenho nas classificações elaboradas pelo Ministério da Educação, bem como o desempenho nos resultados dos vestibulares, para as instituições de ensino médio, ou o recrutamento dos formados pelas empresas, no caso do ensino superior. Não adianta o administrador de uma instituição pensar que possui uma determinada qualidade se os indicadores existentes apontam em outra direção. É fundamental que compreendamos o passado, a evolução e a real situação da escola em relação ao mercado, de modo que possamos compreendê-la e realizar projeções para o seu futuro.

Além desses dados, torna-se necessária uma análise das oportunidades e ameaças que se apresentam, bem como das forças e fraquezas existentes na instituição. Todos esses fatores influem ou podem influir diretamente no desenvolvimento da instituição e devem ser listados para que todos tenham conhecimento dos mesmos. As oportunidades podem mostrar um crescimento populacional na região de atuação da escola. Um crescimento econômico também influenciará positivamente as matrículas da escola. Já a abertura de novas instituições nas proximidades poderá afetar negativamente o seu desempenho. Até mesmo as políticas públicas para o ensino precisam ser monitoradas regularmente, pois podem constituir-se em grandes ameaças.

As forças de uma instituição de ensino permitem que ela use esse potencial em prol de seu desempenho. O fato de possuir instalações modernas e adequadas pode ser uma força a ser trabalhada quando da comunicação com o mercado. Outro tipo de força pode ser a tradição que a escola tem em sua cidade, agregando essa tradição como atributo da marca. Por outro lado, é necessário que saibamos reconhecer as fraquezas existentes. Nenhuma instituição pode ser excelente em todas as áreas. Sua localização desfavorável pode ser um aspecto de fraqueza, ou mesmo sua pouca tradição como instituição educacional em determinada região. As fraquezas precisam ser trabalhadas de modo que não se tornem um problema perante o mercado que procura atender.

A análise ambiental faz a fotografia do passado e do presente, apresentando uma possível situação futura caso os fatores existentes permaneçam inalterados. Assim, o estabelecimento de metas e objetivos a serem alcançados torna-se de primordial importância. Quais são os objetivos em termos de qualidade? Quantos alunos gostaríamos de ter matriculado? Qual o nível suportável de inadimplência que podemos ter? Estas são algumas perguntas que devem ser respondidas pelas metas e pelos objetivos específicos definidos no planejamento de *marketing*.

Uma vez que os objetivos estão claramente definidos, a estratégia de *marketing* precisa ser formulada através da definição dos mercados-alvo, do composto de *marketing* e do orçamento. A identificação de quais são os alunos desejáveis para uma determinada instituição é a própria formulação do mercado-alvo a ser atingido pelo composto de *marketing*. Que tipo de aluno é o ideal para dada escola? Podemos classificar por renda, idade, sexo, religião, local de residência, etc. O importante é saber que não devemos tentar atrair qualquer um, pois podemos fracassar no alcance das expectativas de grupos muito heterogêneos.

O composto de *marketing* deve ser constituído de maneira a atingir o mercado-alvo definido pelo planejamento. Como a essa altura os programas já foram definidos (produto/serviço), bem como a localização e o modo de distribuição (ponto/distribuição), resta a definição dos preços das mensalidades a serem praticados e a forma de promoção junto ao público potencial ou mercado-alvo já previamente definidos. Não entraremos em detalhe na questão do estabelecimento dos preços, visto que não é nosso objetivo neste momento. Apenas salientamos que devem estar de acordo com o perfil de aluno escolhido e com as escolhas feitas com base na análise do ambiente competitivo no qual a instituição está inserida. Não adianta estipularmos um preço que nosso mercado-alvo não suporte pagar, nem definirmos um valor que não gere resultados positivos. Assim, passaremos a tratar da comunicação com esse mercado. É neste ponto que as escolhas das várias formas possíveis de comunicação são feitas. A instituição poderá fazer uso de propaganda em mídias impressas, como jornais ou revistas; mídias *on-line*, com a veiculação de *banners* em *websites* voltados para o vestibular; mídias diversas, como *outdoor*, *busdoor* ou mobiliário urbano; ou ainda criar comerciais para a televisão e/ou rádio. Poderá também fazer uso do envio de *folders* e outros prospectos através de um *mailing list* adquirido junto a empresas especializadas.

Ainda quanto à estratégia de *marketing*, é importante a definição de uma verba de investimento adequada, pois não se deve investir sem ter a idéia exata do retorno esperado. O investimento no *marketing* deve estar de acordo com o nível de receita esperado.

Após essas etapas, um programa de ação deve ser detalhado, com um cronograma de cada ação necessária à boa execução do mesmo. Esse programa permitirá o acompanhamento da implementação e dos resultados obtidos, identificando possíveis correções de rumo a serem tomadas e novas oportunidades.

De nada adianta a formulação de um planejamento de *marketing* sem a definição de um detalhado orçamento. É necessário que a instituição conheça os recursos de que dispõe e os resultados que espera obter no futuro. Ao ser estabelecido o orçamento, ficará claro que não poderá fazer frente à totalidade de ações previstas. Talvez seja preciso fazer cortes no planejamento, retirando aquelas ações que julgar menos relevantes, ou que possuem menor potencial na busca dos resultados pretendidos.

Por fim, um sistema de controle deve ser definido, como a finalidade de monitorar o progresso do plano. Quando os objetivos não estiverem sendo atingidos ou os gastos sendo superiores aos orçados, uma correção de rumo deve ser realizada o mais breve possível. É esse controle que permitirá aos dirigentes obter uma visão concreta dos resultados obtidos.

REFERÊNCIAS

BOONE, L.E.; KURTZ, D.L. *Contemporary marketing wired*. Orlando: The Dryden Press, 1998.

GIBBS, P.; KNAPP, M. *Marketing higher and further education: an educator's guide to promoting courses, departments and institutions*. Londres: Taylor & Francis Group, 2001.

KATZ, R.N. *Dancing with the devil: information technology and the new competition in higher education*. São Francisco: Jossey-Bass Inc., 1999.

KIRP, D.L. *Shakespeare, Einstein, and the Bottom Line: the marketing of higher education*. Boston: Harvard University Press, 2003.

KOTLER, P. *Administração de marketing: análise, planejamento, implementação e controle*. São Paulo: Atlas, 1996.

KOTLER, P.; FOX, K. *Marketing estratégico para instituições educacionais*. São Paulo: Atlas, 1994.

PAYNE, A. *The essence of services marketing*. Hertfordshire: Prentice Hall Europe, 1993.

2

Branding: Gestão da Marca em Instituições de Ensino

Wandy Cavalheiro

CONCEITUANDO *BRANDING*

Branding é questão de sobrevivência

Antes de conceituarmos *branding*, vamos situar o *marketing* para instituições de ensino. O *marketing* educacional requer um tratamento especial em todas as suas dimensões: como cultura, como estratégia e como tática. O setor de *marketing* de uma instituição de ensino tem de ser uma área de liderança para poder lutar por resultados a curto e a longo prazo.

Na evolução do *marketing*, passamos por várias fases – valorização do produto e das vendas, valorização do cliente, satisfação de suas necessidades – até chegarmos a um *marketing* baseado na construção de experiências e conhecimento pelo consumidor. Passamos a um conceito maior de interatividade entre o cliente e o prestador de serviço: o *marketing* de relacionamento,[1] que hoje está muito presente. Para que se possa "tocar o coração do público-alvo", é preciso conhecê-lo, saber seus desejos e customizar os esforços em ações altamente direcionadas. A evolução desse conceito fez com que chegássemos exatamente ao *branding*, que é na realidade uma nova filosofia de gestão.

No desenvolvimento dos modelos de administração, que passaram de orientado para a produção e depois para o *marketing*, entramos claramente na era das empresas orientadas para a marca, em que toda gestão, incluindo a definição de

---
[1] Assunto a ser detalhado no Capítulo 6.

missão, valores e estratégias de crescimento, está baseada na criação de valor da marca.

Branding é uma filosofia de gestão com foco na marca. É uma filosofia empresarial que coloca a marca no centro de todas as ações que criam valor para o negócio.

A origem semântica da palavra *"brand"* é *"burn"*, que significa queimar ou marcar, designando três níveis:

- propriedade – marca de gado;
- origem – marca em cerâmicas;
- identidade social – monogramas, heráldicas.

Branding é uma abordagem de gestão que busca aumentar a atratividade da marca (valor) em todos os seus públicos de interesse.

O que é marca?

Segundo o dicionário Aurélio, marca pode ser definida como: (a) sinal distintivo de um objeto, (b) desenho ou etiqueta de produtos industriais, (c) categoria, qualidade.

Segundo Kotler (1993), a marca é um termo, sinal, símbolo ou *design*, ou uma combinação deles, que deve identificar os bens ou serviços de uma empresa e diferenciá-los daqueles de seus concorrentes.

Marca é o que faz a diferença entre:

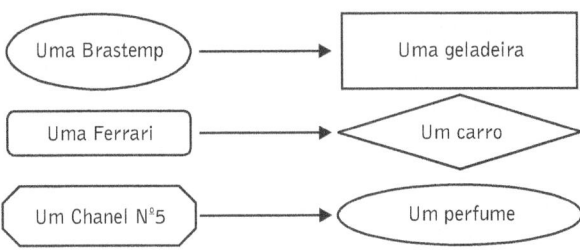

Em suma, a marca é um nome atribuído a um produto ou serviço. Porém, é um nome poderoso, que faz com que o consumidor prefira um produto B a um produto A simplesmente porque ele se chama B. É a marca que faz com que uma boneca Barbie seja vendida a cada dois segundos no mundo, 40 milhões de pessoas comam em um McDonald's por dia e 80% dos refrigerantes consumidos no mundo tenham apenas quatro rótulos diferentes.

Trata-se de um verdadeiro relacionamento entre empresa e consumidor, que gera vantagem competitiva para as empresas e determina as decisões dos consumidores, incentivando-os a experimentar, gostar, repetir e recomendar um produto aos seus amigos. Um relacionamento que pode chegar a ser tão profundo a ponto de "apaixonar", "hipnotizar", "fidelizar" um cliente, que sempre verá a marca como algo de grande valor e importância.

Marca é uma cultura e uma dinâmica de relações estabelecidas entre a empresa/ instituição, o produto e a comunidade que cria valor para todas as partes interessadas.

O estudo das marcas gerou uma nova filosofia de gestão conhecida como gestão com foco na marca (*branding*), que tem sido tema de publicações, artigos e cursos em todo o mundo. Esta não é uma atividade ou um projeto. É uma nova postura empresarial. *Branding* ou gestão eficiente da marca é uma questão de sobrevivência.

A GESTÃO COM FOCO NA MARCA

Gestão com foco na marca é uma nova visão estratégica, em que a marca é o foco da gestão corporativa, alinhando produtos, processos, ações e comunicação em torno de uma mensagem clara e relevante para o consumidor.

Considerando que marca é o principal patrimônio da empresa e seu elemento mais competitivo, cada vez mais, ela está permeando a filosofia de gestão das empresas. A marca deixa de ser a cereja do bolo para ser o próprio bolo. A descoberta de que marca não é mais um instrumento de *marketing*, mas um ativo estratégico da organização, muda totalmente o escopo dos condutores do processo.

O conceito de *branding* faz com que esse ativo seja co-gerido por diversas áreas dentro da empresa, tendo o *marketing* como área responsável. Hoje é difícil buscar soluções criativas, que alguém já não tenha feito. Para se ter estratégias mais consistentes e perenes, é necessário aprofundar-se na compreensão dessa nova realidade tão complexa e mutante.

Fazer melhor o que todo mundo já faz só traz vantagem temporária. A competitividade sustentada só pode ser construída fazendo diferente dos demais. Esta é uma boa definição de estratégia: ser melhor fazendo diferente (Nóbrega, 2004).

Em um ambiente tão imprevisível, uma instituição de ensino não pode mais se apoiar somente em seus produtos (cursos, produção acadêmica), serviços (objetividade do atendimento, solução personalizada e ágil) e ativos (*campi*, laboratórios, etc). Desenvolver uma estratégia de marca coerente e consistente com seu mercado é questão de sobrevivência na era do conhecimento, em que qualquer deslize é percebido rapidamente e por muitos indivíduos.

Com a velocidade das inovações, qualquer produto (curso) ou serviço (atendimento, setor de colocação profissional, etc.), ou seja, a linha de produção das instituições de ensino (o acadêmico e o administrativo), que era a "alma do negócio", passa a ser simples *commodities*.

Lança-se um curso este mês e daqui a dois meses outra escola concorrente lança o mesmo curso. Constrói-se um novo laboratório de primeira geração e um concorrente constrói três ainda mais modernos. Por isso, uma instituição de ensino deve ter como retaguarda um ativo intangível que suporte as mudanças do mercado, ou até que seja promotor de transformações e inovações. Esse ativo estratégico é a sua marca.

IMPORTÂNCIA DA MARCA E CONSTRUÇÃO DE IDENTIDADE

Na gestão com foco na marca, é preciso ter uma definição clara da sua identidade, ou seja, quais são seus diferenciais.

A essência da marca é o valor percebido e apreciado por todos os seus públicos.

As marcas fortes possuem quatro pilares bem desenvolvidos: diferenciação, relevância, estima e familiaridade.

- Diferenciação é característica própria perceptível aos seus consumidores.
- Relevância é a importância que os consumidores dão aos diferenciais percebidos em determinada marca.
- Estima e familiaridade é o relacionamento afetivo que o consumidor tem com a marca.

A diferenciação e a relevância são obtidas quando existe estima e familiaridade. Nesse sentido, a marca tem de criar empatia, afinidade e cumplicidade com os valores, as emoções e as necessidades do consumidor.

O *marketing* tem de levar em consideração a condição humana, pois as pessoas criam laços afetivos com tudo o que lhes é próximo. Elas estabelecem uma espécie de casamento afetado pelo entorno. Criar e manter viva a chama da marca e os vínculos emocionais com os consumidores constituem a base para construir a sua perenidade.

O gerenciamento eficiente da marca leva em conta aspectos como reputação, visibilidade e afinidade desta com o consumidor. No caso de uma instituição de ensino, para o "futuro aluno", todos esses aspectos influenciarão em sua decisão de escolha da instituição. O que mudou foi a percepção da maior necessidade de toda marca aprofundar-se nas perspectivas de sua vocação. Na sociedade contemporânea, a marca tornou-se a soma de valores sociológicos, psicológicos e antropológicos; portanto, um fato cultural.

O que vai diferenciar uma instituição de ensino da outra é cada vez mais o poder intangível de estabelecer cumplicidade com o universo que a acerca (funcionários, *prospects*, sociedade, fornecedores, etc.). A chave dessa relação está na mensagem implícita na marca da instituição, atrelada não apenas aos cursos e serviços que oferece, mas também ao comportamento que a instituição demonstra enquanto escola, faculdade ou universidade e enquanto empresa como um todo.

Construir marcas fortes em um planeta globalizado, ultracompetitivo e com um consumidor com acesso imediato a todo tipo de informação requer bem mais que profissionais criativos. Exige empresários comprometidos e zelosos com a sociedade em que estão inseridos.

POSICIONAMENTOS POSSÍVEIS PARA AS INSTITUIÇÕES DE ENSINO

É fundamental que seja muito bem-definido o posicionamento que a instituição quer ter, pois isso definirá toda a sua estratégia de gestão.

Nas instituições de ensino superior, podemos pensar em pelo menos cinco posicionamentos distintos:

- Posicionamento geográfico – a instituição oferece uma oferta de *campi* em todas as regiões da cidade, tendo como diferencial a proximidade da instituição com relação à residência ou ao trabalho do aluno.
- Posicionamento de excelência – a instituição oferece um ensino de excelência em determinada área. São geralmente instituições especializadas, que oferecem cursos somente em uma área ou focados nela.
- Posicionamento de preço – a instituição oferece o menor preço de mercado com uma boa relação de custo/benefício.
- Posicionamento por tradição – são instituições que existem há muito tempo com bom desempenho e percepção do mercado, podendo apropriar-se da tradição como diferencial.
- Posicionamento por diferencial de marca – a instituição opta por ser percebida por diferenciais nítidos e exclusivos de sua marca.

É nesse quinto posicionamento que a instituição tem mais necessidade de trabalhar o conceito de *branding* em sua gestão, para fortalecer os diferenciais de sua marca, adotando uma estratégia de gestão com foco na marca.

Na educação infantil, assim como nos ensinos fundamental e médio, existem algumas estratégias possíveis para a criação de valor. Dividiremos as estratégias de posicionamento em cinco categorias:

- Por tradição – a escola tem muitos anos de existência, com boa percepção de qualidade pelo mercado.
- Por excelência do ensino – é o considerado colégio "forte".
- Por diferencial pedagógico – a escola é temática, como, por exemplo, a escola focada na preservação ambiental ou na cultura de um país.
- Por preço – a escola oferece a melhor relação de custo/benefício.

- Por diferencial de marca – a escola tem como objetivo ser percebida por seu diferencial em um determinado aspecto, como, por exemplo, oferecer uma educação completa, preparar desde o ensino fundamental para a vida universitária.

O posicionamento da instituição precisa ser bem definido para que sejam traçadas as estratégias de preço, produtos, *marketing* e comunicação.

ATRIBUTOS E VALORES DA MARCA

Definir claramente os atributos de uma marca não é tão simples. Em geral, inicia-se com uma pesquisa para avaliação da percepção da marca, como ela é percebida por seus diversos públicos (internos e externos).

Só há identidade na diferença. O fator mais relevante é a essência da marca que é constituída por um valor central que os consumidores devem conhecer, entender e apreciar.

Os atributos definidos como "essência" da marca deverão permear todos os seus produtos, processos e serviços. Eles terão de ser percebidos nas atitudes da empresa e de seus gestores com relação a todos os seus públicos, inclusive com relação à sociedade de um modo geral.

Não basta que a alta gestão da empresa resolva quais são os atributos da marca apenas considerando o resultado de pesquisas realizadas. É preciso que os gestores analisem profundamente se os atributos hoje percebidos são coerentes com a filosofia, a missão e os valores da instituição. Por exemplo, uma instituição tradicional não pode definir como atributo de sua marca a inovação.

Para se chegar a um consenso sobre quais são os principais atributos da marca, deve-se analisar claramente o perfil do público que ela quer atingir, suas necessidades e o que é relevante para esse público. Definida a relevância de um atributo para o público objetivado, avalia-se a adequação desse atributo às estratégias de posicionamento da empresa.

É importante também que se resumam os diferenciais da marca em dois ou três atributos. É muito comum que sejam definidos como atributos diversos predicados (adjetivos) atribuídos à instituição.

Porém, é bastante recomendável que todos os predicados sejam resumidos a dois ou três atributos principais. Isso favorece não só a percepção da marca por seus públicos, como também a associação da marca ao atributo, além de facilitar bastante a comunicação. Um exemplo claro para essa situação é quando se define como atributo da marca o "empreendedorismo", o qual contém vários diferenciais (predicados), como visão de negócios, inovação, antecipação de tendências, etc.

Também não é recomendável que se defina como atributo algo muito difícil de ser compreendido ou comunicado. Por exemplo: uma escola *tayloriana* precisaria estar a cada momento explicando o que é a teoria *tayloriana*.

Em suma, os atributos são essências da marca. São os diferenciais com que ela mais se identifica e devem permear toda a sua gestão.

STAKEHOLDERS: QUEM SÃO E COMO INTERAGIR COM TODOS

Quando pensamos em *branding*, esse novo modelo de gestão, temos de mudar a percepção e o tratamento com relação ao cliente. Temos de passar a pensar em *stakeholders*.[2]

Antigamente, esse termo era sinônimo de *shareholder*, que era a única pessoa importante e com poder na organização. Mais recentemente, tal conceito passou a se referir a todo público ou instituição que possa afetar a competitividade de uma marca. É comum traduzir *stakeholder* como "parte interessada", o que não é muito correto.

De modo geral, são considerados *stakeholders*: os consumidores, os fornecedores, os parceiros, as instituições e entidades, os formadores de opinião, a mídia, os investidores, a concorrência, entre outros.

Um concorrente estrategicamente relevante, que pode afetar o valor da marca que está sendo criada e gerenciada, deve ser monitorado. Portanto, o *stakeholder* estratégico é todo aquele público que se deve monitorar.

Como o foco do *branding* é valor, é muito importante gerenciar quem pode aumentar ou ameaçar esse valor. Nesse sentido é que o concorrente também deve ser monitorado.

Para as instituições de ensino de todos os níveis, podemos considerar como *stakeholders*:

- consumidores (alunos atuais, ex-alunos, empresas que empregam os alunos);
- fornecedores (todas as empresas e serviços utilizados pela instituição, como bancos, fornecedores de papel, de material escolar, etc.);
- parceiros (as agências de publicidade e de comunicação, prestadores de serviços, escolas com outros níveis de ensino, etc.);
- instituições e entidades governamentais (o MEC, as secretarias de educação, as entidades de classe, os sindicatos, as ONGs, etc.);

---

[2] Em termos etimológicos, "*stake*" significa "estaca". Referia-se à posse do minerador, que marcava o seu lugar na mina a ser explorada.

- formadores de opinião (os pais de alunos, os *headhunters* das empresas de recrutamento, os coordenadores e professores do ensino médio no caso do ensino superior);
- a mídia especializada e geral;
- os investidores e os conselhos de acionistas (no caso de instituições de capital aberto);
- a concorrência geral e específica e, principalmente, a estratégica, ou seja, aquela que tem um posicionamento ou que trabalha diferenciais mais parecidos com os da marca em questão.

Enfim, *stakeholder* é todo público que de alguma forma precise ser monitorado porque pode influenciar *o desempenho* de uma marca e pode mudar ou influenciar *a percepção* dessa marca.

A principal mudança é de postura no tratamento com esses públicos. O funcionário ou uma empresa parceira têm de receber um tratamento tão especial quanto o aluno candidato, meu futuro cliente.

A gestão com foco na marca deve ter como diretriz a mudança da percepção de todos os gestores da instituição, em todos os níveis, com relação a seus *stakeholders*. Conhecê-los, monitorá-los, respeitá-los e ter consciência do seu poder em relação à marca é o que fará a diferença.

Um exemplo interessante é a Natura, a maior empresa de cosméticos brasileira, que para preservar sua identidade de marca, antes de fechar um contrato com uma multinacional para ser sua fornecedora, fez uma minuciosa inspeção à fábrica e analisou detalhes de como essa multinacional tratava seus funcionários. A existência de uma área florestal e um clube, para lazer dos empregados, pareceu contar tanto quanto a assepsia nas linhas de produção.

O episódio, relatado pelo fornecedor, ocorreu há alguns anos, quando poucos relacionavam responsabilidade social e ambiental à construção de uma marca.

A Natura hoje é considerada *"case"* de construção de marca e foi eleita neste ano como a nona marca mais lembrada da América Latina, no *ranking* da consultoria inglesa *Interbrand*. A Natura é uma empresa que, hoje, tem uma boa estrutura de gerenciamento dos públicos. Esta postura acaba gerando projetos cada vez mais genuínos e adequados ao fortalecimento de sua marca. Foi assim que ela chegou à biodiversidade brasileira, como plataforma para seus produtos. Foi aprofundando sua identidade e seus propósitos que, ao lançar suas ações na Bolsa de Valores de São Paulo, promoveu este lançamento com uma chuva de pétalas com odores brasileiros. É a preocupação em estar monitorando sempre todos os seus públicos. Naquele primeiro dia em que suas ações foram negociadas na Bolsa, todos os analistas e corretores do Bovespa eram seus novos *stakeholders*.

PREMISSAS DA GESTÃO COM FOCO NA MARCA

Para que uma instituição possa ser orientada para o *marketing*, ela deve:

- Aumentar seu nível de profissionalização nos serviços prestados.
- Definir claramente sua missão, seus valores, suas metas e seus objetivos.
- Trabalhar com planejamento estratégico.
- Ter um posicionamento bem definido.
- Selecionar mercados-alvo, distinguindo os melhores segmentos em que deve atuar.
- Definir produtos ou serviços a partir das necessidades e expectativas dos clientes.
- Visar sempre à melhoria da satisfação dos diversos públicos da instituição.

Na visão do *branding*, além dessas premissas fundamentais do *marketing*, devem ser considerados ainda no planejamento estratégico da instituição:

- sua tese de criação de valor – os atributos e diferenciais da marca;
- a definição clara de seus *stakeholders* (mapeamento);
- a definição das diretrizes e políticas que nortearão todas as estratégias e ações com o objetivo de construção, consolidação e valorização de sua marca.

Todo o planejamento estratégico da instituição deve estar estruturado na visão da gestão com foco na marca. A definição de aspectos como missão e valores da instituição deve refletir como a marca quer ser percebida.

Em seguida, devem ser definidos os atributos da marca (seus diferenciais) baseados no posicionamento que a instituição deseja assumir. O próximo passo é a definição clara de diretrizes e políticas de *marketing* que deverão permear todas as estratégias e ações da instituição.

Estratégias possíveis nas instituições de ensino

O que vai diferenciar uma instituição de ensino da outra será cada vez mais a percepção dos diferenciais de sua marca presentes em todos os seus produtos (na criação de cursos, nos currículos, na atualização de seus programas e metodologias, etc.); em todos os seus serviços (no atendimento personalizado em sintonia com seus diferenciais de marca, na antecipação das necessidades de seus *stakeholders*, com atitudes proativas, estabelecendo laços de afetividade e carinho, tornando-os promotores de sua marca).

O que muda no planejamento estratégico com foco na marca é a priorização dos investimentos em ações que agreguem percepção e valor à marca, com a criação de ações que validem os atributos da marca para seus diversos públicos (eventos, publicações, uma grife, etc.). É o posicionamento de seus produtos com base na visibilidade e valor agregado à marca.

Hoje, o que agrega valor e impulsiona a escolha de um produto ou serviço, com nível tecnológico e de qualidade semelhantes, são os valores subjetivos (emocionais) que estão relacionados intimamente a essa marca. Esses valores precisam ser encarados pela organização como uma ideologia, um pensamento comum a todos os que estão ligados à instituição.

Como exemplo de planejamento estratégico com foco na construção de uma nova identidade de marca, podemos citar uma instituição, com quase 60 anos de atuação no mercado nacional, com cursos de curta duração voltados à formação profissional para segmentos sem acesso formal à educação, como cursos de eletricista ou garçom, que, sem deixar de lado essa formação de mão-de-obra, ampliou suas atividades para diversos cursos de nível superior, alguns deles até pioneiros no país. Essa segunda "cara" da instituição não tinha o mesmo *recall* por parte do público. Foi com a busca do novo posicionamento de sua marca que a instituição começou, há dois anos, a investir mais fortemente em publicidade. Ao longo desses dois anos, a instituição tem usado todas as mídias para divulgar seus processos seletivos e seus cursos de pós-graduação, criando assinaturas com mote em crescimento e força de atuação e desenvolvendo um sério trabalho de marca com excelente retorno.

O reposicionamento da marca dessa instituição e a percepção por seus diversos públicos de tal mudança não é um trabalho simples nem rápido, mas é possível, desde que haja consistência nos produtos oferecidos e nos atributos que a marca apresenta. E que essa seja a base de todo seu planejamento estratégico.

Uma vez que a instituição seja percebida como promotora de formação superior, ela poderá conquistar com muito mais facilidade "fatias" desse mercado de ensino superior tão disputado, mas antes tem de estar fortemente caracterizada como instituição de nível superior na mente de seus *stakeholders*.

BRANDING EMPLOYEE: UMA VISÃO INTEGRADA DE TODAS AS ÁREAS

Uma das tarefas mais difíceis, a qual demanda uma predisposição da cúpula da instituição, é o que podemos chamar de *branding employee*. Como o termo exprime, é a difícil tarefa de permear o conceito de marca em todos os níveis de atuação da instituição, abordando a comunicação e a assimilação da gestão da marca para todos os funcionários da empresa. Não é por decreto que se estabelece a visão estratégica de uma empresa, tampouco sua missão ou seus valores.

Definimos *branding employee* como a forma de a empresa, "contaminar" seus funcionários com sua visão, com sua missão. Manter o time trabalhando em sintonia e "vestindo a camisa". Com a comunicação interna adequada, e a área de *marketing* em sintonia com a área de recursos humanos, a gestão de marcas pode fazer parte de toda a equipe de uma empresa. Hoje isso é muito importante para qualquer empresa, mas sobretudo para aqueles funcionários que têm contato direto com o cliente. Em uma instituição de ensino, estamos falando de todos, principalmente do segurança, da recepcionista, do funcionário administrativo, do professor, do coordenador e todos os membros da área de atendimento. São as pessoas que mantêm o contato direto com o aluno. Por isso, precisam entender muito bem os diferenciais da marca da instituição, seus valores, sua missão, suas metas e seu posicionamento.

Se marca é um conceito intangível, que reflete a história da empresa, conseguir passar seus valores demanda um esforço muito grande de seus dirigentes, começando pela cúpula como exemplo em suas atitudes e posturas. Em uma instituição de ensino isso é duplamente complexo, porque trabalhamos com uma gama de públicos internos bastante diversificada.

O conceito de *branding* tem de começar pela direção da instituição. Envolver e "contaminar" reitores, pró-reitores, diretores, coordenadores, etc., e todos os outros dirigentes ligados ao setor acadêmico e ao setor administrativo, estes, normalmente, considerados como área de suporte.

Nesse nível, podem ser trabalhados *workshops*, *chats* de discussão, textos e palestras com bons autores, não necessariamente especialistas em educação, mas conhecedores do tema *branding* marcas. A associação dos conhecimentos de *branding* à própria gestão da instituição poderá acontecer no nível de discussão dos gestores internos, aplicando os conceitos à realidade da rotina da instituição. Poderão discutir como os atributos da marca serão percebidos nos cursos que forem criados, nos eventos que forem planejados, no plano de carreira estabelecido, enfim, em todas as ações de seu plano de trabalho.

No âmbito do corpo docente, a percepção a ser trabalhada são os diferenciais definidos como atributos da marca, como eles devem ser integrados aos programas de cursos, aos conteúdos das disciplinas, às metodologias utilizadas, aos trabalhos feitos com os alunos, às atitudes e competências que serão definidas como prioritárias para a formação daquela determinada instituição. Tudo deve refletir os valores da marca.

No âmbito dos setores administrativos e de apoio, essa tarefa é mais fácil, porque podem ser oferecidos treinamentos às equipes, como, por exemplo, à equipe de atendimento de *contact center*. Esse tipo de treinamento pode ser feito inicialmente com as chefias e suas próprias equipes. Talvez o mais eficiente seja mostrar exemplos de ações, cursos, laboratórios, práticas e atitudes que validam os atributos da marca. Um exemplo prático é levar as equipes de atendimento a conhecer laboratórios inéditos e conversar com seus responsáveis. Eles vão ressaltar os pontos de adequação à marca e, muitas vezes, levar o funcionário a entender como podem ser melhor esclarecidas as dúvidas do *prospect* quando este pede informações sobre o serviço ou um curso.

O atendente pode não saber justificar o preço de uma consulta de fisioterapia; porém, se ele esteve na clínica e conversou com o coordenador, que explicou que esta oferece os equipamentos mais modernos e únicos da América Latina para determinado tratamento, o atendente, sem dúvida, passará a ter um discurso diferenciado quando argumentar sobre as taxas cobradas, dizendo que "o custo do serviço oferecido é muito justo, até um pouco aquém do que poderia ser cobrado em função do que é oferecido". A técnica da vivência nesse nível de funcionário é a mais eficiente.

Para todas as áreas que têm contato com o aluno, o candidato, os docentes, é fundamental deixar claras as diretrizes e políticas do *marketing*, pois além de ter um efeito psicológico positivo sobre a equipe, faz com que todos se sintam parte das decisões.

Em cada atendimento, o relacionamento traduz a marca da instituição de ensino. O atendimento tem de estar em sintonia com a identidade da instituição e traduzir isso ao seu cliente. Por isso, o foco do atendimento deve ser sempre a qualidade, criando-se vínculos de confiança com a marca.

DESIGN NO *BRANDING*: A COMUNICAÇÃO VISUAL NA MARCA

Por muito tempo se confundiu *design* com marca. Sem demérito a nenhum autor, o logotipo, a logomarca, a identidade visual de uma marca não refletem necessariamente tudo o que ela pode ou quer ser. Entretanto, quando falamos do *design* da marca, pensamos em sua função integradora fundamental. O *design* é a representação visual da marca, é o elo único de ligação simultânea, sempre presente.

Se a essência da marca (*brand essence*) está relacionada ao coração, o caráter da marca (*brand character*) tem a ver com a constituição interna da marca, reflete como ela é vista em termos de integridade, honestidade e confiabilidade. A alma da marca (*brand soul*) são seus valores adicionados ao extrato emocional da marca. A cultura da marca (*brand culture*) é o sistema de valores, hábitos e sentimentos que a envolvem. A imagem da marca (*brand image*) é usado como sinônimo tanto de personalidade estratégica da marca quanto de sua reputação como um todo. O *design* é a função integradora de todas essas características.

Se não traduzíssemos por meio do *design* o que a marca quer expressar, ela nunca seria percebida pelo consumidor. Portanto, é inconteste sua importância, mas não se pode conceber hoje *designers* sem uma visão de *branding*. O *design* de uma marca vai além da logotipia, da logomarca, da comunicação visual usada por ela. Na relação do *design* com a construção da marca, podemos dizer que o corpo é o *design* e a alma é a marca.

O *design* compreende estudos de expressão gráfica, ambiente da marca/produto/serviço; pontos de contato e aplicações, além de normatização e documentação.

O *branding* é uma área multidisciplinar que deve envolver vários setores de uma empresa/instituição, como a produção, o *marketing*, a comunicação, o *desing* e o financeiro. Em modernas empresas multinacionais, são constituídas equipes multidisciplinares, envolvendo desde o estudo de mercado até a finalização do *desing* para a concepção de novos produtos.

As marcas não podem mais ser vistas ou administradas como símbolo isolado de beleza. Elas devem sinalizar a existência de determinado padrão, aquele "algo mais" que diferencia uma instituição da outra e, quanto mais eficiente ou convincente for a transmissão do padrão, maior ou menor valor será criado para a marca, e valor não se limita às percepções ou aos julgamentos pessoais, mas a resultados financeiros efetivos. Portanto, as marcas não podem ser administradas como símbolo isolado de beleza.

Em instituições de ensino com percepção de valor da marca, toda a comunicação visual deve ser concebida respeitando as características da marca, seus atributos e diferenciais. Exemplos não faltam na área de educação, em que se vê uma escola de educação infantil ser aberta e receber o nome de uma de suas sócias proprietárias. Esse nome torna-se sua marca. Se a escola quiser ter como atributo de sua marca modernidade (vanguarda), e o nome escolhido for Antonieta, não há a menor propriedade em seu uso como nome da escola.

Outro exemplo simples, mas que merece reflexão em instituições de ensino, é ter um prédio moderníssimo, instalações sofisticadas, e não ter um projeto de quadros de avisos internos (comunicação visual padronizada), de acordo com a referência arquitetônica utilizada na construção.

No que se refere às instituições de ensino, todos os aspectos devem ter um padrão visual condizente com os valores, os diferenciais que a marca quer transmitir e levar à percepção de seus públicos. Não é apenas uma questão estética, pois vai muito além disso. É a concentração de esforços numa linguagem única, condizente com a filosofia da marca e maximização de resultados financeiros.

Muitas vezes, é até inconsciente a escolha de outra marca. Imagine se, com sua instituição de ensino, o uso de uma tipologia inadequada faz seu investimento publicitário não ser percebido pelo público-alvo?

BRANDING VALUE OU *MARKETING VALUE*: COMO MENSURAR RESULTADOS

O conceito de *branding* nasceu nas instituições financeiras a partir de uma necessidade de mensurar valores das marcas que modificavam valores das ações de uma empresa. Começou com o estudo do conceito de como aumentar o valor das marcas ou *brand valuation*. Algumas empresas oferecem ao mercado cálculos sofisticados e precisos do valor de uma marca.

É quase desnecessário falar em exemplos de marcas cujo único ativo é a própria marca, como no caso da *Nike*. Ela não tem fábricas nem ativos, apenas escritórios que gerenciam – e muito bem – sua marca, com ações, comunicação adequada, planejamento estratégico e de *marketing* elaborados, que resultam em aumento ou diminuição do valor de suas ações.

Nos últimos 10 anos, multiplicaram-se as ferramentas e técnicas para medir e avaliar o *brand equity* ou a força das marcas. Há uma grande compulsão pela criação de números mágicos que espelhem a força das marcas.

Entretanto, no setor da educação, por serem empresas quase sempre sem fins lucrativos, só recentemente algumas instituições começaram a mudar sua finalidade contábil, já que não é tao importante investir em cálculos infinitos para mensuração dos valores da marca. O mais importante é ter a consciência da necessidade de uma gestão que priorize esse ativo, talvez o mais importante do negócio, que é a marca. Este é o único que possivelmente sobrará em um mercado demasiado competitivo.

Contabilizar investimentos publicitários como os realizados em relação à marca e não como despesas, pode fazer toda a diferença. Recentemente, Morales (2004) demonstrou com clareza que esse valor pode ser contabilizado em uma instituição de ensino como ativos intangíveis de relacionamento que são marcas, logos, direitos autorais, contratos com clientes e contratos de licenciamento, entre outros. Os ativos intangíveis determinam a capacidade da empresa de estabelecer e manter posições estratégicas. A contabilidade tradicional não registra ainda de forma totalmente adequada o valor econômico e estratégico desses ativos. Como conseqüência, existe uma diferença relevante, aparentemente não justificada, entre o valor da avaliação de empresas pela contabilidade e o valor de negociação em casos de fusão e aquisição.

Para exemplificar essa variação que reflete o valor dos ativos intangíveis, entre os quais o investimento em *branding*, Monteiro e Coelho (2001) destacam:

- A incorporação da Kraft pela Philip Moris por US$ 10 bilhões com um valor contábil de US$ 1 Bilhão;
- A aquisição da Kibon pela Unilever por US$ 930 milhões, caso em que o valor contábil era 30% desse montante;
- Amazon.com tem uma dívida de US$ 2,2 bilhões, aproximadamente o dobro de seu faturamento, nunca distribuiu dividendos até 2001 e naquele momento possuía um valor de mercado de US$ 33 bilhões.

Finalmente, nesse novo ambiente, em que o futuro não pode mais ser projetado como uma repetição previsível do passado, os responsáveis pelo planejamento estratégico de *marketing* passam a reconhecer que eles não possuem uma fonte ilimitada de recursos e que o aumento da concorrência em todos os ramos, inclusive no da educação privada, obriga que o resultado financeiro do investimento na marca seja mensurável, pois a compreensão dessa realidade determinará a qualidade da relação entre profissionais de *marketing* e de finanças, internos ou externos à empresa.

É necessário destacar que o investimento em *branding* não altera o custo de produção ou de prestação de serviços de maneira significativa, mas pode facilitar bastante a conquista e a manutenção da liderança de mercado da instituição, além de gerar retorno por meio da relação entre o aumento do valor da marca e o aumento do valor financeiro (Knowles e Haigh, 2004).

O investimento em *branding* resulta em benefícios diretos para a administração da instituição de ensino como sustentar sua estratégia, afastar entrantes potenciais por ampliar o volume de recursos financeiros necessários a um entrante potencial e facilitar aquisições ou fusões. A compreensão de que o investimento em *branding* gera um ativo intangível, que representa a principal barreira de entrada ao elevar substancialmente o volume de recursos financeiros e o risco para qualquer entrante potencial, é fundamental para a gestão da instituição de ensino no ambiente constituído pela transição da sociedade industrial para a sociedade do conhecimento. O reconhecimento das vantagens do investimento em *branding* afeta positivamente o relacionamento entre *marketing* e finanças.

Os relatórios contábeis, da contabilidade gerencial e fiscal, devem refletir da melhor forma o investimento em *branding*, atendendo aos gestores acadêmicos da mantenedora e aos demais *stakeholders*. Ao espelhar corretamente o investimento em ativos físicos e intangíveis para os diversos *stakeholders*, esses relatórios também contribuem para enfraquecer um concorrente em um processo de aquisição ou para fortalecer a posição da instituição de ensino dentro de um processo de aquisição.

Os objetivos do *marketing* devem ser de venda (ampliar o *market share*) e de elevação do *equity* da marca, que pode ser entendido como o *market value*.

ESTRATÉGIAS DE COMUNICAÇÃO: O QUE MUDA NA VISÃO DO *BRANDING*

A mentalidade do chamado *branding*, entendido como a linguagem que define o que uma empresa é e como ela deseja que uma comunidade a identifique, toma fôlego no mercado nacional, obrigando os profissionais de comunicação a "amarrar" as ações para dar relevância à prática.

Gerenciar marcas hoje exige uma abordagem muito mais elaborada dos profissionais de comunicação. São tantas as ferramentas de comunicação existentes que é preciso um maestro para compor o projeto de comunicação integrada de *marketing*. É necessária uma grande matriz na qual se combina o que se tem a dizer com as ferramentas de comunicação: para quem falar, onde, quando e com que freqüência.

A publicidade entra, sem dúvida, na construção e na consolidação da marca. Inclusive, ela tem um papel central, de relevo, mas não é certamente o primeiro passo. Para começar a comunicação corretamente, deve-se ter uma visão complexa do que o mercado deseja e do que a marca pode oferecer.

Aliás, antes da comunicação publicitária, é preciso cuidar da comunicação interna em uma instituição de ensino, onde o boca a boca ou a informação dos "evangelizadores" são fundamentais. O primeiro passo, depois da visão da marca, é convencer seus funcionários do valor daquilo que eles administram e fazem parte.

Como toda boa idéia, o *branding* é simples em seus princípios. O desafio é implantá-lo com competência.

REFERÊNCIAS

AAKER, D.A. *Marcas Brand Equity: gerenciando o valor da marca*. São Paulo: Negócio Editora, 2003.

AAKER, D.A.; JACOBSON, R. The value relevance of brand attitude in high-technology markets. *Journal of Marketing Research*, v. XXXVIII, p. 485-493, nov. 2001.

BEDBURY, S. *Novo mundo das marcas*. São Paulo: Dampus, 2002.

JORNAL MEIO E MENSAGEM – caderno especial agências & anunciantes, junho 2004.

KNOWLES, J.; HAIGH, D. *How to define your brand and determine its value: Marketing Management*, p. 23-27, Mai/Jun, 2003.

KOTLER, P.; ARMSTRONG, G. *Princípios de marketing*. 5. ed. Rio de Janeiro: Prentice Hall do Brasil, 1993.

KOTLER, P.; FOX, K.F.A. *Marketing estratégico para instituições educacionais*. São Paulo: Atlas,1994.

MONTEIRO, A.; COELHO, F. Ativo intangível: uma abordagem teórica. In: CONGRESSO INTERNACIONAL DE CUSTOS 2001, Universidade de Leon, Madri.

MORALES, F.G. Estudo em uma IES privada do impacto do investimento em *Branding* no planejamento estratégico de *marketing* e o seu reconhecimento contábil. In: *XXXIX Assembléia Anual de Consejo Latinoamericano de Escuela de Administración*. Cladea, 2004.

NÓBREGA, C. *A ciência da gestão*. Rio de Janeiro: Editora Senac-Rio, 2004.

PRINGLE, H.; GORDON, W. *Em sintonia com a marca: como desenvolver uma cultura organizacional que viva a essência da marca*. 11. ed. São Paulo: Editora Cultrix, 2004.

▪ 3 ▪
A Pesquisa de *Marketing* como Ferramenta Competitiva

Victor Rafael L. Aguiar

INTRODUÇÃO

O profissional de *marketing* deve, essencialmente, desenvolver quatro atividades básicas nas organizações: a análise de mercado, o planejamento das ações de *marketing*, sua implementação e, por fim, o controle. Com o passar dos anos e o crescente acirramento da concorrência nos mais diversos setores, notadamente no setor educacional, cada vez mais se exige um alto grau de acerto, não sobrando espaço para tentativas, recuos e cancelamentos, sob pena de causar grandes prejuízos financeiros e/ou em relação à imagem. Nesse contexto, percebe-se, então, a importância singular da análise de mercado, sendo a pesquisa de *marketing* a ferramenta que oferece subsídios para tomadas de decisão o mais acertadas possível e, conseqüentemente, melhoria da competitividade organizacional. Conforme Brong (2001, p. 5), "estudantes, como consumidores, estão escolhendo instituições de ensino superior focadas nos clientes".

Este capítulo tem por objetivo demonstrar a importância da pesquisa de *marketing*[1] para uma instituição de ensino, descrever algumas técnicas adequadas e ilustrá-las por meio de exemplos práticos, desenvolvidos na Universidade da Região de Joinville, a UNIVILLE, localizada no nordeste catarinense, na cidade de Joinville. A UNIVILLE é uma Instituição pública de direito privado, membro da Associação Catarinense das Fundações Educacionais (ACAFE), que congrega diversas instituições comunitárias, com aproximadamente 13.000 alunos em seus dois *campi* (Joinville e São Bento do Sul).

---

[1] Vale salientar que pesquisa de *marketing* é o mesmo que pesquisa de mercado.

A PESQUISA DE *MARKETING*

Normalmente, quando se fala em pesquisa de *marketing*, a primeira imagem que nos vem é a de alguém com uma prancheta na mão, entrevistando pessoas. Trata-se da abstração de uma das diversas ferramentas para pesquisar o mercado, pois na verdade, segundo Cobra (1992), a pesquisa de *marketing* pode ser definida como qualquer esforço planejado e organizado para obter fatos e conhecimentos novos que facilitem o processo de decisão de mercado. Por exemplo, se o gestor de uma instituição programar-se para pelo menos uma vez por semana conversar com os seus clientes (internos e externos), de maneira organizada, planejada e disciplinada, ele já estará pesquisando o mercado. Da mesma forma, se esse gestor participar mensalmente das reuniões de sua entidade representativa, trocando informações, ouvindo seus pares, estará pesquisando o mercado. As instituições desconhecem que "dentro de casa", ou junto aos seus pares, têm muitas informações a serem coletadas, organizadas e analisadas. Tal procedimento é científico, é menos formal, mas não deixa de ter a sua validade e importância.

OS PASSOS PARA REALIZAR UM BOM PROJETO

O gestor pode desenvolver pesquisas mais estruturadas, utilizando recursos próprios e/ou terceirizando essa atividade. Seja como for, a pesquisa inicia com a clara definição do que se deseja descobrir com sua execução. Trata-se do reconhecimento e da formulação de um problema de pesquisa. Essa etapa é fundamental, pois muitas vezes as pesquisas são realizadas, coleta-se muita informação, mas não se consegue chegar a nenhuma resposta que esclareça as dúvidas da instituição. O problema de pesquisa pode ser apresentado como um questionamento, algo cuja resposta ajudará a organização, como, por exemplo, "como está o relacionamento com o cliente em nossa instituição?". Nesse sentido, Dias (2003, p. 369) afirma que "a obtenção de resultados efetivos depende de uma clara definição do problema e dos objetivos de pesquisa, possibilitando que as informações sejam coletadas de maneira apropriada à solução do problema".

Vencida a etapa da definição do problema de pesquisa, o próximo passo é o seu planejamento, que deve apresentar:

- Definição dos objetivos.
- Estabelecimento das questões ou das hipóteses.
- Determinação das fontes de dados.
- Determinação da metodologia.
- Cronograma e orçamento.
- Redação do projeto de pesquisa.

Os objetivos (um geral e três ou quatro específicos, em média) responderão ao problema de pesquisa e, além disso, o pesquisador pode levantar algumas questões ou hipóteses que pretende comprovar ou negar por meio da pesquisa. A fonte de dados é determinada (primárias ou secundárias), assim como a melhor metodologia de pesquisa para cada caso. Os demais passos do planejamento também são importantes, uma vez que o cronograma permite visualizar se o prazo para a coleta de informação é realmente viável, quanto será gasto (orçamento) e, por fim, tem-se o projeto totalmente redigido, o que pode ser verificado no Anexo 1, uma pesquisa realizada em 2000 para o setor de Pós-Graduação da UNIVILLE.

Foi possível descobrir, por meio dessa pesquisa, cursos que não estavam sendo oferecidos, comprovar que existia mercado para o oferecimento de cursos durante a semana à noite (até o momento somente eram oferecidos cursos aos finais de semana). Além disso, pôde-se verificar que não existia demanda para cursos durante a semana pela manhã (apesar do grande número de concluintes no período matutino). Essas informações, entre outras que foram coletadas, serviram para reestruturar a área e seus cursos.

Portanto, a pesquisa é fundamental para subsidiar as decisões estratégicas, principalmente em empresas de serviços, como é o caso de instituições de ensino, cujos serviços somente acontecem na presença dos clientes e com a participação dos mesmos. Salientando que no processo de aprendizagem, além da participação, exige-se o esforço, Fitzsimmons (2000, p. 47) afirma que "um aspecto fundamental da prestação de serviço é a compreensão de que o cliente pode ser uma parte ativa do processo".

CLIENTES E CONSUMIDORES

Um dos itens do projeto de pesquisa é a definição da fonte de dados, e uma das fontes que pode ser utilizada são os dados primários notadamente as pessoas. Em uma instituição de ensino, o pesquisador pode encontrar diversas fontes primárias, com papéis distintos, sendo fundamental o entendimento dessas diferenças principalmente no que diz respeito aos clientes externos e consumidores.

- Clientes internos: funcionários, professores e gestores.
- Clientes externos: São as pessoas que pagam as mensalidades (em uma instituição particular) e/ou responsáveis pelos alunos (em uma instituição pública).
- Consumidores: pessoas que realmente vivenciam (consomem) o serviço.

Em algumas situações, os estudantes são ao mesmo tempo clientes e consumidores, principalmente no ensino superior em instituições particulares. Já no ensino fundamental, a instituição deve preocupar-se em satisfazer os consumidores (os alunos) e os clientes (os pais). Em uma classificação mais abrangente, pode-se considerar também como clientes, sobretudo no ensino superior, as empresas ou mesmo o mercado de trabalho, por exemplo, na época do extinto PROVÃO (Exame Nacional de Cursos), algumas empresas passaram a considerar a nota obtida pela instituição para decidir sobre o pagamento ou não da bolsa auxílio aos funcionários.

Uma instituição que atua na educação infantil pode pesquisar a satisfação dos clientes internos e externos. Já no ensino fundamental e médio, a instituição pode pesquisar o nível de satisfação de clientes internos, externos e consumidores, percebendo inclusive, no caso dos clientes externos, o papel dos mesmos no processo de avaliação e compra. Por exemplo, geralmente da 1ª à 4ª série do ensino fundamental, os pais tomam a decisão sobre onde o aluno vai estudar. Já da 5ª à 8ª série e até o 2º ou 3º ano do ensino médio, os pais "negociam" com seus filhos. No ensino superior, pode-se ou não pesquisar os três grupos, já que muitas vezes, os pais são apenas influenciadores, a decisão final é dos filhos. Perrenoud (2000, p. 106) defende que a participação do aluno é válida, como na elaboração dos programas, uma vez que "é o exercício de um direito do ser humano, o direito de participar, assim que tiver condições para isso, das decisões que lhe dizem respeito, direito da criança e do adolescente, antes de ser direito do adulto; é uma forma de educação para a cidadania, pela prática".

A PESQUISA DE *MARKETING* EM FONTES SECUNDÁRIAS

Pode parecer um pouco estranho iniciar a parte técnica deste capítulo pela pesquisa em fontes secundárias, o que se justifica pelo fato de normalmente ser mais simples do que trabalhar com fontes primárias (as pessoas).

Fontes secundárias são eminentemente dados que já foram coletados e sistematizados na forma de publicações. Podem ser acessados por meio de livros, informativos, *sites* especializados, periódicos, etc. Por mais que se possa pensar que são mais fáceis de manusear, não deixam de ser igualmente importantes.

Muitas vezes, o pesquisador deverá recorrer inicialmente às fontes secundárias para o planejamento de sua pesquisa. Essa atividade denomina-se pesquisa exploratória, ou seja, o pesquisador tem pouco ou quase nenhum conhecimento sobre o assunto e recorre às fontes secundárias para começar a planejar o seu trabalho. Para exemplificar tal situação, desde 2000 é desenvolvida na UNIVILLE, anualmente, uma pesquisa com os concluintes do ensino médio da região. Recorre-se aos dados disponíveis no *site* do Instituto Nacional de Estudos e Pesquisas Educacionais (INEP) para saber o número de concluintes e, assim, determinar a população[2] e a amostra[3]. Ainda, utilizam-se fontes secundárias, ao se pesquisar

---

[2] População: são todos os membros (quantidade) de um grupo definido de pessoas ou itens.
[3] Amostra: é qualquer subconjunto de uma população predefinida.

o *site* da Secretaria da Educação para descobrir as escolas de ensino médio, cadastrá-las e determinar aleatoriamente quais serão pesquisadas.

O cruzamento das informações obtidas em fontes secundárias pode fornecer importantes subsídios para a tomada de decisão. Para ilustrar, é apresentada no Anexo 2 parte de uma pesquisa elaborada somente com fontes secundárias que traz informações muito interessantes e que já fornece subsídios para a tomada de decisões.

Vale alertar que, muitas vezes, as fontes secundárias[4] podem estar um pouco defasadas ou mesmo apresentar informações que nem sempre são relevantes, Por outro lado, em comparação à pesquisa em fontes primárias, esse tipo de pesquisa geralmente é mais rápido e muito mais barato.

A PESQUISA DE *MARKETING* EM FONTES PRIMÁRIAS: PESQUISA QUANTITATIVA

Já se definiu que a pesquisa em fontes primárias é a pesquisa realizada junto às pessoas. Faz-se necessário agora definir o que é a pesquisa quantitativa, como uma das técnicas que pode ser utilizada (a outra é a qualitativa, que será abordada mais adiante).

Para Sheth (2001), a pesquisa quantitativa é a que mensura em termos numéricos, ou seja, o pesquisador trabalha diretamente com as pessoas e obtém um universo de respostas que pode ser reduzido em gráficos e percentuais. Nesse sentido, suas principais características são as seguintes:

- A fonte primária.
- As respostas do consumidor estão em uma escala numérica.
- A possibilidade de comparação de respostas numericamente classificadas permite pesquisar um grande número de clientes.
- Boa relação custo *versus* benefício.
- As generalizações são mais precisas sobre o universo pesquisado.

Os critérios estatísticos também são importantes, uma vez que, se a pesquisa se restringir a uma amostragem pouco representativa, corre-se o risco de tomar decisões baseadas em informações distorcidas e parciais. Os principais métodos da pesquisa quantitativa são os seguintes:

---

[4] Algumas fontes secundárias de pesquisa para instituições de ensino:
www.inep.gov.br – Instituto Nacional de Estudos e Pesquisas Educacionais.
www.mec.gov.br – Ministério da Educação.
www.ibge.gov.br – Instituto Brasileiro de Geografia e Estatística.
www.acafe.org.br – Associação Catarinense das Fundações Educacionais.
www.universia.com.br – Portal sobre ensino superior.

- Entrevistas pessoais.
- Entrevistas por telefone.
- Questionários pelo correio.
- Questionários pessoais.

Todos os métodos mencionados pressupõem algum tipo de comunicação (pessoal ou não) entre o pesquisador e o pesquisado. Nas entrevistas pessoais, o contato é bastante próximo. Nesses métodos, o pesquisador deve utilizar-se de um instrumento de pesquisa, normalmente denominado questionário. Este pode ser estruturado, quando é o próprio instrumento de pesquisa, ou semi-estruturado, quando é apenas um roteiro de perguntas para o entrevistador. Em geral, trabalha-se com perguntas fechadas (objetivas) para facilitar a tabulação dos dados, o que otimiza o processo, ainda que empobreça em parte a qualidade das informações, motivo pelo qual existe a pesquisa qualitativa.

Entrevistas pessoais

A entrevista pessoal pressupõe um ou vários pesquisadores abordando os pesquisados, perguntando sobre o assunto de interesse e transcrevendo suas respostas em uma planilha ou em um formulário. No planejamento dessa etapa, o pesquisador deve ter um cuidado especial com o questionário (não ser longo e conter perguntas que constranjam ou encabulem os entrevistados) e com os entrevistadores (não influenciarem as respostas ou forjarem as entrevistas).

Na UNIVILLE, foram realizadas diversas pesquisas que utilizaram a entrevista pessoal, podendo destacar a entrevista para verificar qual a imagem da universidade. Nesse projeto, foram selecionados alunos, de cada um dos cursos da instituição e entrevistados utilizando-se um questionário estruturado contendo basicamente apenas quatro perguntas fundamentais. Estipulou-se um objetivo mínimo de entrevistas (10% de alunos por curso e por período), e foram mapeados os locais da instituição (redutos) dos cursos onde os alunos poderiam ser encontrados. Ao completar a amostragem, partia-se para outro local. O questionário pode ser avaliado no Anexo 3. Por meio dos resultados obtidos, a instituição decidiu trabalhar mais sua imagem, replanejar seu plano de comunicação, investir mais no relacionamento junto às empresas e, por fim, (re)posicionar-se no mercado.

Entrevistas por telefone

A entrevista por telefone pode ser utilizada quando a instituição possui um bom banco de dados. Os cuidados com essa metodologia são semelhantes aos cuidados nas entrevistas pessoais; todavia, deve-se ter um cuidado especial para não ser inoportuno e principalmente primar pela objetividade. Para esse método, deve-se elaborar, além do instrumento de pesquisa, um roteiro chamado *script operacional*, bastante comum nas empresas que trabalham com *telemarketing*.

A entrevista por telefone substitui a entrevista pessoal quando os entrevistados são mais facilmente acessados dessa forma ou quando a relação custo-benefício-tempo apresenta um resultado que justifica sua adoção. Recentemente, foi realizada uma pesquisa bastante interessante na UNIVILLE, denominada Índice de Insucesso. Uma amostragem de alunos aprovados no vestibular que não se matricularam na instituição foram contatados por telefone com o objetivo de descobrir se foram ou não para a concorrência e quais os motivos da não efetivação da matrícula. Os resultados foram surpreendentes e permitiram adotar medidas para uma melhor divulgação dos aprovados no vestibular e listas de chamadas para monitoramento da concorrência. No Anexo 4, é apresentado o *script operacional* dessa pesquisa e, no Anexo 5, alguns dos resultados obtidos.

Questionários pelo correio

Diferentemente das entrevistas, este método pressupõe que o próprio respondente preencha um questionário recebido pelo correio ou pela internet, ou seja, depende de uma atitude por parte dele, o que é mais difícil. Algumas empresas, inclusive, vinculam o envio de respostas a sorteios ou brindes e, mesmo assim, obtêm um baixo número de retornos. Se o pesquisador optar por esse método, deverá elaborar um questionário bastante simples, que não tome muito tempo e, em se tratando do envio via correio, utilizar preferencialmente o porte pago.

A pesquisa pela internet talvez seja mais difícil ainda, pois muitos usuários deletam uma mensagem antes mesmo de verificar o seu conteúdo.

Questionários pessoais

Neste método, os questionários são colocados em um local estratégico, como, por exemplo, na sala de espera de um consultório ou na secretaria acadêmica. Nessas situações, a instituição dependerá novamente da iniciativa dos respondentes, e corre-se o risco de que as pesquisas sejam respondidas somente quando ocorrem problemas e o cliente estiver insatisfeito.

Algumas instituições trabalham com objetivos diários quanto ao número de respostas e, assim, seus colaboradores incentivam que os clientes respondam. Em se tratando de uma instituição de ensino, pode-se adotar a prática de se pesquisar em sala de aula: um pesquisador interrompe (com autorização prévia) a aula por alguns minutos e solicita aos alunos que respondam ao questionário que estará entregando. Essa alternativa garante um grande número de respondentes, a elucidação na mesma hora de alguma dúvida e a rapidez na aplicação da pesquisa.

Em 2002, foi realizada na UNIVILLE uma pesquisa para avaliar a satisfação dos alunos com os serviços. O questionário pode ser verificado no Anexo 6, e seus resultados propiciaram diversas alterações relacionadas ao atendimento no departamento financeiro, na infra-estrutura, no horário de funcionamento de algumas áreas, entre outras ações.

Uma outra situação em que questionários pessoais são indicados é quando a pesquisa aborda temas polêmicos, sendo que a presença de um entrevistador pode constranger os respondentes. Um exemplo é a pesquisa de clima organizacional. Realizada junto aos colaboradores de uma instituição, serve para medir o nível de satisfação destes, com aspectos quanto a remuneração, motivação para o trabalho, perspectiva de carreira, imagem, etc. Um modelo bastante simplificado desse tipo de pesquisa pode ser avaliado no Anexo 7. É fundamental destacar que os funcionários (cliente internos) sempre têm muito a dizer, pois lidam diretamente com os clientes externos e, por isso, cada vez mais as instituições precisam desenvolver ações voltadas ao *endomarketing*.

CARACTERÍSTICAS DA PESQUISA QUANTITATIVA

O sucesso da pesquisa quantitativa está na elaboração de um bom instrumento de pesquisa (questionário), no treinamento dos entrevistadores (se for o caso) e no acesso a uma boa amostragem. Para facilitar a compreensão, a Tabela 3.1 traz alguns parâmetros de amostras.

Deve-se ressaltar que o pesquisador pode deparar-se com uma série de dificuldades, como o receio das pessoas, a impaciência é até a desmotivação, pois, ao se realizar uma pesquisa, automaticamente se está gerando a expectativa de que os problemas sejam resolvidos. Porém, se isso não acontece, o respondente, por exemplo, sente-se desmotivado em responder a mesma pesquisa sobre desempenho docente que respondeu no ano anterior. Outro alerta importante é que todo questionário deve ser previamente testado para avaliar sua aplicabilidade e fluência. Com tal procedimento, pode-se evitar desperdícios de tempo e dinheiro.

A PESQUISA DE *MARKETING* EM FONTES PRIMÁRIAS: PESQUISA QUALITATIVA

A pesquisa qualitativa tende a ser mais rica em informações que a quantitativa, pois mensura em termos de descrições e categorias gerais (SETH, 2001). Enquanto na pesquisa quantitativa o respondente seleciona dentre as opções de respostas em um questionário, na pesquisa qualitativa ele está livre para criar as suas respostas, o que permite conhecer aquilo que o cliente realmente está pensando,

Tabela 3.1
Tamanhos típicos de amostras para estudos de populações de instituições e pessoas

Número de análises e subgrupos	Pessoas ou domicílios		Instituições	
	Nacional	Regional ou especial	Nacional	Regional ou especial
Nenhum ou poucos	1.000-1.500	200-500	200-500	50-200
Média	1.500-2.500	500-1.000	500-1.000	200-500
Muitos	2.500 +	1.000 +	1.000 +	500 +

Fonte: Aaker (2001).

pois não são sugeridas respostas. Por outro lado, perde-se em objetividade e rapidez na redução dos dados.

Grupos de foco e método priex

Um dos métodos mais conhecidos de pesquisa qualitativa são os grupos de foco. Um moderador reúne um grupo de pessoas (entre 7 e 12) com um determinado perfil e, por meio de um questionário semi-estruturado ou estruturado, entrevista as pessoas e vai coletando as informações sobre certo assunto. Em síntese, pode-se considerar um "bate-papo" sobre um determinado tema, o que é um risco quando não se utiliza um moderador treinado. O ideal é que sejam repetidos quantos grupos forem necessários até que se repita determinado padrão de resposta. Nesse ponto, o pesquisador pode tirar algumas conclusões e considerar que descobriu algo.

No levantamento de expectativas de novos clientes, uma alternativa complementar aos grupos de foco é o método PRIEX (Priorização de Expectativas), cujo roteiro é apresentado no Anexo 8. Esse método foi aplicado junto aos concluintes do ensino médio de Joinville (escolas públicas) e foram obtidas respostas bastante interessantes, conforme Anexo 9.

Questionários abertos

Semelhantes aos questionários pessoais, os questionários abertos não apresentam alternativas de respostas. Os clientes podem escrever livremente o que pensam e, assim, pode-se descobrir realmente suas opiniões e expectativas. Sugere-se que esse método seja aplicado em um pequeno número de respondentes, pois sua tabulação é extremamente trabalhosa. Ele foi utilizado recentemente na UNIVILLE, no processo de matrícula de novos alunos dos Cursos Superiores de Tecnologia em Gestão, um público totalmente novo na época e que precisava ser mais bem conhecido. No Anexo 10, pode-se verificar o questionário aplicado.

VANTAGENS DA PESQUISA QUALITATIVA

A pesquisa qualitativa pode ser uma poderosa ferramenta para melhor conhecer os clientes; contudo, sua utilização pressupõe um conhecimento técnico muito maior, principalmente por parte do moderador. Somente poderá ser considerada como confiável se a instituição repeti-la o número de vezes que for necessário, até obter a confirmação que determinado padrão de resposta demonstra realmente uma tendência ou característica, como no caso de grupos de foco.

A DECISÃO DE TERCEIRIZAR OU NÃO A PESQUISA

Se a instituição reunir em seus quadros profissionais com conhecimento técnico suficiente para elaborar pesquisas, poderá utilizar essa alternativa. Por outro lado, mesmo dispondo da solução doméstica, muitas vezes é aconselhável que algumas pesquisas sejam encomendadas a empresas especializadas.

Em algumas situações, as pessoas atingidas pelos resultados da pesquisa tendem a descredibilizá-la, o que fica mais fácil se a mesma tiver sido feita "em casa", ou seja, a sugestão é fazer algumas com a equipe caseira e outras terceirizadas.

Caso a instituição decida terceirizar, o critério é buscar no mercado uma empresa idônea, com profissionais que apresentem qualificação compatível, examinar as referências, os trabalhos anteriores e a experiência na área.

CONSIDERAÇÕES FINAIS

O objetivo deste capítulo foi demonstrar alguns métodos de pesquisa, ressaltar a importância da escolha entre eles e oferecer alguns exemplos práticos. Além disso, pretendeu-se salientar a importância de ouvir os clientes, especialmente no caso das instituições de ensino.

REFERÊNCIAS

AAKER, D.A.; KUMAR, V.; DAY, G.S. *Pesquisa de marketing*. São Paulo: Atlas, 2001. 745 p.

AGUIAR, V.R.L. *A proposta de um método para a determinação de expectativas de novos clientes – o método PRIEX.* Dissertação (Mestrado em Engenharia de Produção) Universidade Federal de Santa Catarina, Florianópolis. 2001.

BRONG, J. View from the trenches. *QEDnews*, Milwaukeee, v.5, n.10, p.33-35, maio/junho. 2001.

COBRA, M. *Administração de marketing*. São Paulo: Atlas, 1992.

DIAS, S.R. *Gestão de marketing*. São Paulo: Saraiva, 2003.

FITZSIMMONS, J.A. *Administração de serviços: operações, estratégias e tecnologia da informação*. Porto Alegre: Bookman, 2000.

KOTLER, P. *Administração de marketing: a edição do novo milênio*. São Paulo: Prentice Hall, 2000.

_____. *Marketing estratégico para instituições educacionais*. São Paulo: Atlas, 1994.

MATTAR, F.N. *Pesquisa de marketing: edição compacta*. São Paulo: Atlas, 1996.

_____. *Pesquisa de marketing: metodologia, planejamento*. São Paulo: Atlas, 1996.

PERRENOUD, P. *Dez novas competências para ensinar*. Porto Alegre: Artmed, 2000.

SHETH, J.N.; MITTAL, B.; NEWMAN, B.I. *Comportamento do cliente: indo além do comportamento do consumidor*. São Paulo: Atlas, 2001.

ANEXO 1

Pesquisa de demanda para a Pós-Graduação

Problema de pesquisa:
Os formandos de 2000 pretendem dar continuidade aos seus estudos?

Definição dos objetivos:
Objetivo geral: Avaliar a perspectiva de os alunos formandos de 2000 matricularem-se nos cursos de Pós-Graduação (Especialização da UNIVILLE).

Objetivos específicos:
- Determinar o número de alunos que pretendem cursar a Pós-Graduação na UNIVILLE em 2001.
- Determinar suas áreas de interesse (cursos).
- Definir os itens, em ordem de importância, que agregam valor na ótica do estudante.

Estabelecimento das questões ou hipóteses:
- Existe público suficiente para cursos de Pós-Graduação durante a semana à noite?[1]
- Existe público suficiente para cursos de Pós-Graduação durante a semana pela manhã?[2]

Determinação da fonte de dados:
Primária – Todos os concluintes de 2000.

Determinação da metodologia:
Questionários pessoais, distribuídos em sala de aula pela equipe de pesquisa.

Cronograma:
De 04/09 a 15/09 – pesquisa de campo.
De 18/09 a 29/09 – tabulação dos resultados.
De 02/10 a 06/10 – análise dos resultados e redação do relatório final.

Orçamento:
O custo total da pesquisa está estimado em R$ 1500,00 (Hum mil e quinhentos reais)[3].

---

[1] Até esta época, os cursos de pós-graduação somente eram oferecidos às sextas-feiras à noite e aos sábado pela manhã.
[2] A UNIVILLE contava na época com aproximadamente 500 alunos no período matutino.
[3] Acompanhava o projeto um demonstrativo detalhado das despesas e sua somatória totalizava o custo apresentado no projeto.

Fonte: Primária.

ANEXO 2

Alguns dados da pesquisa em fontes secundárias.

Joinville e São Bento do Sul

Ensino, Pesquisa e Extensão
Ambiente Socioeconômico

OBJETIVOS E METODOLOGIA

- Objetivos
  - Pesquisar indicadores de potencialidades e tendências dos municípios de Joinville e São Bento do Sul, com foco no Ensino Superior
- Metodologia
  - Levantamento de dados
    - Celesc
    - RAIS
    - IPC Florenzano Marketing
    - Banco Central do Brasil
    - Prefeituras
    - IBGE

- Metodologia
  - Análise comparativa
    - Joinville e São Bento
      - Blumenau
      - Florianópolis
      - Caxias do Sul
      - Londrina
      - Brasil
      - SC, PR, RS

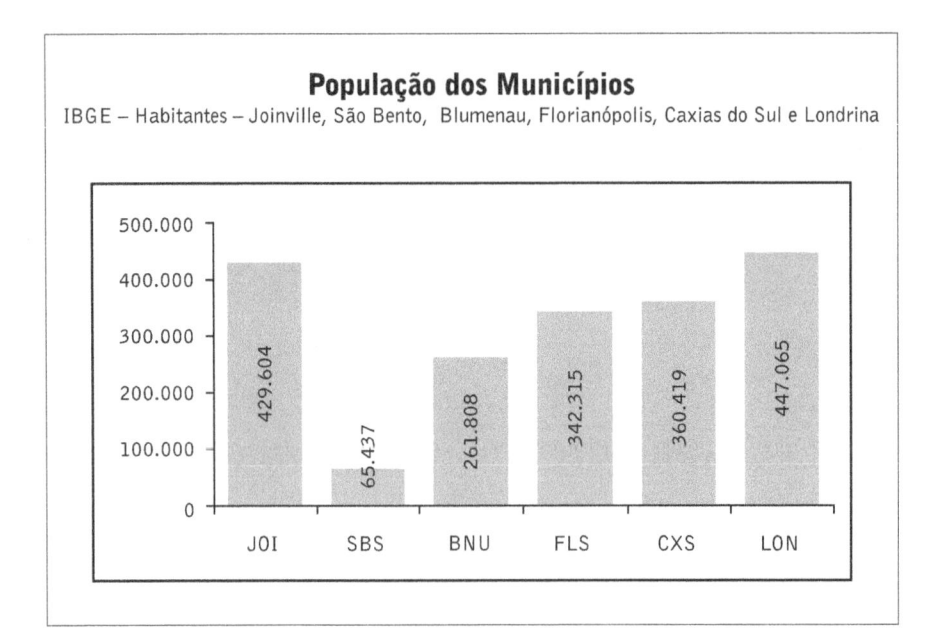

População dos Municípios
IBGE – Habitantes – Joinville, São Bento, Blumenau, Florianópolis, Caxias do Sul e Londrina

Município	Habitantes
JOI	429.604
SBS	65.437
BNU	261.808
FLS	342.315
CXS	360.419
LON	447.065

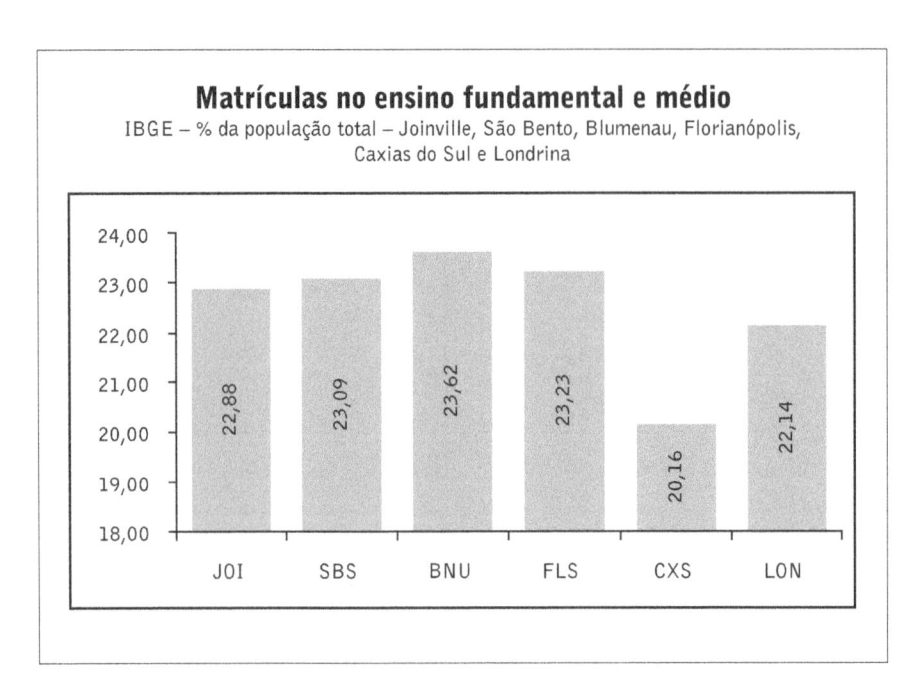

Matrículas no ensino fundamental e médio
IBGE – % da população total – Joinville, São Bento, Blumenau, Florianópolis, Caxias do Sul e Londrina

Município	%
JOI	22,88
SBS	23,09
BNU	23,62
FLS	23,23
CXS	20,16
LON	22,14

Fonte: Primária.

ANEXO 3

Roteiro para entrevista – Pesquisa de Imagem – Entrevista pessoal.

BOM(A) DIA / TARDE / NOITE – MEU NOME É _____, SOU DA UNIVILLE.
GOSTARIA DE FAZER APENAS 5 PERGUNTAS PARA VOCÊ, É POSSÍVEL?
QUAL O SEU CURSO? _____
QUAL O PERÍODO? _____

1| COMO ALUNO, QUAL A IMAGEM QUE VOCÊ TEM DA UNIVILLE?

Muito boa	Boa	Nem boa / Nem ruim	Ruim	Muito ruim

SE RUIM OU MUITO RUIM, PERGUNTAR: QUAL O MOTIVO?
( ) A DIDÁTICA DOS PROFESSORES　　　　( ) O PREÇO
( ) O RELACIONAMENTO ALUNO / PROF　　( ) A INFRA-ESTRUTURA DO CURSO
( ) O ATENDIMENTO DA INSTITUIÇÃO　　　( ) NÃO SABE DEFINIR
( ) A ORGANIZAÇÃO DA INSTITUIÇÃO　　　( ) OUTROS_____

2| E SEUS AMIGOS, DE MODO GERAL, QUAL A IMAGEM QUE TÊM DA UNIVILLE?

Muito boa	Boa	Nem boa / Nem ruim	Ruim	Muito ruim

SE RUIM OU MUITO RUIM, PERGUNTAR: QUAL O MOTIVO?
( ) A DIDÁTICA DOS PROFESSORES　　　　( ) O PREÇO
( ) RELACIONAMENTO ALUNO / PROF　　　 ( ) A INFRA-ESTRUTURA DO CURSO
( ) O ATENDIMENTO DA INSTITUIÇÃO　　　( ) NÃO SABE DEFINIR
( ) A ORGANIZAÇÃO DA INSTITUIÇÃO　　　( ) OUTROS_____

3| E SUA FAMILIA, QUAL A IMAGEM QUE SE TEM DA UNIVILLE?

Muito boa	Boa	Nem boa / Nem ruim	Ruim	Muito ruim

SE RUIM OU MUITO RUIM, PERGUNTAR: QUAL O MOTIVO?
( ) A DIDÁTICA DOS PROFESSORES　　　　( ) O PREÇO
( ) RELACIONAMENTO ALUNO / PROF　　　 ( ) A INFRA-ESTRUTURA DO CURSO
( ) O ATENDIMENTO DA INSTITUIÇÃO　　　( ) NÃO SABE DEFINIR
( ) A ORGANIZAÇÃO DA INSTITUIÇÃO　　　( ) OUTROS_____

4| VOCÊ TRABALHA ATUALMENTE?
R: NÃO = AGRADECER E FINALIZAR. **R: SIM** = PROSSEGUIR

5| E NA SUA EMPRESA, QUAL A IMAGEM QUE TÊM DA UNIVILLE?

Muito boa	Boa	Nem boa / Nem ruim	Ruim	Muito ruim

SE RUIM OU MUITO RUIM, PERGUNTAR: QUAL O MOTIVO?
( ) A DIDÁTICA DOS PROFESSORES   ( ) O PREÇO
( ) RELACIONAMENTO ALUNO / PROF   ( )A INFRA-ESTRUTURA DO CURSO
( ) O ATENDIMENTO DA INSTITUIÇÃO   ( ) NÃO SABE DEFINIR
( ) A ORGANIZAÇÃO DA INSTITUIÇÃO   ( ) OUTROS_____

Fonte: Primária.

ANEXO 4

Script Operacional – Pesquisa de Índice de Insucesso – Entrevista por telefone.

Curso:
Período:
BOM(A) DIA / TARDE / NOITE

MEU NOME É _____, SOU DO DEPARTAMENTO DE VESTIBULARES DA UNIVILLE. SÓ PARA CONFIRMAR, VOCÊ ATUALMENTE NÃO ESTUDA NA UNIVILLE?

R: SIM = DESCULPAR-SE, JUSTIFICAR O ERRO E DESLIGAR.
R: NÃO = GOSTARIA DE FAZER APENAS 5 PERGUNTAS PARA VOCÊ, É POSSÍVEL?

R: NÃO = AGENDAR OUTRA DATA E HORÁRIO.
R: SIM = PROSSEGUIR

1| VOCÊ ATUALMENTE ESTÁ ESTUDANDO?

2A| R: NÃO = QUAL O MOTIVO DE NÃO TER SE MATRICULADO NA UNIVILLE?
( ) RESOLVI ESPERAR UM POUCO   ( ) MUDEI DE EMPREGO
( ) VOU TENTAR OUTRA COISA   ( ) FICA LONGE DE CASA
( ) NÃO TENHO DINHEIRO / PREÇO   ( ) TENHO OUTRAS PRIORIDADES
( ) PERDI O EMPREGO   ( ) outros_____

2B| R: SIM = EM QUAL INSTITUIÇÃO VOCÊ ESTÁ ESTUDANTO ATUALMENTE?
( ) UNIVALI   ( ) IESVILLE
( ) ACE   ( ) IELUSC
( ) ELIAS   ( ) UFPR
( ) UNERJ   ( ) UFSC
( ) UDESC   ( ) FURB
( ) UTESC   ( ) outros_____

2B| QUAL CURSO VOCÊ ESTÁ FAZENDO?:_____

3| QUAL O MOTIVO DE VOCÊ TER OPTADO POR OUTRA INSTITUIÇÃO?
( ) PREÇO / É GRATUÍTA   ( ) O CURSO É RECONHECIDO
( ) DISTÂNCIA DE CASA   ( ) O HORÁRIO É MELHOR
( ) TEM O CURSO QUE EU QUERO   ( ) ACHO QUE É MELHOR
( ) ME MATRICULEI ANTES   ( ) outros_____

4| COMO SE SENTE EM RELAÇÃO À INSTITUIÇÃO ONDE VOCÊ ATUALMENTE ESTUDA?
( ) MUITO SATISFEITO   ( ) SATISFEITO
( ) NEM SATISFEITO, NEM INSATISFEITO   ( ) INSATISFEITO
( ) MUITO INSATISFEITO

Fonte: Primária.

ANEXO 5

Alguns resultados da Pesquisa Índice de Insucesso.

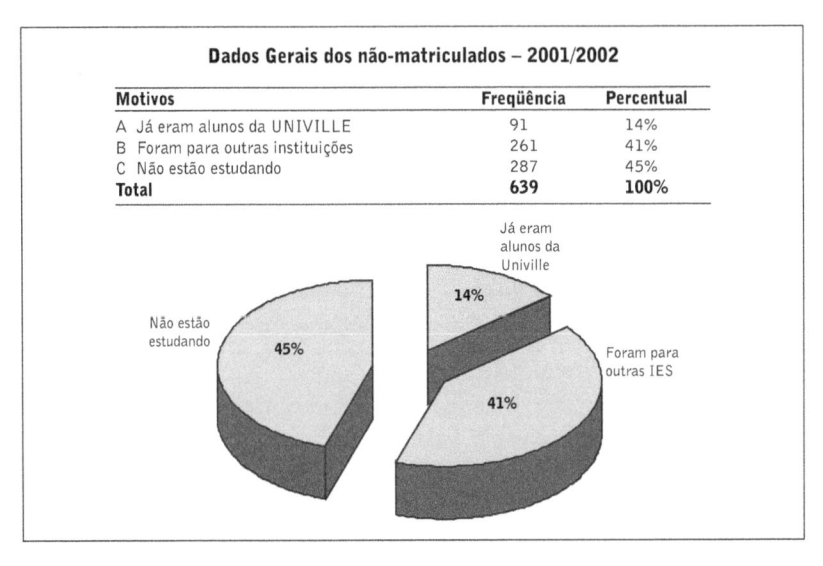

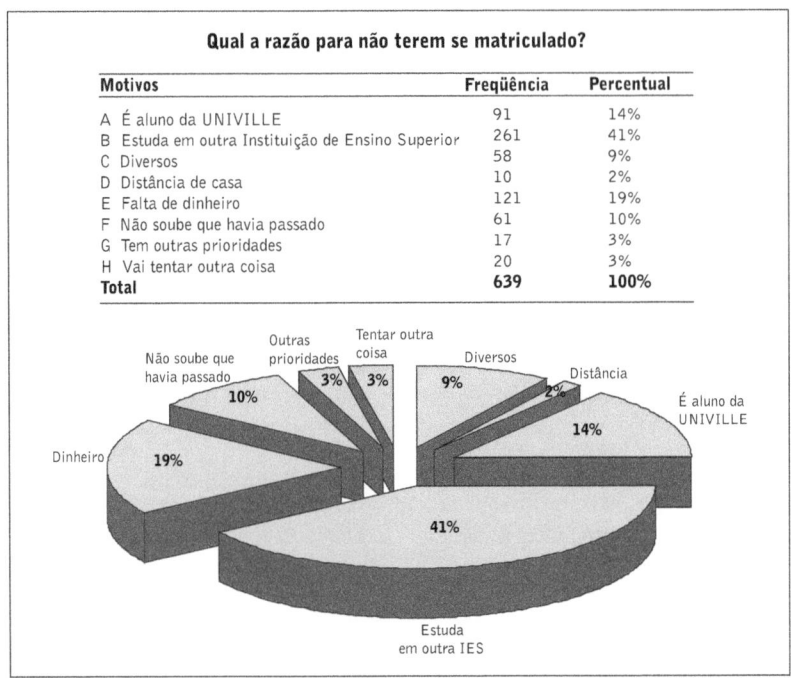

Dados Gerais dos não-matriculados – 2001/2002

Motivos	Freqüência	Percentual
A Já eram alunos da UNIVILLE	91	14%
B Foram para outras instituições	261	41%
C Não estão estudando	287	45%
Total	**639**	**100%**

Qual a razão para não terem se matriculado?

Motivos	Freqüência	Percentual
A É aluno da UNIVILLE	91	14%
B Estuda em outra Instituição de Ensino Superior	261	41%
C Diversos	58	9%
D Distância de casa	10	2%
E Falta de dinheiro	121	19%
F Não soube que havia passado	61	10%
G Tem outras prioridades	17	3%
H Vai tentar outra coisa	20	3%
Total	**639**	**100%**

Fonte: Primária.

ANEXO 6

Modelo de pesquisa de qualidade em serviço

1| Quanto ao acesso às pessoas e aos serviços prestados nas áreas abaixo, você se considera (assinale uma alternativa):

Área/ Avaliação	Muito satisfeito	Satisfeito	Insatisfeito	Não posso avaliar
Reitoria				
Pró-reitorias				
Centro de cópias				
Estágio e apoio				
Extensão				
Financeiro				
Secretaria acadêmica				
Bolsa de estudo				
Chefia de departamento				
Biblioteca				
Banco				
Faltou alguma área? Qual?___				

2| Quanto a agilidade/rapidez no atendimento prestado nas áreas abaixo, você se considera (assinale uma alternativa):

Área/ Avaliação	Muito satisfeito	Satisfeito	Insatisfeito	Não posso avaliar
Centro de cópias				
Estágio e apoio				
Financeiro				
Secretaria acadêmica				
Bolsa de estudo				
Chefia de departamento				
Biblioteca				
Banco				
Faltou alguma área? Qual?___				

3| Quanto à segurança/credibilidade e ao conhecimento, que as pessoas lhe passam no atendimento, nas áreas abaixo, você se considera (assinale uma alternativa):

Área/ Avaliação	Muito satisfeito	Satisfeito	Insatisfeito	Não posso avaliar
Reitoria				
Pró-reitorias				
Centro de cópias				
Estágio e apoio				
Extensão				
Financeiro				
Secretaria acadêmica				
Bolsa de estudo				
Chefia de departamento				
Biblioteca				
Banco				
Faltou alguma área? Qual?_____				

4| Quanto ao interesse e à cortesia, que as pessoas lhe transmitem no atendimento, nas áreas abaixo, você se considera (assinale uma alternativa):

Área/ Avaliação	Muito satisfeito	Satisfeito	Insatisfeito	Não posso avaliar
Reitoria				
Pró-reitorias				
Centro de cópias				
Estágio e apoio				
Extensão				
Financeiro				
Secretaria acadêmica				
Bolsa de estudo				
Chefia de departamento				
Biblioteca				
Banco				
Faltou alguma área? Qual?_____				

5| Quanto ao ambiente físico e equipamentos nas áreas abaixo, você se considera (assinale uma alternativa):

Área/Avaliação	Muito satisfeito	Satisfeito	Insatisfeito	Não posso avaliar
Centro de cópias				
Estágio e apoio				
Financeiro				
Secretaria acadêmica				
Bolsa de estudo				
Chefia de departamento				
Biblioteca				
Banco				
Sala de aula				
Laboratórios				
Cantinas				
Banheiros				
Corredores				
Bicicletário				
Faltou alguma área? Qual?_____				

6| De modo geral, em relação às áreas abaixo, você se considera (assinale uma alternativa):

Área/Avaliação	Muito satisfeito	Satisfeito	Insatisfeito	Não posso avaliar
Sala de aula				
Laboratórios				
Cantinas				
Horários de transportecoletivo				
Banheiros				
Corredores				
Estacionamento				
Faltou alguma área? Qual?_____				

7| Na sua opinião, baseando-se no seu dia-a-dia, qual o melhor meio de divulgar a UNIVILLE? **(escolha apenas dois)**

( ) Jornal ( ) Rádio ( ) Televisão ( ) Mala-direta ( ) *e-mail*
( ) Out-door ( ) Outros: _____

8| Como você avalia:

Área/Avaliação	Muito bom(a)	Bom(a)	Ruim	Não posso
Jornal da UNIVILLE				
Rádio interna				

9| Na sua opinião, em que a Univille deveria investir mais nos próximos anos?
_____
_____

10| Você recomendaria a UNIVILLE para um amigo?

( ) Com certeza ( ) Talvez ( ) Não recomendaria porque, _____
_____
_____

Fonte: Primária.

ANEXO 7

Modelo simplificado de pesquisa de clima.

Sua opinião é bastante importante. Por este motivo pedimos que responda às questões abaixo, sendo o mais sincero possível e confiando que sua contribuição é fundamental. Vale salientar que não há a necessidade de se identificar.

1| Com relação ao ambiente profissional, ou seja, o comprometimento de seus colegas, o trabalho em equipe, a amizade e o companheirismo, você se sente:

Muito satisfeito	Satisfeito	Nem satisfeito, nem insatisfeito	Insatisfeito	Muito insatisfeito

2| Quanto a sua remuneração, em comparação com o que o mercado oferece, você se sente:

Muito satisfeito	Satisfeito	Nem satisfeito, nem insatisfeito	Insatisfeito	Muito insatisfeito

3| Quanto ao reconhecimento profissional que você recebe, você se sente:

Muito satisfeito	Satisfeito	Nem satisfeito, nem insatisfeito	Insatisfeito	Muito insatisfeito

4| Em relação aos benefícios oferecidos pela empresa – plano de saúde, plano odontológico, convênio farmácia, convênio posto de combustível, ticket refeição, vale transporte – em relação ao que o mercado oferece, você se sente:

Muito satisfeito	Satisfeito	Nem satisfeito, nem insatisfeito	Insatisfeito	Muito insatisfeito

5| Quanto às atividades desenvolvidas por você, em relação ao seu cargo, você se sente:

Muito satisfeito	Satisfeito	Nem satisfeito, nem insatisfeito	Insatisfeito	Muito insatisfeito

6| Quanto à oportunidade de participar em eventos como reuniões, palestras, cursos, seminários e outros, você se sente:

Muito satisfeito	Satisfeito	Nem satisfeito, nem insatisfeito	Insatisfeito	Muito insatisfeito

7| Qual treinamento você gostaria que a empresa disponibilizasse para você? (Dê três sugestões)

_____
_____
_____

8| Caso a empresa tivesse uma oportunidade de trabalho e alguém de seu convívio estivesse procurando emprego e se encaixasse nesta vaga, você indicaria a empresa para esta pessoa?

Com toda a certeza	Certamente	Não sei	Não indicaria	Com toda a certeza não indicaria

9| Você vê perspectivas de futuro em trabalhar na empresa?

Com toda a certeza	Certamente	Não sei	Não vejo perspectivas

10| Cite e comente um ponto forte da empresa.

11| Cite e comente um ponto fraco da empresa.

12| Você gostaria de comentar mais alguma coisa?

Fonte: Primária.

ANEXO 8

O método PRIEX.

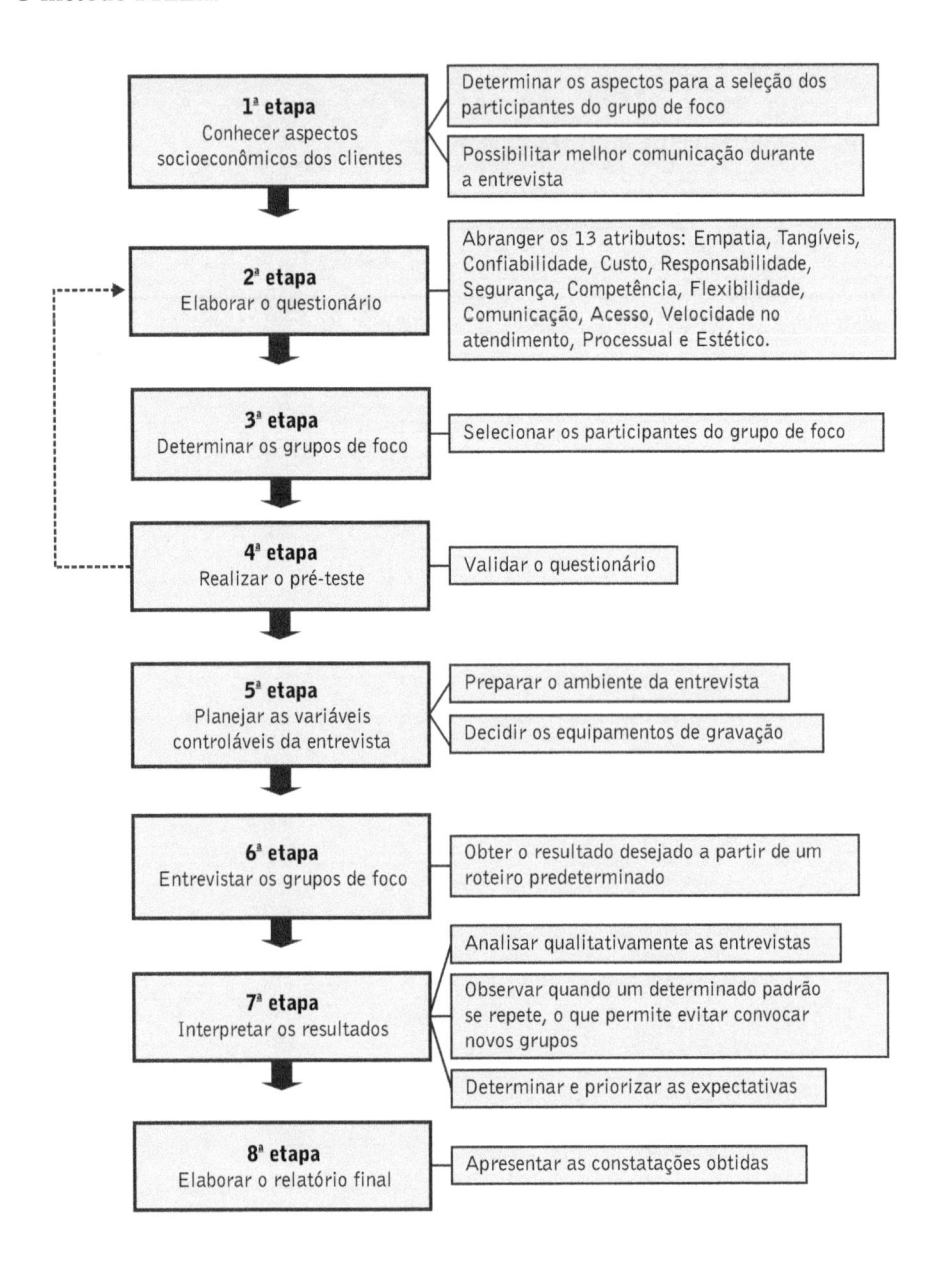

1ª etapa — Conhecer aspectos socioeconômicos dos clientes
- Determinar os aspectos para a seleção dos participantes do grupo de foco
- Possibilitar melhor comunicação durante a entrevista

2ª etapa — Elaborar o questionário
- Abranger os 13 atributos: Empatia, Tangíveis, Confiabilidade, Custo, Responsabilidade, Segurança, Competência, Flexibilidade, Comunicação, Acesso, Velocidade no atendimento, Processual e Estético.

3ª etapa — Determinar os grupos de foco
- Selecionar os participantes do grupo de foco

4ª etapa — Realizar o pré-teste
- Validar o questionário

5ª etapa — Planejar as variáveis controláveis da entrevista
- Preparar o ambiente da entrevista
- Decidir os equipamentos de gravação

6ª etapa — Entrevistar os grupos de foco
- Obter o resultado desejado a partir de um roteiro predeterminado

7ª etapa — Interpretar os resultados
- Analisar qualitativamente as entrevistas
- Observar quando um determinado padrão se repete, o que permite evitar convocar novos grupos
- Determinar e priorizar as expectativas

8ª etapa — Elaborar o relatório final
- Apresentar as constatações obtidas

Fonte: Primária.

ANEXO 9

As conclusões e sugestões da pesquisa realizada junto aos concluintes.

> O futuro cliente da UNIVILLE tem expectativas quanto a todos os atributos, mas alguns aspectos são prioritários.
>
> A prioridade número um pode ser definida como **o pragmatismo**, ou seja, **o que este futuro cliente mais deseja e sentir que vale a pena fazer um curso superior**. Esta sensação é construída no decorrer dos anos em que freqüenta seu curso, nas oportunidades de demonstração prática de seu conhecimento e, ao término, na sua aceitação no mercado de trabalho. Esta necessidade decorre do fato do aluno sentir-se praticamente obrigado a freqüentar um curso superior, ou seja, mais uma vez faz algo que talvez não quisesse fazer.
>
> A UNIVILLE tem a grande oportunidade de satisfazer esta necessidade ao oportunizar ao aluno, periodicamente, eventos onde possa demonstrar este conhecimento como, por exemplo, palestras dos próprios alunos em entidades, visitas técnicas de assessoria, mutirões, etc. Estes eventos deveriam ser tratados como indicadores de desempenho departamentais e monitorados pela Pró-Reitoria de Ensino.
>
> Outra maneira de atender a esta expectativa seria a realização de convênios com empresas de recrutamento e seleção, empresas privadas, entidades de classe, dentre tantos outros tipos de organização, para a realização de uma "Feira Anual do Trabalho", evento onde as empresas conheceriam os alunos da UNIVILLE e vice-versa.
>
> A segunda prioridade é o **respeito**, ou seja, **o aluno deseja ser respeitado, ouvido, bem-recebido e integrado**.
>
> Neste sentido a UNIVILLE poderia realizar, em todas as turmas de primeiro ano, um evento de integração dos alunos (em suas turmas), dos professores com os alunos e dos alunos com a universidade. O aluno, ao perceber que o ambiente é menos hostil do que o inicialmente percebido, tende a sentir-se melhor, mais confortável e motivado.
>
> Outro aspecto a ser priorizado é o papel fundamental que o professor desempenha no processo, ou seja, **sobre o professor recaem todas as expectativas dos alunos**.

Fonte: Primária.

ANEXO 10

Questionário para levantamento de expectativas de novos alunos dos Cursos Superiores de Tecnologia em Gestão.

Caro aluno, inicialmente o Instituto Catarinense de Educação Continuada, INCATEC, responsável pela operacionalização e coordenação dos Tecnólogos em Gestão da Universidade Corporativa Ajorpeme, em convênio com a UNIVILLE, deseja externar as boas vindas e a satisfação em contar com este grupo muito especial de alunos.

Para aprimoramento de nosso planejamento, suas respostas às questões abaixo são fundamentais:

1| Por qual motivo você se inscreveu no Curso Superior em Gestão de Pequenas e Médias Empresas?
_____
_____
_____

2| Quais são suas expectativas quanto ao curso?
_____
_____
_____

3| Quais são suas expectativas quanto aos professores do curso?
_____
_____
_____

4| Como você avalia estar assumindo um compromisso para os próximos 30 meses, de 2ª a 5ª feira à noite?
_____
_____
_____

Fonte: Primária.

4

Propaganda e Promoção

Miguel Dib Daud

PERSUASÃO

Embora a comunicação possa ser de caráter casual, informativo ou persuasivo, o *marketing* interessa-se apenas pela última. E, assim como no *marketing*, as preocupações com a persuasão estão presentes nas relações econômicas, sociais, culturais, políticas, nas militares, religiosas, etc.

A comunicação persuasiva ocorre quando o emitente utiliza, conscientemente, os meios e as mensagens para conseguir um efeito calculado em uma audiência específica. Persuadir é usar a comunicação – verbal e não-verbal – para orientar os indivíduos a fim de que ajam na direção esperada. Em outras palavras, é a arte de utilizar a comunicação para influenciar as crenças, as atitudes e o comportamento de um auditório que, em *marketing*, chama-se público-alvo.

A persuasão está presente em todos os campos das relações humanas. É o caso dos jornalistas que, em suas colunas, procuram conquistar e fidelizar leitores; dos políticos que, por meio de discursos, buscam votos do povo ou de seus colegas (discursos em plenário); dos advogados em suas defesas; dos artistas diante de sua platéia; dos generais à frente de seus comandados; dos missionários na busca de novos fiéis.

A tarefa de persuadir é igualmente importante no plano das empresas. Afinal, o que faz com que um consumidor opte por este ou aquele produto? Um ou outro serviço? Em sociedades economicamente desenvolvidas, impera o regime de hipercompetição em praticamente todos os setores. Portanto, procurar entender como o consumidor responde diante de certos estímulos é um trabalho fundamental para qualquer gestor. É preciso compreender como os consumidores tomam suas decisões. Especificamente no caso das instituições de ensino, é essencial conhecer como alunos e pais respondem aos estímulos. Dito de uma outra maneira, é preciso saber como demonstrar que a escola é a solução mais adequada para a satisfação dos seus desejos e, assim, levá-los a efetivar a matrícula. Esse conhecimento é a essência da análise do *marketing*.

PADRÃO DE RESPOSTAS FIXAS

As regras de persuasão funcionam porque o homem, assim como os outros animais, quando submetido a determinados estímulos, reage de maneira padronizada. Aplicado à aprendizagem, significa dizer que se forma uma associação entre um estímulo e uma resposta sempre que eles ocorrem sucessivamente. Por isso, quanto mais adequado for o estímulo, mais eficaz e persuasiva será a comunicação.

COMPORTAMENTO DE COMPRA COMPLEXO

Comprar um tubo de creme dental de certa marca ou matricular-se em determinada escola são atos de compras que envolvem diferentes níveis de engajamento e de estresse.

O creme dental é comprado sob condições de baixo envolvimento, não havendo diferenças significativas entre as marcas. Nesse contexto, os consumidores dispensam maiores informações a respeito dos bens. E, se o produto for mal avaliado por eles, simplesmente não será comprado novamente. É o que se chama, em *marketing*, de compra de conveniência.

Em uma compra habitual, como a do creme dental, a tarefa de persuadir é relativamente simples. Trata-se de um bem tangível, cujos atributos e benefícios são facilmente identificáveis pelo comprador.

A utilização freqüente da propaganda gera uma aprendizagem passiva, condicionando à compra do produto. A propaganda televisiva, o rádio e os *outdoors*, meios de baixo envolvimento, são adequados à aprendizagem passiva. Estimulado próximo ao momento da compra, o consumidor tenderá a optar pela marca anunciada. A teoria estímulo-resposta fundamenta esse comportamento de compra.

Para persuadir o público, os fabricantes valem-se constantemente dos veículos de comunicação de massa. As mensagens chegam até a memória de curta duração do comprador potencial. Esta, por sua vez, é bastante limitada quanto à quantidade de informação que consegue reter sem esforço. Daí a necessidade de repetição das mensagens.

Em contrapartida, as compras complexas, como a escolha de uma escola, são auto-expressivas, feitas com pouca freqüência, envolvem um risco maior, apresentam diferenças significativas entre as opções, porque o comprador sabe muito pouco sobre aquilo que está adquirindo, e a avaliação não é imediata. Não é difícil imaginar o estresse pelo qual passa o comprador – seja ele o pai, seja o próprio aluno – ao ter de decidir sobre algo que causará forte impacto futuro.

De fato, além da formação e da carreira profissional, tal decisão influenciará na moldagem do ciclo de amizades, no caráter e na forma como o aluno se posicionará diante dos desafios da vida.

O ato de escolher uma instituição de ensino é resultante de um comportamento de compra complexo. A teoria cognitiva, segundo a qual o aprendizado realiza-se através do discernimento, explica esse comportamento. Assim, a matrícula será efetivada se a escola for percebida – no seu todo – como a entidade educacional capaz de melhor satisfazer as expectativas do cliente potencial entre todas as outras. O comportamento de compra complexo envolve um processo de três etapas.

Na primeira etapa, o comprador desenvolve crenças sobre a instituição. A crença é o pensamento descritivo que a pessoa mantém a respeito da escola, baseado no aprendizado adquirido através dos anúncios, da propaganda boca a boca, dos formadores de opinião, ou mesmo em razão de experiências anteriores. As crenças estabelecem a imagem da instituição. Se elas são equivocadas, acabam por comprometer a imagem e inibir as matrículas. Nesse caso, é recomendável um esforço de comunicação bem concebido e executado, com o objetivo de recolocar a imagem da escola no seu devido lugar.

Na segunda etapa, o comprador desenvolve atitudes. A *atitude* corresponde a uma necessidade de simplificação em face das inúmeras opções que se apresentam, predispondo, por exemplo, as pessoas a gostarem de uma educação mais conservadora ou mais liberal. Assim, no processo de seleção, alguns já são previamente eliminados, economizando tempo, desgaste físico e estresse do consumidor.

Já na terceira etapa, o comprador faz uma escolha refletida. A *escolha refletida* ocorre quando o comprador procura exaustivamente por informações, avalia com cuidado as características das escolas e, finalmente, decide-se por uma. Apesar de ser uma decisão racional, como qualquer compra desse tipo, ela tem componentes emocionais.

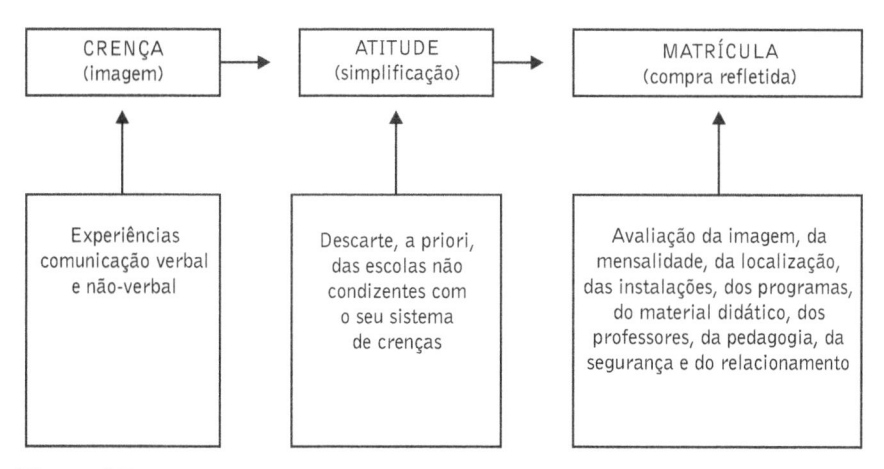

CRENÇA (imagem)	→	ATITUDE (simplificação)	→	MATRÍCULA (compra refletida)
↑		↑		↑
Experiências comunicação verbal e não-verbal		Descarte, a priori, das escolas não condizentes com o seu sistema de crenças		Avaliação da imagem, da mensalidade, da localização, das instalações, dos programas, do material didático, dos professores, da pedagogia, da segurança e do relacionamento

▲ **Figura 4.1** Etapas do processo de comportamento de compra complexo.

Em resumo, tomar a decisão de matrícula é um ato extremamente desgastante para quem o faz, tendo em vista o número de opções a serem analisadas, o montante do investimento, a falta de um conhecimento específico para uma avaliação mais apurada e as implicações decorrentes de uma escolha errada. Some-se a essas razões o fato de o consumidor estar adquirindo algo intangível, subjetivo. Daí o grande desafio dos gestores de *marketing* das escolas em utilizar uma série de recursos de persuasão para transformar *prospects* em visitas e visitas em matrículas. E – por que não dizer – matriculados em divulgadores da instituição, uma vez que o trabalho de persuasão deve continuar durante o tempo em que o aluno permanece na instituição.

VALOR

O conceito de valor está ligado à satisfação das necessidades do consumidor.

Segundo Abraham Maslow, as pessoas são motivadas por necessidades e desejos, os quais, por sua vez, apresentam-se em diferentes graus hierárquicos, das mais urgentes para as menos urgentes. Ao todo são cinco níveis. Conforme um nível é satisfeito, o homem passa a se preocupar com a satisfação do nível imediatamente acima. As necessidades fisiológicas seriam as primeiras a serem satisfeitas: comida, água e sono. Depois, estariam as necessidades de segurança física, isto é, as necessidades de proteção. Em terceiro, as necessidades sociais: pertencer a grupos sociais. Em quarto, as necessidades de estima: auto-estima, reconhecimento, *status*. E, em quinto, as necessidades de auto-realização: desenvolvimento e realização pessoal.

Para a satisfação das suas necessidades, o consumidor paga um "custo total de aquisição" representado pela seguinte soma: custo monetário + custo de tempo + custo de energia física + energia psíquica. Como contrapartida desse pagamento, ele recebe benefícios práticos (racionais) e emocionais.

A relação custo-benefício denomina-se valor:

$$\text{Valor} = \frac{\text{Custo}}{\text{Benefício}}, \text{ ou seja:}$$

$$\text{Valor} = \frac{\text{Custo Monetário} + \text{Custo Tempo} + \text{Custo Energia} + \text{Custo Psicológico}}{\text{Benefícios Práticos} + \text{Benefícios Emocionais}}$$

Por exemplo, os consumidores sabem que giz e quadro-negro já não são suficientes ou, em outras palavras, sabem que uma boa formação não se limita ao currículo básico. Com efeito, as atividades extras são cada vez mais valorizadas pelos clientes, eis que são maneiras de poupar dinheiro, tempo, energia física e psíquica. Entre outros exemplos, pode-se citar as aulas reforçadas de inglês, balé, jazz, natação, judô, teclado, sapateado, tênis e xadrez. São novos benefícios inimagináveis anos atrás.

Em tese, as escolas agregam valor à sua proposta quando conseguem aumentar os benefícios em uma proporção maior do que o aumento dos custos. O que persuade os clientes é a escola que apresenta a melhor relação custo-benefício. Essa é a grande realidade, pois, do contrário, a instituição com a menor mensalidade seria a mais procurada, o que, evidentemente, não ocorre na prática. As escolas mais procuradas e desejadas são aquelas que proporcionam maior valor agregado. A mensalidade (custo monetário) é avaliada pelo cliente, mas dentro dessa equação, como um dos seus elementos, e não isoladamente.

O que está por trás dessa proposição de serviços agregados é o conceito de solução completa, largamente utilizado nos *shopping centers*, onde se encontra tudo em um só lugar. A aplicação do conceito é de grande eficácia, pois as pessoas estão realmente dispostas a pagar *um pouco mais* para receber *muito mais*.

Toda comunicação, desde os anúncios até o contato com os profissionais de atendimento de matrículas, deve articular um discurso de modo que o consumidor perceba valor na proposta da escola. Deve persuadir o cliente para que opte por aquela determinada escola em detrimento dos concorrentes, pois é ela que proporcionará maior satisfação às suas necessidades e aos seus desejos. As pessoas efetuarão as matrículas naquelas escolas que oferecerem, segundo sua percepção, o maior valor agregado.

BENEFÍCIOS, E NÃO ATRIBUTOS

O atributo "ensino voltado para a preparação para o vestibular com exercícios simulados e apostilas" deve ser traduzido, na comunicação, em benefícios práticos e emocionais. Uma das possibilidades de se mostrar os atributos dessa escola em forma de benefícios para o aluno é apresentar, por exemplo, um jovem no *campus* da universidade (benefício prático) orgulhoso de seu novo *status* (benefício emocional).

Ao anunciar "transformamos os bichos em feras", as Faculdades Oswaldo Cruz prometem formar profissionais habilitados para o mercado de trabalho (benefício prático) e deixa subentendido tratar-se de um profissional mais qualificado, acima da média (benefício emocional). Desse modo, procura satisfazer a necessidade de prática, de obtenção de um bom emprego, e as necessidades emocionais de *status* e de realização pessoal.

Na mesma linha de argumentação, a Universidade Mackenzie (SP) divulga seu vestibular com o mote "Você escolhe o Mackenzie. O mercado de trabalho escolhe você". Ou seja, a escola resolve o problema do aluno.

Muitas instituições equivocam-se ao enaltecer os seus próprios atributos, quando o mais adequado seria enaltecer os benefícios que os alunos teriam por conta daqueles atributos. A propaganda, via de regra, deve mostrar o que a escola poderá fazer pelo aluno (benefício) e, simultaneamente, deixar subentendido que o esforço será compensador (custo).

ARQUÉTIPOS

Segundo a psicologia de Carl Jung, a personalidade total é referida como *psique* e é composta por outros elementos: o *ego* consciente, o *inconsciente pessoal* e seus complexos, o *inconsciente coletivo* e seus arquétipos.

Ao contrário do inconsciente pessoal, o conteúdo do inconsciente coletivo não vem da experiência pessoal: é herança da espécie humana e, por isso, idêntico em todas as pessoas, comum em todas as culturas e presente em épocas e lugares diferentes. O inconsciente coletivo é resíduo psíquico da evolução do homem, acumulado devido às experiências repetidas de muitas gerações. Os componentes desse inconsciente coletivo chamam-se arquétipos, os quais são vários.

Um arquétipo é uma idéia universal e de forte apelo emocional, daí seu uso freqüente pela propaganda. José Martins (1999) estabeleceu uma classificação para os arquétipos, sendo muitos deles utilizados pelas instituições de ensino:

- Relacionados com o instinto: posse, socialização, fluxo de energia. Por exemplo, quando uma escola apresenta em sua propaganda cenas de convívio social agradável ou práticas de esportes coletivos, está fazendo uso do arquétipo socialização. Quando a escola infantil recorre a fatos de uma criança desenvolvendo atividade lúdica, a intenção é despertar nos pais que os filhos vivenciarão as experiências de que necessitam nessa fase da vida. Ao exibir o primeiro colocado nos exames vestibulares para atrair alunos para o novo período, o curso preparatório está tentando despertar o "espírito de guerreiro" que aflora em cada pessoa quando o combate se faz necessário.
- Relacionados com o ego: auto-estima, jogo do poder, equilíbrio estético, rebelde e exaltação dos sentidos. Por exemplo, quando a Universidade São Marcos (SP) exibe em seu *outdoor* uma bonita modelo, sentada em um gramado que sugere ser o *campus* da escola, olhando feliz para o horizonte, a instituição está valendo-se do arquétipo auto-estima.
- Relacionados com o espírito: busca do inconsciente, expressão, idealismo, liderança visionária, sensibilidade, expansão, força de união da humanidade. Por exemplo, o arquétipo líder visionário aparece quando a Fundação Getúlio Vargas (SP) lança mão do simbolismo do jogo de xadrez na sua propaganda. O propósito é dizer aos seus futuros alunos que eles se tornarão estrategistas, conquistadores e vitoriosos atributos valorizados nos líderes empresariais. O texto: "FGV-EASP. Uma boa razão para você fazer a diferença" dá maior sentido à imagem.

- Relacionados com a razão: cenas de cotidiano, grande meta, formalização, racionalização. Por exemplo: ao utilizar a figura do diretor de escola tradicional, o arquétipo formalização busca reforçar nos pais a necessidade da organização formal da sociedade com definição de direitos e deveres. O arquétipo, a grande meta, aparece no anúncio do Instituto Mauá de Tecnologia (SP) que, tendo como cenário prédios com arquitetura futurista, mostra dois modelos jovens, um masculino e um feminino, vestidos conforme as regras do mundo corporativo, com olhares de quem sabe aonde quer chegar. Essa imagem é reforçada com o seguinte texto: "A conquista do futuro. Vestibular Mauá. A história de quem realiza seus sonhos".

EMOÇÕES POSITIVAS

Toda decisão de compra é motivada por ingredientes racionais e emocionais. Em alguns casos, os componentes racionais predominam e, em outros, prevalecem os de natureza emocional.

A lógica das decisões influenciadas pelas emoções está na própria Pirâmide de Maslow com as suas necessidades sociais, de auto-estima e de auto-realização. Além dos benefícios práticos (racionais), o aluno está em busca de benefícios emocionais.

Via de regra, o anúncio racional convence com base em novas informações e nos indícios incontestáveis que ele apresenta. Os emocionais persuadem com base naquilo que já é do conhecimento do público-alvo, na sua experiência, surgindo sutilmente uma nova perspectiva, uma mudança para melhor.

Os apelos emocionais positivos são feitos através da utilização do amor, do humor, do orgulho e do prazer. Por exemplo, cenas de professores dedicando atenção aos alunos da pré-escola (amor); cenas de formandos jogando a beca para o alto (humor); cenas de jovens realizando experiências em laboratórios, sem a presença do professor (orgulho); cenas de atividades esportivas e de convívio social agradável (prazer).

EMOÇÕES NEGATIVAS

Os apelos emocionais negativos que provocam medo, culpa e vergonha funcionam porque há uma tendência natural do homem de evitar a dor psíquica, assim como a dor física.

Ao informar que as vagas são limitadas ou determinar uma data específica para o encerramento das inscrições, aguça-se a tendência psicológica de evitar arrependimentos. Com medo de sentir a dor psíquica de perder a oportunidade, o *prospect* antecipa a sua decisão. Ao sugerir que as vagas são limitadas, subentende-se que a procura é maior que a oferta, o que também desperta o desejo de pertencer àquele grupo seleto de alunos, satisfazendo a auto-estima.

Com o mesmo intuito de inquietar, o título do anúncio do Senac (SP) diz "Seu talento só vence se você conhecer as pessoas certas: os nossos professores". Para em seguida oferecer a solução: "Faça faculdade no SENAC".

A União Cultural Brasil-Estados Unidos (SP) ironicamente anuncia: "Não estranhe se achar os outros cursos mais lentos", sugerindo ao receptor da mensagem de que, caso não opte por aquela escola, poderá envergonhar-se da decisão. Na mesma peça publicitária, recorre a uma outra técnica de persuasão, a do valor extra, ao oferecer grátis um dicionário de inglês no ato da matrícula.

A UNICSUL (SP) alerta: "Cuidado com os caminhos que escolhe. Você vai precisar estar preparado". O anúncio é ilustrado com um carro passando em uma estrada com muita lama. Cada escolha significa a rejeição de outras possibilidades, e o anúncio sugere que, caso o destinatário da mensagem não faça a escolha certa, ele se sentirá culpado no futuro.

Os anunciantes têm consciência de que os apelos funcionam em uma certa medida, a partir da qual a audiência bloqueará a mensagem.

PROMESSA

Essa modalidade de comunicação persuasiva ocorre quando se apresenta um problema para, em seguida, sugerir a solução mediante a compra do produto – em se tratando de escolas, mediante a matrícula. É o caso do anúncio do Colégio Humboldt (SP), que diz em seu título: "O mundo está em busca de multitalentosos" e, em seguida, promete a solução oferecendo multidisciplinaridade (integração entre as matérias), multiidiomas (ensino de quatro línguas), multiescolhas (habilitação para cursar faculdade no Brasil ou no exterior), multiparcerias (apoio do governo alemão e sistema de co-gestão com os pais dos alunos).

Na mesma linha de persuasão, o Etapa Vestibulares (SP) exibiu um *outdoor* duplo – em um dos quadros se lia Etapa e no outro USP, estando os dois ligados por um aplique, com um jovem saltando de um quadro para o outro. O Etapa apresentava, assim, o seu curso preparatório como promessa de solução para enfrentar a barreira dos exames da seleção.

PROVA

Embora muito criticada em função da metodologia e dos critérios adotados, é cada vez maior a prática de terceiros atribuírem notas às escolas. Tanto nas avaliações feitas pelos órgãos oficiais – como o Exame Nacional de Desempenho de Estudantes (ENADE), e o Exame Nacional de Ensino Médio (ENEM) quanto naquelas feitas pelos órgãos de imprensa, os respectivos *rankings* ganham bastante interesse pelo público.

Essas avaliações ajudam a aumentar a racionalização da escolha e, quando a posição é favorável, elas devem ser amplamente divulgadas na propaganda da escola.

O Ibmec (SP) promove seu curso de economia com o mote: "Nota máxima no Provão do MEC: 1º lugar em economia no Brasil." Os cursos pré-vestibulares comumente se utilizam dessa estratégia, propagando os nomes dos primeiros colocados nas faculdades.

A força de persuasão dos *rankings* está baseada em vários fatores:

- No fato de serem, em tese, neutros. Uma opinião imparcial que reduz o estresse da escolha.
- Na possibilidade do peso de um argumento multiplicar-se quando é específico. Ele é baseado no aspecto concreto, pois não são informações genéricas. Para tornar a mensagem ainda mais verossímil, muitas escolas reproduzem o próprio *ranking* em forma de *fac-símile* em seus anúncios.
- No princípio do contraste, uma vez que nosso aparato sensorial foi feito para interpretar contrastes e não valores absolutos. Realmente o homem decide comparando, avaliando uma coisa em relação à outra.
- Na competição, um traço marcante da sociedade de consumo que é valorizada pelo consumidor. Desde muito cedo, o indivíduo é treinado para competir.

GENERALIZAÇÃO

É possível persuadir usando como recurso o caso particular. É possível atrair alunos para novos cursos explorando a reputação de um curso já existente. Foi o que fez a Fundação Getúlio Vargas (SP) ao criar cursos de graduação em Direito e Economia. E também o caso da empresa de auditoria Trevisan, que estendeu suas atividades para o setor de educação, com cursos de graduação e pós-graduação na área de Administração, Economia e Contabilidade recorrendo à associação de marca.

A estratégia de usar o exemplo como detonador de uma generalização é eficaz, pois a ênfase no conhecido servirá como reforço das crenças já existentes, criando atitudes positivas em relação aos novos cursos. O esforço de persuasão será mais efetivo quando existir similitude entre o particular e o geral e quando não houver motivo para pôr em dúvida o exemplo.

O contrário também é verdadeiro. Se a instituição não goza de uma boa imagem, ou não possui um *curso astro* que se constitua em isca, a associação não deve ser evocada, devendo-se recorrer a outra estratégia para divulgar novos cursos.

TESTEMUNHAL

Os anúncios testemunhais funcionam porque o público necessita de representantes, modelos, de pessoas que sirvam de referência. Alunos e ex-alunos são excelentes testemunhos. Os primeiros geralmente relatam como tem sido a experiência de estudar naquela escola, o que esperavam e o que obtiveram, o relacionamento com os professores, a direção e os colegas. Já os ex-alunos geralmente dão o seu depoimento recomendando a instituição e dizendo o quanto ela foi importante em sua vida pessoal e profissional.

Se a escola possui ex-alunos que se tornaram célebres no seu campo de atuação profissional ou social, ainda melhor, pois o anúncio despertará maior atenção. Foi o que fizeram a ESPM (SP), ao recorrer a publicitários do gabarito de Roberto Duailibi, sócio da agência DPZ, e a Fundação Getúlio Vargas, que utilizou a figura de Abílio Diniz, dono do Pão de Açúcar. São ex-clientes que transferem seu prestígio atual para as instituições que os ajudaram a "chegar lá".

O importante é verificar se a fonte possui alta credibilidade junto ao público-alvo. Quanto maior a credibilidade do comunicador, maior a eficácia da mensagem. Nesse tipo de persuasão, a partir do caso particular o receptor da mensagem generaliza o exemplo apresentado, pois, sem saber o que fazer ou movido pela inveja, procura imitar a fonte e até mesmo superá-la.

CONTIGÜIDADE E FREQÜÊNCIA

Enquanto a comunicação feita através dos eventos, por suas características, ocorre ao longo do ano, a propaganda deve iniciar-se, aproximadamente, um mês antes do período de matrícula e cobrir o seu ciclo.

Segundo o psicólogo americano John B. Watson, as conexões entre o estímulo e a resposta se dão por meio da contigüidade[1] e da freqüência. A idéia de contigüidade está ligada ao intervalo de tempo entre o estímulo e a resposta.

O consumidor que recebe vários estímulos, dos vários concorrentes, tenderá a responder mais positivamente ao último, ao mais recente. Portanto, será antieconômico investir em propaganda fora desse período. Já o conceito de freqüência estabelece que, quanto maior a repetição, mais persuasiva será a comunicação. Repetindo-se a mesma tese, atinge-se o convencimento. Ela fortalece as crenças

---

[1] No original, *recency* (qualidade do que é recente). O mercado publicitário brasileiro utiliza o jargão recenticidade.

e gera uma atitude favorável, predispondo à matrícula. A escola precisa ser lembrada para entrar na relação de estabelecimentos a serem visitados. Contudo, a intensidade da adesão a ser obtida não se limita ao ato de visitar a escola. Durante a interação face a face com o *prospect*, a mesma tese deve ser reforçada até que a ação de matricula ocorra.

Por outro lado, o paradigma da aprendizagem diz que a retenção diminui imediatamente na ausência de repetição. Daí a importância da propaganda nessa época do ano. O número ótimo de repetições depende de variáveis como a imagem da escola, a atitude original em relação a ela, a qualidade da mensagem, a agressividade dos concorrentes, entre muitos outros fatores. Apesar de haver tentativas no sentido de se estabelecer um critério técnico de tomada de decisão em mídia, também entre os grandes anunciantes prevalece o bom senso e o *feeling*.

No entanto, o excesso de repetição pode causar tédio e aborrecimento em função da saturação, induzindo o consumidor a um afastamento da marca. Os especialistas em comunicação recomendam que sejam feitas variações na forma (preservando-se, contudo, o tema) para manter vivo o interesse.

PROMOÇÃO DE VENDAS

Uma característica humana que ajuda a entender por que essa estratégia funciona é o interesse pelo lucro fácil, pelo ganho rápido. As pessoas estão interessadas em seu bem-estar e agem de modo a obter a maior vantagem possível. A oferta é eficaz, pois quebra a inércia humana. Querer mais por menos é um desejo derivado do instinto de autoconservação.

Em algumas escolas, e na maioria dos congressos, é comum a fixação de um preço promocional para aqueles que antecipam a matrícula ou a inscrição, o preço é menor para quem paga antes. Existem escolas com descontos progressivos para irmãos. Outras, mediante convênio, concedem descontos para funcionários de empresas.

Esse espírito de barganha também se revela quando é oferecido um brinde no ato da inscrição. Foi o que fez a Aliança Francesa ao sortear um carro Peugeot 206. Da mesma forma, agrega-se um novo benefício quando o inscrito do evento recebe um livro autografado de autoria do palestrante.

Escolas que abrem seus espaços para que os pais participem gratuitamente de atividades esportivas aumentam sua atratividade. Além da economia monetária, os adultos satisfazem uma necessidade de socialização ao se relacionarem com as famílias dos colegas dos seus filhos.

Indústrias como a de alimentos, a de automóveis, a de perfumes e cosméticos são especialistas na arte de colocar seus produtos em teste, o que possibilita o auto-aprendizado (experiência) através do uso. Na indústria automobilística, 80% das vendas são feitas depois que o cliente experimenta o veículo em um *test drive*. As pessoas ficam suficientemente motivadas para efetivar a compra, mesmo porque perdem o medo de adquirir algo de que depois, com o uso, pudessem vir a se arrepender.

As escolas recorrem a essa estratégia quando promovem aulas de apresentação gratuitas, muito comuns nos cursos livres. O Colégio Humboldt, na zona sul de São Paulo, com o objetivo de aumentar o número de matrículas para o período integral, convida os alunos, da educação infantil à 4ª série, matriculados no meio período da própria escola, a participarem do *Open Day*: as crianças permanecem o período da tarde na escola, desenvolvendo as mesmas atividades dos alunos do período integral, com refeição e lanche. Ao final do dia, levam os trabalhos realizados para os pais.

Ao assistir a uma aula grátis, a pessoa é despertada para a necessidade de retribuir. Esse é um princípio que rege as relações sociais, criando um ambiente favorável para que se efetive a matrícula. Na linguagem de *marketing*, essa variedade de incentivos para encorajar a matrícula chama-se promoção de vendas. Esse estímulo, que se caracteriza pelo seu retorno em curtíssimo prazo, pode ser um preço promocional, um desconto progressivo (programa de milhagem), um desconto para empresas conveniadas (programa de relacionamento), um sorteio, um brinde, uma aula de apresentação gratuita, etc.

ATMOSFERA

Assim como os eventos, a atmosfera é uma forma de comunicação não-verbal. São vendedores silenciosos e tão importantes quanto as formas de comunicação verbal.

Uma atmosfera bem concebida serve para aumentar a percepção de qualidade da instituição. O contrário também é verdadeiro: uma má impressão do ambiente causa um efeito catastrófico na imagem.

Segundo Philip Kotler (2000, p. 581), "a atmosfera é um 'ambiente calculado', que cria ou reforça a inclinação dos clientes em relação à compra de um produto ou serviço". Depreende-se dessa citação, a necessidade de se fazer uso consciente do ambiente. A criação de um ambiente favorável à compra torna-se mais importante em se tratando de serviços educacionais. Por sua natureza abstrata, é preciso administrar as evidências para tornar "tangível" o intangível.

Sentimentos de bem-estar, intimidade ou reverência são alguns dos efeitos que devem ser produzidos. Assim como os escritórios de advocacia são decorados com tapetes persa e madeira escura para passar uma imagem de sucesso e segurança e os hotéis cinco estrelas utilizam um mobiliário suntuoso para transmitir sofisticação, as escolas recorrem ao "visual merchandising" para expressar a imagem por elas pretendida. Exemplificando: o aquário existente no *hall* de entrada Nicolau Kerpen, em São Paulo, fez com que um pai matriculasse o filho, pois, no seu entendimento, o objeto representava a própria extensão da casa. Outro aluno foi matriculado depois que os pais escutaram o canto de um sabiá no viveiro mantido pelo colégio.

Para se conseguir o efeito desejado com o item atmosfera, algumas diretrizes devem ser consideradas. As principais são:

- Em relação ao aspecto externo do prédio: as características da arquitetura, das fachadas, dos toldos, dos *banners*, da identificação e das entradas. Enfim, é necessário transformar os aspectos externos do prédio em uma mídia cuja mensagem seja consistente com a imagem da instituição.
- Em relação ao aspecto interno do prédio: todos os interiores transmitem sentimentos e sensações, como: modernidade, sobriedade, descontração, qualidade, etc. Dependendo das cores utilizadas, da iluminação, dos móveis que guarnecem o estabelecimento e de tudo o mais que integre o ambiente – som, cheiro, maciez, flexibilidade, suavidade e temperatura –, essas sensações podem ganhar força, provocar sentimentos positivos no cliente potencial e encorajar a decisão de matrícula. Segundo o psicólogo americano Gardner Murphy, o ser humano tem necessidades estéticas que precisam ser satisfeitas. Os olhos necessitam ser estimulados por belas cenas, os ouvidos por sons harmoniosos, o nariz por bons odores, a boca por sabores deliciosos e a pele por contatos agradáveis. Enfim, no interior do estabelecimento, os órgãos dos sentidos do *prospect* estão à disposição da direção da escola para provocar sensações que encorajem a decisão de matrícula. Nesse contexto, merecem uma atenção especial a recepção e a sala de atendimento.
- Em relação à postura, à atitude e ao vestuário das pessoas: a maneira como funcionários, professores, orientadores e atendentes relacionam-se com os clientes potenciais revela muito sobre a instituição.

Um tratamento mais formal, por exemplo, transmite a idéia de um ensino mais tradicional. Há também uma força simbólica nos uniformes, que ultrapassa seu simples uso utilitário e que não pode ser negligenciada. Além de informar o papel de cada pessoa dentro da instituição – alunos, diretores, professores e demais colaboradores –, deve contribuir para reforçar a mensagem que se pretende transmitir. As empresas aéreas, por exemplo, empregam pilotos e aeromoças de boa aparência, que usam uniformes impecáveis para vencer o medo de voar dos seus clientes.

EVENTOS

Os eventos têm força persuasiva, porque o homem é um animal gregário e tem necessidade intrínseca de convívio e interação social. Ele deseja sempre ampliar seus relacionamentos. Os pais querem conhecer os amigos dos seus filhos e os pais deles. Os alunos querem relacionar-se com outros que não sejam da sua classe, do seu período ou da sua escola. Os alunos mais velhos precisam estabelecer seu próprio *network*.

Constituem pretexto para a realização de eventos acontecimentos dos mais variados tipos e finalidades:

- de caráter social (aniversário da escola, festa de formatura, etc.);
- de caráter esportivo (jogos e campeonatos internos e externos, com alunos e pais);
- de caráter cultural (palestras, cursos musicais, exposições, festivais, feira de ciências, feira de talentos, etc.);
- de caráter religioso (missas e cultos);
- outros (café da manhã, churrasco, coquetéis, jantares, etc.).

Um dos maiores desafios dos eventos é concebê-los em um formato que seja atraente ao público-alvo. Por exemplo, os jovens, hoje em dia, estão acostumados a fazer tudo ao mesmo tempo. Assim, para ser atraente, um evento deve proporcionar várias atividades simultâneas.

Todos os eventos precisam ser concebidos de modo a transmitir uma mensagem, sendo oportuno lembrar que são excelentes ocasiões para gerar uma ligação emocional com o público-alvo, uma vez que nessas ocasiões as pessoas diminuem seus mecanismos de defesa, tornando o trabalho de persuasão mais fácil.

CONSIDERAÇÕES FINAIS

Foram apresentadas algumas técnicas de persuasão aplicadas às instituições de ensino através da utilização da propaganda, da promoção de vendas, das atmosferas e dos eventos.

A própria natureza da mídia utilizada na propaganda (televisão, rádio, jornal, revista e *outdoor*) limita o uso simultâneo de vários artifícios persuasivos, sendo aconselhável o destaque para aquele com o maior apelo. Eles serão escolhidos de acordo com a realidade do emissor e do efeito que se deseja causar na audiência.

Não se trata, portanto, de utilizar todas as técnicas concomitantemente. Exceto nos folhetos, cujo formato e linguagem permitem o uso de um maior número de procedimentos persuasivos na mesma mensagem. O gestor também pode lançar mão das ferramentas oferecidas pela promoção de vendas: preço promocional; desconto financeiro, brinde, sorteio, aula grátis, etc.

Além da comunicação verbal, não podem ser negligenciadas as possibilidades oferecidas pelos eventos e atmosferas como ferramentas de comunicação, considerando o seu alto poder de convencimento quando utilizadas de maneira planejada.

O esforço da persuasão torna-se mais eficaz quando os valores adotados pela escola e os cursos por ela oferecidos estão em sintonia com os valores e os desejos do seu público-alvo. Todavia, o consumidor muda, a concorrência age e uma proposta bem-aceita em determinado momento pode tornar-se ultrapassada em outro. Nesse cenário, as escolas mais abertas para o *marketing* devem realizar uma revisão contínua dos seus serviços com vistas a manter a sua proposta de valor agregado em um nível mais elevado do que o da concorrência.

Em um ambiente onde a oferta é maior que a procura, ter um bom programa, estar bem localizado e instalado, ter um valor de mensalidade adequado ao público-alvo são condições necessárias para participar do jogo, mas não suficientes. É preciso que haja uma estratégia de comunicação persuasiva que se constitua em um diferencial competitivo da escola.

REFERÊNCIAS

AAKER, D.A. *Marcas brand equity: gerenciando o valor da marca*. São Paulo: Negócio Editora, 1998.

BARRETO, R.M. *Analise transacional da propaganda*. São Paulo: Summus, 1981.

CARRASCOZA, J.A. *Razão e sensibilidade no texto publicitário*. São Paulo: Futura, 2004.

CHEVALIER, J.; GHEERBRANT, A. *Dicionário de símbolos*. Rio de Janeiro: José Olympio, 1992.

CIACAGLIA, M.C. *Organização de eventos: teoria e prática*. São Paulo: Pioneira Thomson Learning, 2003.

GADE, C. *Psicologia do consumidor*. São Paulo: EPU, 1980.

KOTLER, P. *Administração de marketing: análise, planejamento e controle*. São Paulo: Prentice Hall, 2000.

KOTLER, P.; FOX, K.F.A. *Marketing estratégico para instituições educacionais*. São Paulo: Atlas, 1994.

MARTINS, J. *A natureza emocional da marca* . São Paulo: Negócio Editora, 1995.

MATHIAS, W.F. Persuasão no varejo. In: *Varejo: modernização e perspectivas*. São Paulo: Atlas, 1995.

MUCCHIELLI, R. *A psicologia da publicidade e da propaganda: conhecimento do problema, aplicações práticas*. Rio de Janeiro: Livros Técnicos e Científicos, 1978.

NORDBY, V.J.; HALL, C.S. *Psicólogos e seus conceitos*. Lisboa: Edições 70, 1978.

PERELMAN, C.; OLBRECHTS-TYTECA, L. *Tratado da argumentação*: nova retórica. São Paulo: Martins Fontes, 2002.

TROUT, J.; RIVKIN, S. *O novo posicionamento*. São Paulo: Makron Books, 1996.

5

Estratégias de Captação de Alunos

Eduardo Ramalho

INTRODUÇÃO

A implantação de uma eficiente estratégia de captação de novos alunos passa necessariamente por alguns pré-requisitos. O primeiro é uma definição clara do seu posicionamento de mercado e do tamanho que a instituição de ensino quer ter no longo prazo. Como a instituição posiciona-se em relação a seus concorrentes em termos de linha pedagógica, tipo de aula, infra-estrutura, processo de avaliação, corpo docente, preço, comunicação e serviços agregados. E o que quer ser no futuro: uma escola de massa, uma escola seletiva, uma escola em local único, uma escola com várias filiais, uma escola para classe média, uma escola para ricos, uma escola pluralista, uma escola segmentada por língua estrangeira, uma escola temática, etc. Nada que não se possa mudar ao longo do tempo, mas é importante que essas questões sejam previamente dirimidas para que se possa estruturar o processo de captação de novos alunos.

A visão de longo prazo é importante para que se possa mensurar os esforços que deverão ser despendidos para que se atinjam as metas previstas. Se queremos ter 2.000 alunos daqui a cinco anos, qual o número de alunos que teremos no primeiro ano, no segundo e assim sucessivamente.

Uma vez definidas essas questões, deve-se iniciar propriamente a estruturação da estratégia de captação de novos alunos, que é um processo eminentemente de *marketing*. Isso significa que, para ter sucesso na captação, a escola deve atender às expectativas e entregar exatamente aquilo que é de valor percebido pelo seu público-alvo.

A estruturação da estratégia de captação de novos alunos é baseada em três passos, que devem ser seguidos cronologicamente:

- Identificação clara do público-alvo da instituição de ensino.
- Determinação do valor do aluno e seu respectivo custo de captação.
- Planejamento e implantação das ações de comunicação.

PRIMEIRO PASSO: DEFINIR O PÚBLICO-ALVO DA INSTITUIÇÃO DE ENSINO

Necessidades do segmento de mercado

É imperioso saber que não se deve ter a pretensão de querer conquistar todas as pessoas do mercado, pois é improvável que se consiga atender a necessidade de todos, já que nem todos têm os mesmos desejos.

Nesse sentido, é preciso primeiro identificar a necessidade do segmento de mercado. Depois construir uma proposta de valor que atenda às necessidades desse segmento. Por fim, é preciso comunicar com esse segmento de forma relevante e pertinente.

Pesquisa realizada no Programa de Educação Continuada (PECE) da Escola Politécnica da Universidade de São Paulo, que oferece diversos cursos de pós-graduação, indicou as necessidades dos seus alunos, conforme a Figura 5.1.

As duas principais motivações para fazer o curso, totalizando 73% das respostas, estavam voltadas para melhoria da empregabilidade do aluno.

Sabendo disso, o pacote de oferta de valor da escola tem de ser compatível com essas necessidades; caso contrário, haverá uma grande perda de alunos, baixa indicação de novos alunos e muito possivelmente a escola não conseguirá captar novos alunos com esse perfil.

Por que você decidiu fazer o curso

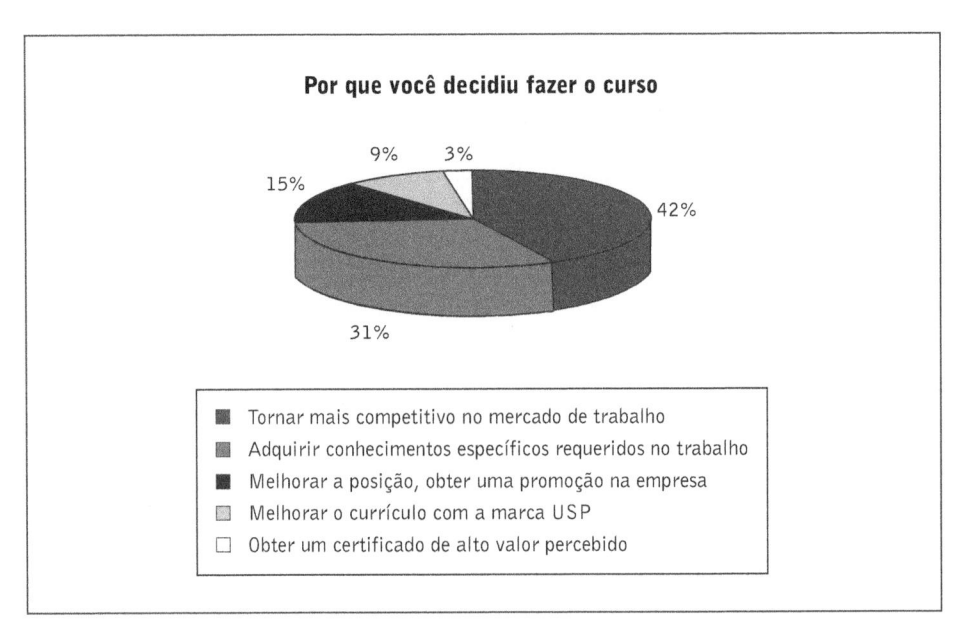

- 42% — Tornar mais competitivo no mercado de trabalho
- 31% — Adquirir conhecimentos específicos requeridos no trabalho
- 15% — Melhorar a posição, obter uma promoção na empresa
- 9% — Melhorar o currículo com a marca USP
- 3% — Obter um certificado de alto valor percebido

▲ **Figura 5.1** Necessidades dos alunos da Escola Politécnica da USP.

Por outro lado, se a escola estiver atendendo às necessidades de seus alunos, a comunicação durante o processo de captação de novos deve primordialmente realçar esse pacote de valor. E isso fecha o circuito, identifica-se a necessidade de um determinado segmento de mercado, desenvolve-se o pacote de valor baseado nessas necessidades e comunica-se esses benefícios para o seu público-alvo. À medida que vão sendo conquistados novos alunos, deve-se identificar se as necessidades estão mudando. É preciso ir adaptando o pacote de valor, pois as pessoas mudam suas necessidades. O que é bom para uma pessoa hoje pode não ser amanhã. O momento individual precisa ser observado no processo de captação de novos alunos.

O decisor da escola

Nada salva uma ação de captação dirigida às pessoas erradas. Se forem feitas todas as outras coisas mais ou menos, mas dirigir-se ao público certo, existe uma excelente possibilidade de a ação tornar-se vencedora.

Daí a importância de uma boa definição do público-alvo. Para essa definição, é preciso primeiro identificar quem é o decisor da escolha da escola, e isso varia de acordo com o tipo de instituição de ensino. Para a escola infantil, que vai desde a creche até a 8ª série, a decisão pela escolha da escola é exclusivamente dos pais. Já para as instituições de ensino médio, o processo de decisão da escola começa a ser compartilhado com os filhos, mas ainda com grande influência dos pais. Para a instituição de ensino superior, a decisão de compra está centrada exclusivamente no aluno, embora ainda existam pais que exercem certa pressão para que seus filhos façam os cursos que aqueles querem. Finalmente, para as escolas voltadas a cursos de especialização, de pós-graduação e de profissionalização, a decisão pode estar no aluno, na empresa em que trabalha ou em ambos.

É isso o que acontece, por exemplo, com o PECE da USP, que oferece diversos cursos de pós-graduação. Algumas vezes, o decisor é o responsável pela área de treinamento ou por um departamento na empresa, que seleciona os cursos que seus funcionários devem fazer. Isso é muito comum em grandes corporações, onde a empresa paga o curso para o seu funcionário. Nessa situação, a divulgação do curso deve ser dirigida à área de treinamento da empresa ou ao departamento técnico em que existem potenciais alunos para o curso. Porém, nem sempre a empresa paga o curso para o seu funcionário, ou nem sempre o curso que o funcionário quer fazer coincide com os interesses da empresa. Nesse caso, a divulgação do curso deve ser feita diretamente ao profissional interessado. E como a escola sabe para quem ela deve dirigir a divulgação do curso, para o departamento de treinamento, para o departamento da empresa ou para o profissional? Pela experiência com o PECE, o ideal é que ela encaminhe direto para o profissional. Se ela não tiver os dados do profissional, a segunda opção é encaminhar para o departamento em que o profissional trabalha e só por último encaminhar ao departamento de treinamento.

Segmentação: a busca de grupos homogêneos

Uma vez definido quem é o decisor de compra, precisamos saber quem é o seu cliente ideal. Isso é relevante para podermos focar a captação de novos alunos exatamente em clientes com o perfil de nossos melhores alunos. Caso contrário, vamos encher a escola com alunos de perfil indesejado, o que trará problemas a médio e longo prazo para a instituição. Portanto, é preciso ter bem claro que nem todo aluno deve ser considerado como público-alvo a ser conquistado. A instituição de ensino que quiser conquistar qualquer tipo de aluno está cometendo um grande erro. A conquista aleatória gera classes demasiado heterogêneas e, ao colocar juntos alunos de características muito diferentes, corre-se o risco de gerar frustrações, quando não conflitos. Uma vez mais recorrendo ao exemplo do PECE da USP, sempre que coexistem em uma mesma classe alunos com formações acadêmicas e conhecimentos muito diferentes, gera-se uma certa frustração de expectativas dos alunos. Os alunos de menor conhecimento têm bastante dificuldade em acompanhar o conteúdo, caso o professor não adapte o nível do curso. E, se o professor baixar o nível, os alunos com mais conhecimento consideram o curso fraco.

Por isso, fica muito difícil satisfazer todos os alunos, o que é muito ruim, pois alunos insatisfeitos deixam de indicar o PECE para os seus amigos. Vale lembrar que a indicação é uma das mais eficientes formas de captação de novos alunos, respondendo no PECE por quase 40% de todos os novos alunos.

Esse mesmo problema ocorre quando se coloca em uma mesma escola alunos de orientação mais humanista com alunos sem nenhuma formação e nem vocação nessa área. Não é que a escola deve ser exclusivista; a diversidade é boa e acontece naturalmente, mas a mescla de perfis muito distintos tende a ser desfavorável para a satisfação dos alunos.

É conhecida a nossa tendência de vivermos em grupos homogêneos, em tribos com características semelhantes, e essa é uma questão que não pode ser negligenciada no processo de captação de novos alunos.

O cliente ideal

No mundo corporativo, para a grande maioria dos negócios, o melhor cliente é aquele que compra muito, tem alto potencial de aquisição, compra exclusivamente de determinada empresa e naturalmente paga o que adquire. E para uma instituição de ensino, como podemos identificar quem é o cliente ideal?

O cliente ideal de uma instituição de ensino infantil pode ser: família de classe média, pais com formação universitária, família com mais de um filho estudando na própria escola, residência próxima à instituição, os pais têm identidade com a filosofia e o trabalho pedagógico da escola, são participantes ativos das atividades da instituição e pagam as mensalidades sempre em dia. Nesse caso, os critérios podem ser de classe social, de renda, de formação dos pais, de tamanho de família, de número de pessoas potenciais a freqüentarem a escola, de localização do aluno em relação à localização da instituição, de filosofia de vida, entre outros.

Já para alunos de cursos de pós-graduação, os critérios são outros. Para o PECE da USP, não existe um único perfil de cliente ideal, porque depende do tipo de curso de pós-graduação. Para um curso de engenharia, é aquele com formação em ciências exatas obtida em escola de segunda linha, tem pelo menos cinco anos de formado, trabalha em áreas técnicas de empresas industriais de médio porte, principalmente dos ramos petroquímico, automotivo, construção civil, farmacêutico, alimentício, exercem funções de média gerência, é usuário assíduo da internet, lê os jornais *Estadão* ou a *Folha de São Paulo* aos domingos. Vale aqui um comentário a respeito de o cliente ideal vir de escola de segunda linha. É que esses profissionais são os que mais precisam de um complemento na formação acadêmica e de melhoria no currículo, o que conseguem com um curso realizado no PECE, com a marca da USP.

Assim, os critérios variam e dependem do tipo de instituição de ensino: se é de educação infantil, de ensino fundamental, de ensino médio, de ensino superior ou profissionalizante.

E como definir os critérios de um cliente ideal? Basta olhar o perfil dos seus alunos. Evidentemente, as informações do perfil do cliente ideal não podem estar na mente dos dirigentes da escola, e sim em um banco de dados, por isso a importância de ter um sistema com informações do aluno e de sua família. Também não podemos imaginar que essas informações deverão estar da noite para o dia no banco de dados. Este é um processo que vai sendo construído e enriquecido ao longo do tempo, mas que precisa ser iniciado logo.

Geomarketing

Uma variável muito importante na definição do cliente ideal, principalmente nas grandes cidades com problemas de trânsito, é a localização geográfica. Hoje, mais do que nunca, os pais e mães trabalham fora, o que dificulta levar e trazer filhos das escolas. Os custos de transporte escolar também estão cada vez mais proibitivos. Os profissionais que trabalham o dia inteiro não conseguem atravessar a cidade para ir estudar em uma determinada faculdade, depois voltar para casa geograficamente distante, ir dormir tarde e acordar cedo para o trabalho.

Tudo isso faz com que a localização da instituição de ensino seja uma das variáveis mais importantes no processo de conquista de novos alunos, mas infelizmente ainda é pouco explorada. As ferramentas para o *geomarketing* estão disponíveis e trazem grandes resultados.

Clonagem

Uma vez identificado o perfil do cliente ideal, é necessário fazer uma profunda investigação com os seus melhores clientes, identificando por que optaram pela sua escola, como chegaram até ela e quais as mídias de preferência de comunicação. Essas informações direcionam o processo de busca de novos clientes.

Uma coisa é certa: conhecendo-se o perfil do cliente ideal, fica muito mais fácil identificar quem se deseja conquistar, direcionar a busca de novos alunos e encontrar no mercado clientes com perfil semelhante, em um processo denominado de clonagem.

De posse do perfil ideal, a escola pode comprar cadastros de pessoas físicas ou jurídicas (também denominados de *mailings*) e realizar campanhas de aquisição baseadas em visita da equipe de vendas ou em *marketing* direto. Se a escola não quiser adquirir ou não encontrar *mailings* adequados no mercado, ela pode desenvolver por conta própria os cadastros de seu público-alvo. Deve-se ter em mente que, em geral, fica mais caro e com menos qualidade desenvolver um cadastro do que adquirir no mercado, basicamente por não ser esse o foco da escola.

Clonar, portanto, significa trazer para a instituição de ensino novos alunos com o perfil dos melhores clientes que estão atualmente freqüentando a escola.

SEGUNDO PASSO: DEFINIR O VALOR DO ALUNO E SEU RESPECTIVO CUSTO DE CAPTAÇÃO

Quando queremos comprar um sapato, uma geladeira ou um carro, a informação mais importante para nossa análise é quanto custa cada um desses itens. Porém, esses itens precisam de cuidados ao longo do tempo para prolongar a sua vida útil, o que significa gastos com a sua manutenção. Se fazemos isso quando adquirimos qualquer bem, por que não procedemos da mesma forma com aquisição de novos alunos? Como qualquer outro bem, os alunos têm um determinado valor e custam para ser mantidos.

O *lifetime value*

O valor de um aluno é baseado no chamado conceito de *lifetime value of a customer*, que é definido como o lucro líquido no valor presente a ser gerado por um aluno durante um esperado período de tempo em que ele permanece como discente de uma instituição de ensino. É o chamado fluxo de caixa descontado do aluno trazido ao valor presente. Para determinar o valor do aluno, é necessário saber o lucro por aluno, os preços praticados das mensalidades e da matrícula, a taxa de juros que remunera o capital da escola e a taxa de retenção de discentes.

Reforçamos aqui novamente a necessidade de construir um banco de dados específico, no qual se registram as datas de entrada e de todos os pagamentos feitos ao longo do tempo do aluno na escola. Com base nessas informações, é possível calcular o tempo médio de sua permanência na instituição, índice esse denominado de taxa de retenção do aluno.

Suponha que um aluno entre no primeiro ano de uma escola que oferece cursos de educação infantil até o ensino médio. É possível que esse aluno estude 11 anos nessa instituição. São 11 anos pagando mensalidades e matrículas. Se a matrícula e a mensalidade forem de R$500,00, por exemplo, o gasto desse aluno no período é de aproximadamente R$71 mil. Quanto vale esse aluno para a escola? Admitindo-se que a taxa de retenção é de 40% ao fim desses 11 anos, que a taxa de desconto é de 20% ao ano e que a taxa de lucro da escola é de 20%, tem-se que o valor do aluno é de aproximadamente R$ 5.500,00.

Exemplo de cálculo do *life time value*

Vamos agora mostrar como se calcula o valor de um aluno de uma escola de ensino fundamental, que oferece turmas da 1ª à 4ª série.

Na Tabela 5.1, observamos um grupo de alunos em período de quatro anos. No primeiro ano (Ano 1), a escola conquistou 100 novos alunos. A linha B mostra o índice de retenção de alunos. Como em todo negócio, por diversas razões que veremos mais tarde, nem todos os alunos clientes terminam na mesma escola que começaram a estudar. Assim, ao fim do primeiro ano, a escola perdeu 10% de seus 100 originais alunos. Do segundo para o terceiro ano, perdeu outros 10 alunos e, do terceiro para o quarto, mais cinco alunos, de forma que dos 100 originais alunos, apenas 75 deles terminaram o curso.

A linha C exibe o valor da matrícula e a linha D o valor das mensalidades. Convém observar que esses valores foram adotados como constantes ao longo dos quatro anos, pois estamos desconsiderando eventuais inflações e correções no preço. Caso eles existam, basta colocar os novos valores na tabela. A linha E é a receita resultante da matrícula mais as 12 mensalidades.

A linha F reflete o percentual de custos em função da receita. A linha G é a aplicação direta desse percentual sobre a receita total, resultando no custo total com esses 100 alunos originais.

A linha H refere-se ao lucro bruto, calculado como a receita total menos o custo total. Como os custos representam de 80% da receita, significa que o lucro por aluno é de 20%.

Tabela 5.1
Cálculo do valor de um aluno de ensino fundamental

Receita	Ano 1	Ano 2	Ano 3	Ano 4
A – Clientes	100	90	80	75
B – Taxa de Retenção		90%	80%	75%
C – Valor da matrícula (R$)	500	500	500	500
D – Valor da mensalidade (R$)	500	500	500	500
E – Receita Total (R$)	650.000	585.000	520.000	487.500
Custos variáveis				
F – Percentual da Receita	80%	80%	80%	80%
G – Custo Total (R$)	520.000	468.000	416.000	390.000
Lucros				
H – Lucro Bruto (R$)	130.000	117.000	104.000	97.500
I – Taxa Desconto	1,00	1,2	1,44	1,728
J – Lucro Líquido Presente (R$)	130.000	97.500	72.222	56.424
K – Lucro Líq. Pres. Acum. (R$)	130.000	227.500	299.722	356.146
Customer Lifetime Value				
L – Valor do Cliente (R$)	1.300	2.275	2.997	3.561

A linha I mostra as taxas de descontos utilizadas para trazer ao valor presente os resultados dos anos futuros. Essa taxa deve refletir o custo de oportunidade de capital da escola mais a taxa de risco do negócio. Quanto maior a taxa de desconto, maior o risco de não acontecer o que está sendo previsto para os próximos três anos e, conseqüentemente, menor será a contribuição do lucro futuro para o valor presente.

A linha J traz ao valor presente as contribuições futuras do lucro e a linha K acumula os lucros no valor presente de cada um dos quatro anos.

Finalmente, a linha L apresenta o valor do cliente. O valor de um cliente que fica só um ano na escola é de R$1.300,00, já o que termina os quatros anos é de R$3.561,00.

Quando as variações com o desempenho do aluno podem ser mensais, como é o caso dos cursos profissionalizantes, de línguas e de pós-graduação, existe uma outra forma de calcular o valor do cliente, a seguir apresentada.

O exemplo a ser mostrado é de um curso de MBA do PECE da USP, com duração de 18 meses, taxa de retenção de alunos de 75% (25% dos alunos que

Tabela 5.2
Cálculo do valor de um aluno de pós-graduação

Nº mensalidade	Mês	Mensalidades	Alunos	Faturamento	VP	Lucro
1	jan/03	900	100	90.000	90.000	18.000
2	fev/03	900	99	88.676	87.339	17.468
3	mar/03	900	97	87.353	84.738	16.948
4	abr/03	900	96	86.029	82.196	16.439
5	mai/03	900	94	84.706	79.711	15.942
6	jun/03	900	93	83.382	77.283	15.457
7	jul/03	900	91	82.059	74.909	14.982
8	ago/03	900	90	80.735	72.590	14.518
9	set/03	900	88	79.412	70.323	14.065
10	out/03	900	87	78.088	68.108	13.622
11	nov/03	900	85	76.765	65.944	13.189
12	dez/03	900	84	75.441	63.830	12.766
13	jan/04	900	82	74.118	61.765	12.353
14	fev/04	900	81	72.794	59.747	11.949
15	mar/04	900	79	71.471	57.776	11.555
16	abr/04	900	78	70.147	55.851	11.170
17	mai/04	900	76	68.824	53.971	10.794
18	jun/04	900	75	67.500	52.135	10.427
	Total	16.200			1.258.218	251.644
				Valor do cliente: R$ 2.516		

começaram não terminaram o curso), valor pago de R$ 16.200,00 distribuído em 18 mensalidade de R$ 900,00, taxa de desconto e de lucro de 20% ao ano.

Ou seja, o valor de um cliente para esse curso de MBA do PECE é de R$ 2.516,00.

Custo permissível

Sabendo-se que o aluno tem um valor de R$ 5.500,00 no caso de permanecer 11 anos na escola, de R$ 3.561,00 no caso da escola de ensino fundamental e de R$ 2.516,00 no caso de um curso de MBA do PECE, quanto cada uma dessas escolas pode gastar para captar um aluno novo, o chamado custo permissível de captação? No limite, se a instituição gastar todo o valor do cliente na captação de um novo aluno, não sobrará nada do lucro. Se gastar pouco, o valor pode não ser suficiente para trazer o número de alunos necessários para a instituição. O valor que a instituição gastará do valor do cliente vai depender de uma decisão de seus acionistas, de quanto a escola quer ter de lucro com o aluno, após o abatimento do custo de captação.

Caso a escola ainda não tenha um histórico de custo de aquisição, ela pode começar com um percentual de 10% sobre o valor do cliente. Assim, para a escola com 11 anos de curso, o custo permissível de captação será de R$ 550,00, já para a escola de ensino fundamental será de R$ 356,10 e para o curso do PECE de R$ 251,60.

Isso significa que todo o investimento em aquisição de novos alunos dividido pelo número de novos não pode ultrapassar esses valores.

Uma vez definido o custo permissível de aquisição, todas as ações de captação de novos alunos devem ser mensuradas e seus custos comparados. A cada anúncio na internet, no jornal, nas revistas, nas rádios ou em qualquer mídia, deve-se saber o respectivo custo e quanto cada uma dessas mídias trouxe de novos alunos. Assim, é possível saber o custo de aquisição por tipo de mídia e aumentar os investimentos naquelas de menor valor. E, para saber se o novo aluno veio de algum tipo de anúncio ou de uma indicação, a escola deve identificar a fonte de origem no momento da matrícula.

Por exemplo, sabendo que o custo permissível de um aluno do curso de MBA do PECE é de R$251,60 e que custa R$7.500,00 um anúncio colorido no caderno de empregos de jornal de domingo na *Folha de São Paulo* ou no *Estadão*, no formato 8 col x 14 cm (23,7 cm x 14 cm) – ½ página, esse recurso deve trazer no mínimo 30 novos alunos para que se justifique o investimento. Qualquer número inferior a esse significa que o investimento não foi pago.

Convém observar que essa conta é muito diferente daquela baseada simplesmente no valor do anúncio e preço do curso. Se utilizarmos esse critério, bastaria que o anúncio trouxesse apenas dois novos alunos para que o investimento se viabilizasse. A diferença entre essa abordagem e a metodologia do custo permissível é abismal, em torno de 15 vezes. É por isso que escolas quebram, pois não conseguem fazer direito esse tipo de conta.

Custo de captação por mídia

Uma análise da Tabela 5.3 mostra que a mídia mais econômica para conquistar clientes novos é por *e-mail marketing*. A questão é que nem sempre existem *e-mails* qualificados suficientes para se fazer uma campanha de aquisição, daí a necessidade de se recorrer a outros tipos de mídias para atingir os volumes requeridos de novos alunos.

Admitindo-se que sejam esses custos de captação por mídia do PECE da USP e sabendo-se que o custo permissível de captação é de R$ 251,60, essa instituição deveria prioritariamente utilizar campanhas de *e-mail marketing* e mala direta para conquistar novos alunos.

Tabela 5.3
Custo de captação de novos alunos por tipo de mídia

	Custo por CPM/ Inserções	Clientes / 1.000 inserções	Taxa de resposta	Custo de aquisição
TV	0,31	0,001	0,0001%	310,00
Jornal	35,00	0,100	0,0100%	350,00
Revistas	24,00	0,07	0,0070%	342,86
Revistas segmentadas	26,00	0,09	0,0090%	288,89
Rádio	6,50	0,02	0,0020%	325,00
Mala direta	950,00	3,90	0,3900%	243,59
E-mail	50,00	0,56	0,0560%	89,29

O custo de aquisição é determinado por uma fórmula simples:

CA = CPM / 1000/taxa de resposta.

Onde: CA = custo de aquisição; CPM = custo por mil contato, inserções; Taxa de resposta = percentual de número de clientes convertidos por tipo de mídia.

A identificação do valor do aluno, seu respectivo custo permissível e a mensuração dos custos de aquisição por mídia remetem a escola a um novo e mais eficiente sistema de gestão, com impactos extremamente positivos para a melhoria do processo de captação de novos alunos.

TERCEIRO PASSO: PLANEJAR E IMPLEMENTAR AS AÇÕES DE COMUNICAÇÃO

Uma vez definido o público-alvo e o custo permissível de aquisição de novos alunos, deve-se planejar e implementar as ações de captação.

É necessário primeiro identificar o número de novos alunos que a escola quer conquistar e a verba disponível para as ações. Com essas informações, é possível selecionar as mídias de maior eficiência. O que ocorre no mundo real é que a escola não tem histórico de eficiência de mídias e, o pior, a verba disponível para a aquisição de novos alunos é geralmente insuficiente para trazer o número necessário de novos ingressantes. Para superar esses desafios, devem ser desenvolvidas ações de baixo custo e bastante criativas, além de ir estruturando paulatinamente o processo de captação, até que seja possível simplesmente selecionar as mídias de maior impacto. Até lá existe um longo caminho a ser percorrido e várias ações possíveis de serem conduzidas, entre elas algumas mencionadas a seguir.

Utilizar os próprios discentes para trazer novos alunos para a instituição de ensino

A indicação é a mais importante e mais barata maneira de conquista de novos alunos. Além disso, possibilita identificar o grau de satisfação de seus clientes. Se alguém está indicando é porque está muito satisfeito com a escola. A indicação deveria ser uma das primeiras variáveis a serem mensuradas em uma instituição de ensino. Durante um determinado período de tempo, no PECE da USP, o índice de indicação foi de cerca de 30%, somadas as indicações de amigos e da empresa. De cada 100 novos alunos, 30 vieram por indicação, sem nenhum custo de divulgação. Quando esse índice cai, é um indicador que a instituição não está atendendo às necessidades de seus clientes de forma adequada. Quando cresce, é um indicador de melhoria. E aí nós estamos falando de todo tipo de melhoria, da qualidade do curso, do professor, da infra-estrutura, do atendimento, enfim, de todos os itens que compõem o julgamento do aluno e do decisor.

É muito importante saber não só quantos alunos vêm de indicação, mas também de todas as outras origens. A Figura 5.2 mostra as várias origens dos alunos do PECE.

A identificação das mídias de maior impacto é importante, mas deve-se tomar cuidado com essa informação. Nem sempre a mídia de maior impacto é a de melhor relação custo/benefício. É preciso avaliar o custo de captação dessa mídia, como já abordado anteriormente neste capítulo.

Voltando à indicação, essa pode ocorrer de duas formas. A primeira é espontânea, o que ocorre na maioria dos casos, com a chamada propaganda do beijo,

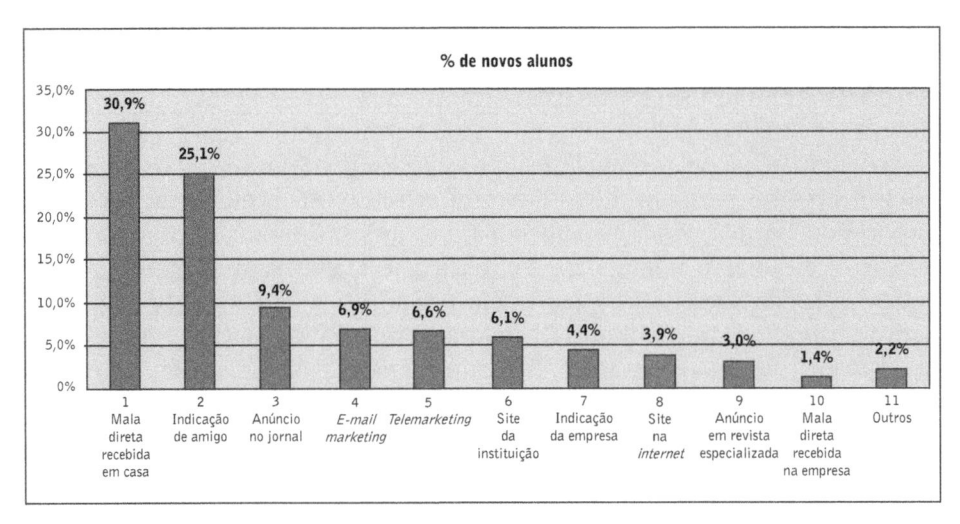

▲ **Figura 5.2** Origens dos alunos do PECE da USP.

também conhecida como a propaganda boca a boca. Ela depende exclusivamente da satisfação do aluno. A outra forma de indicação é por estímulo, em uma ação denominada *member-get-member*. Nesse caso, se alguém indicar um novo aluno, a pessoa que indicou tem uma determinada recompensa. Essa ação pode ser eficiente, mas precisa ser conduzida com parcimônia. Nem todas as pessoas estão aptas e devem indicar novos alunos. Não se pode estimular uma pessoa de perfil indesejado que seja a indicadora da escola, pois provavelmente indicará pessoas com o seu perfil, o que poderá trazer problemas para a instituição a médio e longo prazos. A escola precisa que os alunos indicados tenham o perfil de seus melhores clientes, por isso a solicitação de recomendação deve ser direcionada apenas aos melhores clientes. Outro ponto importante nesse processo de indicação é a recompensa a ser dado ao indicador, de modo a estimulá-lo a fazer as indicações. Essa recompensa pode ser um desconto na mensalidade, no material escolar, nos reforços de aula e passeios gratuitos, ou algo que o indicador perceba como valor. A recompensa também pode ser um benefício do tipo *priceless*, coisas que o indicador normalmente não pode comprar e é quase que sem custo para a escola. A característica desse benefício está em oferecer momentos únicos, criados e produzidos exclusivamente para o indicador, destacando principalmente o seu aspecto único, temporal e fugaz. Pode-se também dar tratamentos diferenciados, exclusivos, como melhores lugares em eventos promovidos pela escola, estacionamento em local privilegiado, nomeação para alguma ação da escola que tenha repercussão pública, entre outras. O objetivo do benefício é fazer com que o indicador sinta-se privilegiado e reconhecido por ter feito a indicação.

Utilizar os antigos alunos para fazer novos cursos
Esta ação ocorre naturalmente naquelas instituições que oferecem mais de um ciclo na formação acadêmica dos alunos. Por exemplo, oferecem educação infantil e ensino médio, ensino médio e superior, faculdade e pós-graduação, em um conceito denominado de educação continuada. Tal ação tem-se mostrado mais eficiente em instituições de ensino superior que oferecem cursos de pós-graduação. O processo é simples; o aluno já estudou na escola, tem um bom conceito da instituição e é a pessoa mais apta a continuar e/ou retomar os estudos nesta. Assim, o processo de comunicação deve enaltecer esses laços afetivos, de modo a trazer de volta o aluno para fazer novos cursos na instituição de ensino.

Utilizar e integrar mídias de contato
As mídias mais tradicionais de captação de novos alunos são as malas diretas, os anúncios em jornais e em revistas especializadas e, mais recentemente, o *e-mail marketing* e o *telemarketing*. Por ser muito caras e dispersivas, a televisão e os

outdoors também são menos utilizadas. Por outro lado, por ser bem mais barato, nota-se que, ultimamente, tem havido um grande incremento na utilização do *e-mail marketing*. Todas essas mídias têm particularidades, momentos e eficiências, algumas são boas em determinadas situações, enquanto outras são melhores para outras instituições de ensino. Por exemplo, as revistas especializadas apresentam maior eficiência de captação quando apresentam um artigo da instituição de ensino mais do que quando fazem um anúncio. Daí o estímulo para que professores ou dirigentes da escola publiquem artigos nas revistas.

Os *e-mails marketing* são mais eficientes com pessoas físicas do que com pessoas jurídicas e não devem ser utilizados indiscriminadamente apenas por serem baratos, pois as mensagens indesejadas, os chamados *spams*, prejudicam bastante a imagem da instituição de ensino. Sempre que utilizar *e-mail*, coloque uma opção para que aqueles que não quiserem mais receber as suas mensagens sejam excluídos da lista. Colocar o endereço e um telefone de contato também ajuda na credibilidade e na eficiência dessa mídia. Associar o *e-mail* ao *site* da instituição é aconselhável para que isso agregue valor. É necessário que o *site* seja dinâmico, atualizado e, sempre que solicitado algum tipo de informação, a resposta precisa ser a mais rápida possível, de preferência no mesmo dia, pois responder imediatamente é um *plus* extraordinário. Além disso, a eficiência do *e-mail* aumenta à medida que se estabelece um diálogo com o receptor da mensagem. E esse diálogo tem de ser em um processo crescente. Se você em um primeiro contato e sem nenhuma solicitação, encaminhar a divulgação de sua escola e/ou curso, as suas chances de sucesso diminuirão muito. Comece pedindo permissão para estabelecer um diálogo. Faça algumas perguntas que não violem a privacidade do receptor e que ajudarão no estabelecimento do diálogo. Encaminhe informações que podem ser do interesse dele. Troque algumas informações e verá suas chances de sucesso aumentarem significativamente. No mundo do *marketing*, denomina-se esse processo de aquecimento no relacionamento.

Os anúncios de jornal têm mais efeito como presença de mídia e exposição de marca do que como captação de novos alunos. O *telemarketing* só é mais aceito quando a pessoa a ser abordada já conhece a instituição de ensino. A mala direta é de longe a mais utilizada, mas nem sempre a mais eficiente, exatamente porque as instituições não fazem um bom processo seletivo de público-alvo. Uma vez identificado o público-alvo, é preciso ir atrás de listas alugadas. E a melhor lista para começar é a sua própria. Organize seus cartões de visita e atualize os contatos que você já terá um bom ponto de partida.

Entretanto, a mudança de patamar de eficiência de captação só acontecerá quando houver uma integração de mídias. Por exemplo, qualificar e enriquecer os dados de seu público-alvo por *telemarketing* antes de enviar a mala direta, ou mesmo fazer uma visita. Ao término da ligação, pergunte se pode encaminhar um *e-mail marketing* para apresentar sua escola. É preciso muita paciência, pois até conseguir falar com a pessoa certa você terá muitas objeções. Aprenda a driblá-las. Você só será atendido se o assunto for relevante e pertinente. Com certeza, após algum tempo, você terá qualificado seus *prospects* o suficiente e começará a gerar negócios. E, uma vez com os dados enriquecidos, envie uma mala direta personalizada.

O custo da visita fica muito mais barato quando todo o processo de prospecção é feito por *marketing* direto e só o fechamento da venda é feito pessoalmente pela equipe de vendas. Esse processo inverte a pirâmide de alocação dessa equipe, deixando para ela as atividades para as quais está mais preparada, que é o de fechamento de vendas. As visitas por equipes de vendas normalmente têm mais eficiência quando feitas em empresas e na divulgação de cursos profissionalizantes, de línguas, entre outros.

Outra maneira de melhorar a eficiência da comunicação é perguntar para o público-alvo qual a mídia de preferência e divulgar a escola por meio dessa mídia. Utilizar os pontos de contato com o público-alvo para identificar necessidades e retomar para atender a necessidade identificada também faz uma grande diferença.

São essas integrações de mídias e interações com o público-alvo que aumentarão a eficiência de divulgação para a captação de novos alunos.

Aumentar a participação do cliente

Diferentemente de *market share*, que é a busca de aumento da participação de mercado, o objetivo dessa ação é ampliar a participação no cliente. Também chamada de *share of wallet*, ela tem por objetivo fazer com que aumente o número de alunos de uma mesma unidade familiar ou de uma empresa na instituição de ensino. As instituições de ensino infantil, fundamental e médio têm interesse que todos os filhos em idade escolar de uma determinada família estudem em sua escola. Nesse sentido, é importante que se saiba quantos filhos em idade escolar a família tem e fazer um pacote para que todos estudem nessa escola. Isso parece trivial, mas é muito comum encontrar famílias com filhos espalhados por diversas escolas. A busca é por 100% da participação, do *share*, do cliente.

Já as instituições de ensino superior, principalmente as de pós-graduação, oferecem cursos de especialização adequados a vários ramos de negócios que podem ser cursados por diversos funcionários de uma mesma empresa. Suponha que um determinado departamento tenha 10 funcionários que poderiam participar do curso oferecido pela instituição de ensino e apenas um funcionário está matriculado. Nesse caso, a participação da empresa é de apenas 10% do seu potencial. A escola, sabendo dessa informação, pode desenvolver planos comerciais vantajosos para que a empresa encaminhe todos os seus funcionários. Pode até desenvolver o curso *in company*, desde que tenha escala para isso. Ou, se não tiver, pode juntar duas ou três empresas do mesmo ramo e desenvolver o curso especificamente para elas.

Desenvolvimento e participação em eventos

Esta ação pode acontecer em duas vertentes. Uma é participar de eventos já programados, como congressos, feiras e exposições. Nesse caso, para evitar grandes dispersões, os participantes desses eventos devem ter o mesmo perfil do público-alvo da instituição de ensino. Muitas vezes, esses eventos servem mais para exposição da instituição de ensino, em um processo de construção e consolidação de marca do que em uma ação de captação de novos alunos propriamente dita. Existem também várias formas de participação, com inserção de folhetos nos materiais dos eventos, com construção de estandes, etc., porém a mais eficiente forma de participação é quando ela é ativa, por exemplo, quando a instituição apresenta algum case e/ou inovação, no formato de palestra para toda a audiência presente ao evento.

Uma segunda vertente desse tipo de ação é desenvolver eventos exclusivos, como os seminários, *workshops*, cafés da manhã, *happy hour*, etc., em que são discutidos temas de interesse para determinados públicos-alvos, com o objetivo de atrair a atenção dessa platéia e, conseqüentemente, convertê-los em alunos dos cursos. Se de fato o assunto a ser discutido for relevante e pertinente, pode ter a certeza do sucesso. As pessoas gostam disso e aproveitam para se relacionar. Essa é uma ação trabalhosa, mas se bem conduzida pode tornar-se uma ferramenta bastante eficiente de captação de novos alunos.

Em todas as ações propostas, é importante que o público-alvo perceba sempre um diferencial em relação aos concorrentes. Envolver a comunidade local, criar eventos de interesse, de lazer e de grande mobilização, mostrar responsabilidades sociais, preocupações com a natureza são valores cada vez mais importantes, que se forem verdadeiros podem tornar-se diferenciais competitivos significativos.

CONSIDERAÇÕES FINAIS

Escrever um capítulo sobre estratégias de captação de novos alunos é um grande desafio. O tema é tão fascinante e abrangente que a quantidade de assunto a ser tratado daria tranqüilamente para um compêndio exclusivo.

Ressalvo primeiramente que as ações propostas nem de longe esgotam todas as possibilidades de captação de novos alunos. O importante é que, antes de sair a campo, uma série de questões estejam bem-definidas: quantos novos alunos pretende-se conquistar, qual a verba disponível e qual o posicionamento de mercado da escola, principalmente em relação aos seus concorrentes diretos.

Alunos da concorrência ou do mercado

Deve-se ainda definir previamente se a conquista de novos alunos se dará com base em escolas concorrentes ou mercados virgens. Isso faz uma grande diferença na forma de comunicação. Se for para buscar alunos da concorrência, é preciso conhecer bem os concorrentes, seus pontos fortes e fracos, construir e mostrar as vantagens que a escola tem sobre seus competidores. Já se a busca for em mercados virgens, o discurso deve basear-se nos benefícios que o aluno tem de fazer a escola. São propostas realmente diferentes, pouco percebidas e praticadas no mercado.

Alunos novos e antigos

Também é importante frisar que a definição da quantidade de novos alunos a ser conquistada depende do estágio de maturidade do negócio em que se encontra a escola. Naturalmente, escolas que estão iniciando precisam de mais alunos novos para criar a chamada massa crítica. Escolas mais maduras precisam de novos alunos para repor aqueles que estão concluindo seus cursos, aqueles que abandonaram a escola por algum motivo e uma quantidade adicional para manter as taxas de crescimento. O desconhecimento desse processo causa desbalanceamentos, tanto de desperdício quanto de falta de investimento na captação.

Em todo negócio, o que não é diferente no ramo educacional, existe um perfeito balanceamento entre alunos novos e antigos.

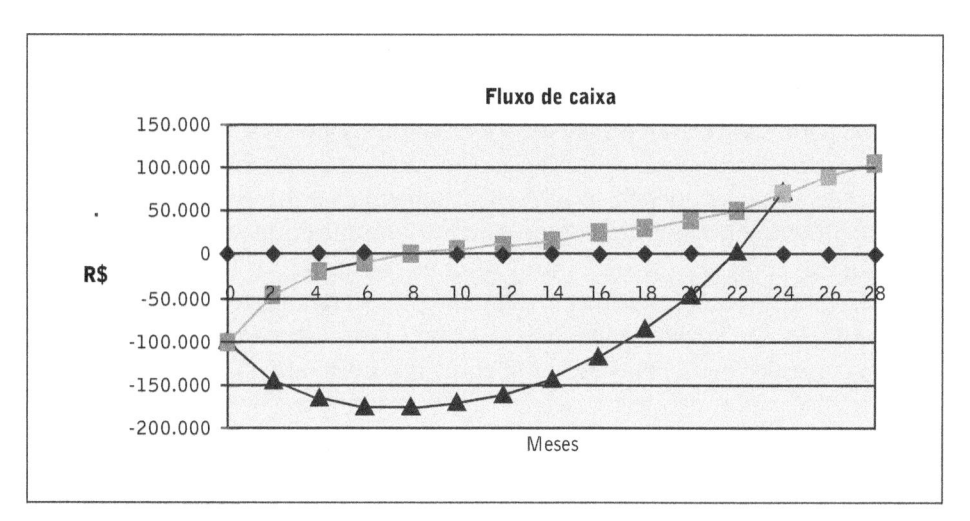

▲ **Figura 5.3** Balanceamento entre alunos novos e antigos.

A linha com quadrados é o fluxo de caixa mensal de uma escola que está começando. A linha com triângulos é o fluxo de caixa acumulado. Nota-se que, a partir do 8º mês, a escola começa a ficar superavitária, mas só a partir do 22º mês é que ela recupera os investimentos feitos. Além disso, o fluxo de caixa acumulado fica mais negativo exatamente no 8º mês. É nesse momento que a escola começa a ficar superavitária, porque o balanceamento entre alunos novos e antigos atinge um grau suficiente para produzir fluxos de caixa positivos. Até então, o maior esforço estava na captação de novos alunos. A partir desse momento, pode-se tirar o pé do acelerador da captação, paulatinamente e sem interromper o processo de entrada de novos alunos, e ir redirecionando os investimentos para outras atividades.

O entendimento desse processo é de suma importância para otimizar os recursos na captação de novos alunos. É por isso que trazer muitos alunos novos nem sempre pode ser uma boa decisão para a escola. Novos alunos requerem mais atenção, qualidade, atendimento, infra-estrutura, fatores esses que não são adquiridos e incorporados na mesma velocidade da aquisição de novos alunos. E demanda maior que oferta no setor educacional é insatisfação na certa.

Captação e retenção

De nada adianta o esforço de captação se a taxa de abandono de alunos for alta. Fazendo uma analogia com um reservatório de caixa d'água, se a taxa de saída for maior que a taxa de entrada, em algum momento vai faltar água, o que significa a escola entrar em colapso. Altas taxas de perda de alunos não podem ser compensadas com aumento da taxa de entrada de novos alunos, porque, muitas vezes, o custo de aquisição é de tal monta que um aluno novo não se paga na matrícula e nem nas primeiras mensalidades. É preciso um tempo de retenção para compensar o investimento na captação. Daí a importância da retenção, irmã siamesa da captação. Elas estão corporalmente ligadas em um processo de autodependência. E a retenção, objeto de outro capítulo deste livro, depende fundamentalmente do atendimento no seu sentido mais amplo.

Pesquisas indicam que 67% das principais causas de perdas de clientes são devidos à falta de atenção, de reconhecimento, de atendimento para com o cliente. Outros 15% são devidos à insatisfação com a empresa, com o seu produto ou serviço, e apenas 9% deixam de ser clientes por investida da concorrência. Ou seja, não há dúvidas, que a escola precisa de ter um bom pacote de qualidade e preço, mas o que segura definitivamente o aluno é o atendimento.

O atendimento é feito por todos os envolvidos na escola, do porteiro à figura mais alta da administração. Não existe empresa que retenha clientes com alta rotatividade de funcionários. Para reter alunos, é naturalmente necessário que os funcionários estejam motivados e satisfeitos.

Posicionamento

Outro ponto de grande impacto no processo de captação é o posicionamento da escola em relação ao mercado. Esse posicionamento traduz-se na proposta de valor que a escola compromete-se a entregar. Nesse pacote, estão inseridos marca, preço e qualidade. Quanto mais os clientes têm uma boa percepção desses valores, mais facilitado fica o processo de comunicação e, conseqüentemente, de captação de novos alunos.

Processo estruturado de captação

Para garantir que a captação seja bem-sucedida, é necessário desenvolver um processo estruturado, seguindo os três passos mencionados: identificação do público-alvo, determinação do valor do cliente e do seu respectivo custo permissível, planejamento e execução das ações de captação.

Identifica-se o público-alvo, gasta-se só aquilo que é permitido para a sua captação, planeja-se e executa-se as ações para torná-lo aluno da instituição de ensino. As ações devem conter propostas de valor percebidas, ofertas mais adequadas e customizadas, através de uma comunicação também mais pertinente e relevante. E, ao final desse processo, obtém-se mais lucros, aumentando as receitas com menores investimentos, resultando na chamada otimização.

Cada ação tem um custo e eficiência. Para cada ação, deve ser previamente definida a verba, a mídia de divulgação e o resultado esperado. Evidentemente que, para cada aluno novo captado, deve ser identificada, a mídia de origem para que tudo seja perfeitamente medido. Daí a importância de construção de um banco de dados de alunos, com informações de alunos e dos decisores da compra.

A captação de novos alunos de forma estruturada permite saber se os esforços de divulgação estão trazendo os resultados esperados. Por ser um processo totalmente mensurado, tira a instituição de ensino da escuridão que vive hoje e abre as portas para sensíveis melhorias de eficiência.

Atendimento

Entretanto, nada disso vai funcionar se a escola não estiver bem preparada e dimensionada para receber as demandas provenientes das ações de captação. É um desastre quando se faz uma ação de captação e a infra-estrutura não está adequada para o atendimento. Por isso, existe a necessidade do envolvimento de toda a organização, mais uma vez desde o porteiro até o principal dirigente da instituição, e que todos saibam que ações estão sendo feitas. Também serão inúteis os esforços de captação se o atendimento não for personalizado, com boa prática de educação, bom humor, profissionalismo, entendimento e conhecimento das necessidades e desejos dos clientes, sabendo-se o que os motivou a entrar em contato com aquela escola. O mais difícil do processo de captação é fazer com que o público-alvo tome uma decisão de entrar em contato com a instituição de ensino. Esse é um momento fundamental, que não pode ser perdido nas mãos de alguém despreparado.

Não há modelo único

Não existe um modelo único de captação de novos alunos, e cada escola deve ter o seu pacote de valor diferenciado e compatível com a necessidade do público-alvo.

Fazendo isso, a escola estará atendendo a um segmento específico do mercado, oferecendo cursos e programas pertinentes e relevantes, que satisfaçam as necessidades e o momento em que se encontram.

Devemos também lembrar que a tecnologia existe para dar suporte a todas as ações, mas os seres humanos é que irão conduzi-las. A estratégia é mais importante que a tecnologia e aquela ainda não pode ser desenvolvida por máquinas.

REFERÊNCIAS

BARNES, J.G. *Segredos da gestão pelo relacionamento com os clientes – CRM*. São Paulo: Qualitymark Editora, 2002.

BRETZE, M. *Marketing de relacionamento e competição em tempo real*. São Paulo: Editora Atlas, 2000.

DUFFY, D. *Do Something: guia prático para fidelização de clientes*. São Paulo: Fábrica Comunicação Dirigida, 2002.

JACKSON, B.; WANG, P. *Database marketing estratégico*. São Paulo: NTC Business Book, 2000.

GOSDEN, F.F. Jr. *Marketing direto: o que funciona e porque*. São Paulo: Makron Books, 1991.

HILL, L.T. *Profit Strategies for Catalogers*. Stamford: Nanson Publishing Group, 1989.

HUGHES, A. *Database marketing estratégico*. São Paulo: Makron Books, 1998.

PEPPERS, D.; ROGERS, M. *One to one B2B*. Rio de Janeiro: Editora Campus, 2001.

PEPPERS, D.; ROGERS, M.; DORF, B. *Marketing one to one*. São Paulo: Makron Books, 2001.

LOPES, A.; FREITAS, B.T.; ARANHA, E.S.; SALLES, F.C.; MARINHO, L.A.; LIMA, M.R.A.; MULTEDO, M.; FERREIRA, R.S.; PALÁCIOS, S. *Marketing direto no varejo*. São Paulo: Makron Books, 2001.

MAZZON, J.A.; GUAGLIARDI, J.A.; FONSECA, J.S. *Marketing: aplicações de métodos quantitativos*. São Paulo: Atlas, 1983.

NASH, E.L. *Database marketing: the ultimate marketing tools*. New York: McGraw-Hill, Inc., 1993.

RUST, R.T.; ZEITHAML, V.; LEMON, K.N. *O valor do cliente*. Porto Alegre: Bookman Companhia Editora, 2001.

SHEPARD, D. *The new direct marketing*. New York: McGraw-Hill, Inc., 1999.

SCHMID, J.; WEBER, A. *Desktop database marketing*. Chicago: NTC Business Book, 1998.

STONE, B.; JACOBS, R. *Successful direct marketing methods*. New York: McGraw Hill, 2001.

TORRES, S. *Marketing de incentivos*. São Paulo: Editora Atlas, 2000.

▪ 6 ▪
Marketing de Relacionamento nas Instituições de Ensino

Célia Dugaich

> "*Marketing* de relacionamento é o processo por meio do qual ambas as partes estabelecem relações eficazes, eficientes, agradáveis, entusiastas e éticas, isto é, pessoalmente, profissionalmente e proveitosamente recompensadoras para todos".
> MICHAEL E. PORTER (1993)

MARKETING DE RELACIONAMENTO

Este capítulo tem por objetivo analisar as estratégias de relacionamento nas instituições educacionais, salientando sua importância para a captação, a retenção e a fidelização de alunos, alunos graduados, professores, colaboradores e parceiros, assim como instrumento de alavancagem e de sucesso da marca.

Segundo Ian Gordon (1999), um dos mais respeitados especialistas da área, *marketing* de relacionamento é "um processo contínuo de identificação e criação de novos valores com clientes individuais e o compartilhamento de seus benefícios durante uma vida toda de parceria".

Ainda no campo conceitual, Philip Kotler (2003), afirma que "o *marketing* de relacionamento representa importante mudança de paradigma, por tratar-se de evolução da mentalidade competitiva e conflituosa para uma nova abordagem pautada pela interdependência e cooperação".

A estratégia de relacionamento amplia o contexto do *marketing* transacional, passando para o desenvolvimento de relações profundas e de longo prazo com os públicos de interesse, podendo ser considerada uma filosofia organizacional, que tem como principal objetivo atender o cliente da melhor forma possível, em um processo contínuo de conhecimento e comunicação, estabelecendo relacionamentos profundos como meio de obter vantagem competitiva. Manter a lealdade dos clientes é um dos maiores objetivos da filosofia de relacionamento.

O *marketing* de relacionamento permite o desenvolvimento e o gerenciamento das relações com os clientes de forma personalizada, ampliando a possibilidade de ofertas mais ajustadas às suas necessidades e, conseqüentemente, aumentando a qualidade percebida, o que contribui sensivelmente para o processo de fidelização e fortalecimento da marca com associações positivas.

O *marketing* de relacionamento, na verdade, é uma evolução do pensamento mercadológico. Para que possa ser bem-sucedido, é fundamental que a direção adote, comunique e incentive essa nova filosofia dentro de toda a organização.

POR QUE *MARKETING* DE RELACIONAMENTO EM UMA INSTITUIÇÃO DE ENSINO?

Por muito tempo, algumas instituições de ensino lideraram o setor educacional pelo reconhecimento do seu nome no mercado e por sua tradição. No entanto, nos últimos anos, com o crescente ingresso de novas instituições, especialmente no ensino superior, o segmento começou a evoluir para um modelo de maior profissionalização das áreas da administração, tecnologia e *marketing*, atraindo novos investidores e ocupando maior espaço nesse setor da economia.

A cultura de *marketing* nas instituições educacionais praticamente inexistia; surgiram as ações de *marketing* transacional, em que a publicidade e a propaganda ganharam espaço pela expectativa de alavancar o número de alunos das escolas.

Com o amadurecimento e com a mudança do cenário desse setor, a preocupação com o aluno e com sua satisfação passou a dominar as estratégias das instituições, que começaram a buscar novas formas de relacionamento com os públicos de interesse, visando a estabelecer relações mais duradouras e vínculos mais profundos. Com isso, o gerenciamento eficaz do relacionamento das instituições de ensino com seus públicos será um dos principais fatores de diferenciação nos próximos anos no setor educacional.

O relacionamento de qualquer instituição de ensino inclui diferentes públicos (Figura 6.1) e, para ser bem-sucedida, a escola deverá administrar com cuidado essas relações, pois cada um desses públicos poderá tornar-se multiplicador potencial da marca da instituição.

Como afirma Kotler (1994), "satisfação é o resultado das experiências de uma pessoa quando um desempenho ou resultado atendeu suas expectativas". Assim, a satisfação e a superação das expectativas estão intimamente ligadas à proposta de valor da instituição, bem como a imagem da marca está fortemente vinculada à vivência e à qualidade percebida, conforme vimos no Capítulo 2.

Ao falarmos de relacionamento com clientes, estamos falando em processos de interação, que deverão ser estruturados a partir de um profundo conhecimento

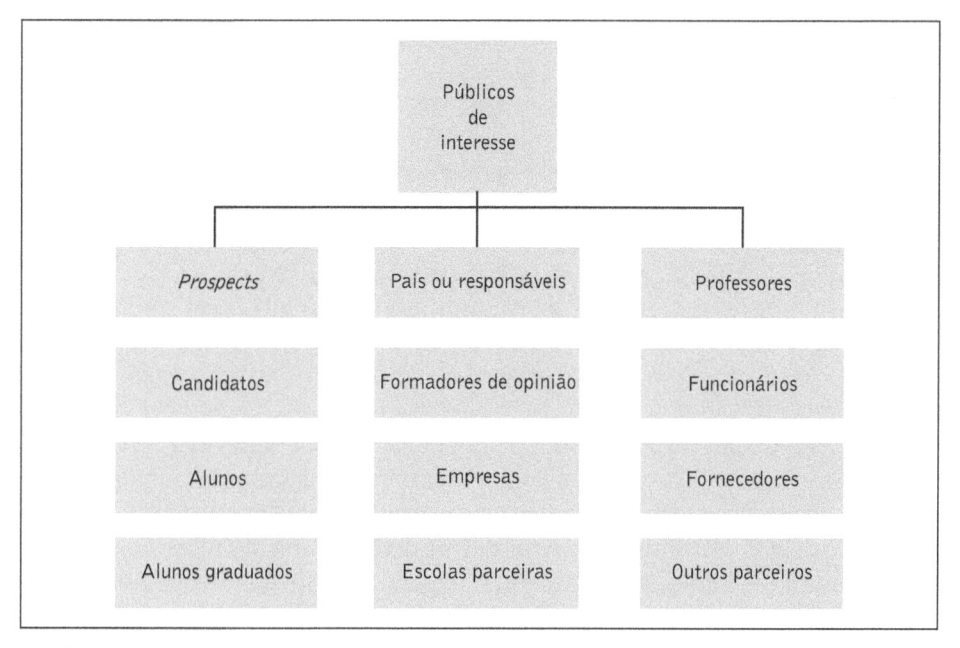

```
                    ┌─────────────┐
                    │  Públicos   │
                    │     de      │
                    │  interesse  │
                    └──────┬──────┘
        ┌──────────────────┼──────────────────┐
┌───────────────┐  ┌─────────────────┐  ┌───────────────┐
│   Prospects   │  │ Pais ou responsáveis │  │  Professores  │
└───────────────┘  └─────────────────┘  └───────────────┘

┌───────────────┐  ┌─────────────────┐  ┌───────────────┐
│  Candidatos   │  │ Formadores de opinião │  │ Funcionários │
└───────────────┘  └─────────────────┘  └───────────────┘

┌───────────────┐  ┌─────────────────┐  ┌───────────────┐
│    Alunos     │  │    Empresas     │  │  Fornecedores │
└───────────────┘  └─────────────────┘  └───────────────┘

┌───────────────┐  ┌─────────────────┐  ┌───────────────┐
│ Alunos graduados │ │ Escolas parceiras │ │ Outros parceiros │
└───────────────┘  └─────────────────┘  └───────────────┘
```

▲ **Figura 6.1** Públicos de interesse de uma instituição de ensino.

sobre esses públicos, o que naturalmente nos leva ao conceito de CRM, que será analisado a seguir.

COSTUMER RELATIONSHIP MANAGEMENT

O termo *Costumer Relationship Management* (CRM) tem sido fortemente utilizado no mercado como estratégia de relacionamento, cuja base fundamental é o uso de tecnologias altamente sofisticadas para gestão de dados e informações. Na verdade, CRM é muito mais que uma tecnologia, que um *software*: é a própria filosofia de relacionamento. A tecnologia é fundamental, mas por si só não cria relacionamentos. A definição mais simples para CRM está em seu próprio nome – Gerenciamento do Relacionamento com Clientes –, que significa aprender os hábitos e as expectativas dos clientes, antecipando ofertas e descobrindo novas oportunidades de negócios. O principal termo que compõe a sigla é *relacionamento*, o qual indica que todos os contatos deverão ser tratados prevendo-se continuidade, ou seja, devem ser registrados e detalhados, uma vez que, sem históricos e dados, será praticamente impossível estabelecer um relacionamento efetivo com os clientes.

O CRM não é um projeto com início, meio e fim. É um processo contínuo de conhecimento e aprendizagem sobre clientes, produtos, mercado e concorrência, abrangendo diversas etapas que apoiarão a estratégia de relacionamento das organizações.

As bases para o CRM são todas as informações a respeito do cliente, capturadas por meio de diversos canais, seja contato pessoal, por telefone, pesquisas, internet ou dados internos. A partir das informações, a primeira necessidade é a estruturação de uma base de dados que permita identificar, conhecer e segmentar os diversos tipos de clientes.

O grande desafio é a criação de uma estrutura de *data warehouse*, que permita fácil acesso a dados íntegros e consistentes, que esteja integrada com os sistemas operacionais da instituição, visando a transformar dados brutos em informações que possam ser gerenciadas e utilizadas como suporte ao processo de tomada de decisão.

Segundo Ronald Swift[1] (2001), as organizações que desejarem ter sucesso em CRM precisarão de uma infra-estrutura de informações centrada no cliente e também de um esquema para integrar dinamicamente tecnologias futuras no processo de CRM. Portanto, implementar o CRM em uma organização significa adotar atitudes voltadas para o cliente. A tecnologia instrumentaliza a organização e a capacita para construir relacionamentos duradouros, permitindo segmentar o cliente desejado, identificar produtos mais adequados, melhorar o padrão de atendimento e personalizar o relacionamento.

A parte tecnológica do CRM vem da necessidade de trabalhar grandes volumes de clientes e de informações. O exemplo clássico é o dono de um mercadinho há muitos anos: ele conhecia todos os clientes, o que compravam, quando compravam e até por que compravam. Porém, tinha poucos clientes e conseguia guardar e processar essas informações na própria cabeça. Hoje, o mercadinho transformou-se em uma rede de 300 lojas em todo o país, nas quais circulam 100.000 pessoas por dia, e as lojas oferecerem aproximadamente 50.000 produtos diferentes.

PESQUISA DE *MARKETING*

Outra fonte fundamental para o *marketing* de relacionamento são os resultados das pesquisas, envolvendo informações sobre o mercado, a concorrência, os alunos e todos os demais públicos de interesse.

A pesquisa de *marketing* é reconhecida como um instrumento para a obtenção de informações confiáveis, destinadas a apoiar e orientar a tomada de decisões relacionadas às estratégias corporativas. O sucesso de uma pesquisa mercado-

---

[1] Vice-presidente de soluções para gerenciamento de relacionamento com clientes da NCR Corporation, maior fornecedor mundial de tecnologias de relacionamento.

lógica está diretamente ligado à possibilidade da diminuir incertezas e influenciar decisões.

Informações sobre os públicos de interesse, conhecendo seu perfil e avaliando seu comportamento; a avaliação das estratégias dos concorrentes, observando pontos fortes e fracos; o dimensionamento do mercado; os registros sobre novas tendências e as avaliações dos serviços prestados formam uma base de dados indispensável para qualquer projeto de *marketing*.

RELACIONAMENTO COM O CONSUMIDOR FINAL

A construção do relacionamento com o aluno ocorre desde o primeiro contato com a instituição, quando o interessado ainda busca informações sobre a escola, e até quando esse aluno muda para a condição de "aluno graduado", mas não rompe seu vínculo com a escola (Figura 6.2).

PROSPECÇÃO

Além de todas as técnicas e ferramentas para a captação de alunos, vistas no capítulo anterior, cabe à instituição incluir nas campanhas de *marketing* um plano baseado em ações de relacionamento.

As ações de relacionamento são importantes e imprescindíveis, pois cumprem um papel diferente da comunicação realizada por meio das mídias de massa. Entendemos que a utilização das diversas mídias é extremamente relevante, porém representa apenas uma das etapas de todo o processo. A propaganda e a publicidade que chegam ao público-alvo por meio da mídia funcionam como atrativo para colocar a instituição na mente do futuro aluno, servem de lembrança da marca, mas não definem o processo de escolha por uma ou outra instituição de ensino.

As mídias de massa alcançam um grande número de *suspects* levando informações sobre as ofertas. Uma vez identificados, estes devem ser alvo de aborda-

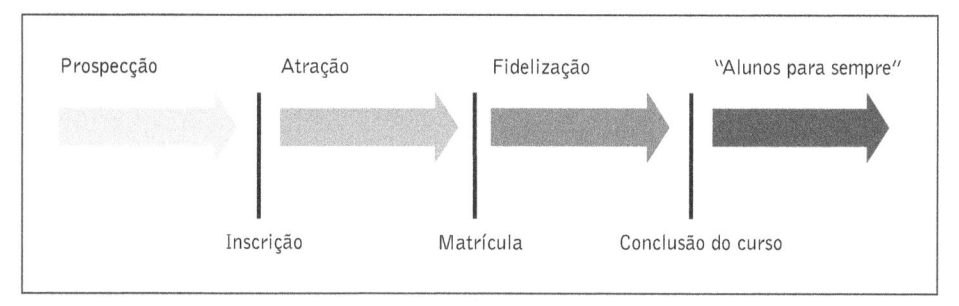

▲ **Figura 6.2** Etapas de relacionamento com os alunos.

gens mais dirigidas, apoiadas nas informações que a instituição passa a ter sobre eles – quem são, que produtos ou serviços educacionais buscam, qual sua disponibilidade financeira e de tempo, entre outras informações relevantes para a instituição. Com base nisso, a instituição pode partir para ofertas diferenciadas, condições customizadas e outras ações que vão ao encontro das necessidades e características de clientes ou potenciais clientes específicos, a fim de que sua escolha seja pautada na identificação de valores e na perspectiva de criação de vínculos, fazendo com que ele evolua nas fases de ingresso para a instituição.

As ações de relacionamento permitem acesso aos *prospects*, estabelecendo contatos periódicos, adequando a comunicação ao estágio do relacionamento com a instituição. É preciso dosar a freqüência desses contatos e os apelos definidos para cada comunicação, para não gerar impacto negativo, nem tornar a comunicação inoportuna.

Nessa etapa, é recomendável mesclar os meios para se comunicar com o *prospect* (telefone, *e-mails*, *e-mail marketing*, visitas, eventos, etc.), fazendo com que ele tenha contato com a marca de forma agradável, efetiva e interessante.

RAZÕES DE ESCOLHA

O processo de escolha por uma instituição de ensino passa por muitas fases e, em cada uma delas, a instituição é rigorosamente avaliada sob diversos aspectos: imagem no mercado, localização, preço, referências de amigos, *networking*, entre outros. Em seguida, a validação de todas as percepções acontece por meio de uma profunda avaliação da imagem das instituições pré-selecionadas, junto a quem já "vivenciou" de alguma maneira a instituição ou conhece sua reputação.

Os atributos da instituição que representam os principais fatores de influência para a tomada de decisão são: imagem no mercado, qualificação do corpo docente, qualidade do ensino e proposta curricular.

Os fatores de conveniência definem a escolha, após a eleição de duas ou três instituições colocadas em um mesmo patamar, considerando os aspectos acima mencionados. O grande peso para desempates recai sobre preço e localização.

ATRAÇÃO

Ao efetuar a inscrição para um processo seletivo, o *prospect* muda de *status* no modelo de relacionamento, torna-se candidato, demonstrando que a escola atende a seus objetivos e está adequada aos seus interesses pessoais.

Certamente, outras instituições serão avaliadas e, em geral, o candidato chega até essa etapa em mais de um estabelecimento de ensino. Este é um momento ímpar para a conquista de um novo aluno.

Partimos do pressuposto de que, ao fazer a inscrição, o candidato já avaliou a instituição e o projeto pedagógico, aceitou os valores propostos e criou expectativas para o ingresso. A aprovação no processo seletivo representa, na maioria das vezes, ansiedade e expectativa para os candidatos, sejam eles pais de alunos para educação infantil, ensino fundamental ou ensino médio, sejam jovens para ingresso no ensino superior, ou ainda profissionais que buscam educação continuada para o seu desenvolvimento profissional.

A escola deverá ser vista como objeto de desejo para o candidato e sua aprovação no processo seletivo percebida como grande conquista, uma verdadeira vitória. Nessa fase, as ações de relacionamento deverão oferecer diferenciais que possam gerar "encantamento". Deverão criar maiores momentos de convivência do candidato com a instituição. Colocá-los frente a frente com a área acadêmica pode significar maior segurança para o processo de decisão. As ações deverão focar mais conteúdo do que informação, visto que todas as informações já foram transmitidas na fase de prospecção.

Trabalhar com ações que permitam a aproximação do candidato com a escola é uma boa alternativa. Criar eventos que o façam interagir pessoalmente com a área acadêmica, ou criar situações de encontro com alunos atuais podem representar fortalecimento do vínculo desejado. As ações devem valorizar o relacionamento, como, por exemplo, correspondências de agradecimento ou parabenização, gerando um sentimento de acolhida extremamente positivo.

O grande cuidado que se deve ter nessa fase é o alinhamento do discurso à realidade: a instituição não deve prometer o que não poderá ser cumprido. A grande força para o *marketing* na captação do aluno é a verdade. Ele deverá receber, quando aluno, exatamente o que foi prometido na fase de captação.

FIDELIZAÇÃO

O *marketing* educacional e a filosofia de relacionamento não se limitam às ações de captação de novos alunos; ao contrário, é a partir da conquista que a relação intensifica-se e o aluno constrói sua percepção, reafirmando a cada dia a sua escolha. O período do curso deve ser o tempo para a construção de relacionamentos profundos para que se tornem duradouros. É o que podemos chamar de "hora da verdade".

Muitas vezes, as instituições investem mais na conquista de novos alunos do que na manutenção dos atuais. Por isso, o *marketing* de relacionamento deverá ser rigorosamente trabalhado e enfatizar a importância da retenção dos alunos, assim como a preocupação com a qualidade.

O processo de fidelização em uma instituição de ensino acontece pela construção de alguns parâmetros essenciais que servem de alicerce e sustentam o relacionamento. O primeiro passo para a consolidação do relacionamento com o aluno é a conquista da confiança, que se estabelece pelas atitudes de ambos os lados e é construída ao longo do tempo pelas relações pessoais desenvolvidas na instituição durante a entrega do serviço prometido.

Outro fator de extrema importância é a capacidade de a instituição conhecer os próprios alunos. É recomendável o uso de pesquisas de *marketing* para identificar os dados dos alunos, suas características e o ambiente em que atuam. Deve ser criada uma memória organizacional por meio de processos adequados e da estruturação de bases de dados sólidas e consistentes.

Ainda nos parâmetros de sustentação do *marketing* de relacionamento, destaca-se o processo operacional desenvolvido para facilitar o acesso dos alunos a todos os pontos de contato na instituição. O aluno também deverá encontrar coerência e alinhamento das informações em todos os setores da instituição e independentemente do meio utilizado para acessá-las: pessoalmente, por telefone, via internet ou utilizando qualquer outro canal disponível.

A tecnologia representa outro componente essencial para a construção de relacionamentos duradouros. A capacidade dos equipamentos em armazenar dados, a velocidade de transmissão e a aplicabilidade dos *softwares* aumentam a possibilidade de aperfeiçoar as relações com os alunos, em função do gerenciamento e do uso das informações.

O bom relacionamento deve ser cultivado e estrategicamente gerenciado. Isso significa que a instituição deverá utilizar todas as informações disponíveis para identificar os alunos e acompanhar sua evolução.

As estratégias de *marketing* de relacionamento para fidelização dos alunos permeiam toda a instituição, que deverá estar preparada para a criação de vínculos a serem mantidos durante o período de permanência do aluno na instituição, trabalhando para que esse vínculo perpetue-se na condição de aluno graduado.

O clima criado para a convivência do aluno na instituição faz toda a diferença no processo de relacionamento com alunos e, conseqüentemente, influencia na satisfação e na percepção da marca. A infra-estrutura, a higiene dos ambientes, o bom humor dos profissionais de atendimento, a coerência das repostas, tudo é fator de construção da marca.

A "hora da verdade", no entanto, acontece dentro da sala de aula, onde haverá o nivelamento entre expectativas e entrega. A construção da imagem da marca será decorrente da experiência do aluno com a instituição. A dinâmica dos relacionamentos estabelecidos entre toda a comunidade educacional criará percepção de valor e traduzirá a maneira de ser da instituição.

As associações estudantis são importantes meios de convivência entre a comunidade. Via de regra, são atividades que agregam valor tanto para a instituição como para os participantes, servindo como um forte alavancador da imagem institucional.

Ações de apoio, tais como oferta de palestras e outras atividades extracurriculares, ações de *networking*, política de descontos com parceiros, atividades de integração com a direção da escola, etc., poderão ser desenvolvidas para a consolidação do relacionamento com esse público.

A realização de atividades que promovam encontros e aprofundem conteúdos serão benéficos para o estreitamento das relações com os alunos atuais. Assim o *marketing* de relacionamento contribui para que o aluno tenha uma experiência além daquela esperada, permitindo a consolidação de vínculos de longo prazo.

ALUNO PARA SEMPRE

A linha que separa a satisfação da fidelidade deve ser preenchida por um escudo de confiança. Os clientes são fiéis quando e enquanto confiam na empresa. Em instituições de ensino, tal premissa também é verdadeira.

Alunos satisfeitos e confiantes ficam mais propensos a utilizar a instituição outras vezes e também indicam novos alunos. A indicação reduz o custo de captação e ajuda na rápida construção da imagem em função das referências positivas. O peso da indicação é representativo, pois o novo aluno chega com a legitimação de alguém em que ele confia. Forma-se, então, o círculo virtuoso.

As organizações da área educacional, sejam de ensino básico ou superior, podem e devem trabalhar com a visão de que cada um de seus alunos poderá ser seu "aluno para sempre". O termo ex-aluno torna-se vazio e sem sentido quando se pretende construir uma comunidade composta pelo corpo discente graduado para servir de elo entre o passado e o futuro da escola. O "aluno para sempre" é aquele que, após uma bem-sucedida experiência com a escola, tem motivação para manter seu relacionamento e, acima de tudo, transforma-se em multiplicador e defensor da marca no mercado.

A continuidade do relacionamento com os alunos após a conclusão do curso justifica-se pela necessidade de ampliação e manutenção das interações com esse público, mantendo-o como parte integrante da comunidade educacional, estimulando o processo de relacionamento para o fortalecimento dos vínculos institucionais.

Dentre muitos motivos, quatro fatores, destacam-se como principais razões para que os alunos permaneçam vinculados à instituição:

- Possibilidade do uso das instalações, seja para novos cursos, seja para estudo na utilização de bibliotecas, ou ainda para uso das áreas de esportes, exposições, teatros, etc.
- Participação em congresso, seminários e eventos em geral.
- Troca de informações sobre mercado de trabalho e/ou oportunidades de emprego.

- *Networking* para ampliação ou manutenção dos relacionamentos interpessoais

O *marketing* de relacionamento para esse público funciona como facilitador das relações entre os alunos graduados e deles com alunos atuais e com a própria escola. As ações podem ser estruturadas a partir das quatro premissas citadas, possibilitado muitos momentos de integração e favorecendo diversos tipos de interesse.

Como nas outras etapas do processo de relacionamento com alunos, também destacamos aqui a importância da atualização das bases de dados, mantendo históricos e transformando os dados em informações úteis para a gestão dos relacionamentos desenvolvidos.

Considerando que estamos na etapa de relacionamento com alunos graduados e temos como principais motivos para a continuidade do vínculo com a instituição a troca de informações sobre mercado de trabalho e o *networking*, salientamos que as ações de relacionamento devem prever um acompanhamento da carreira desses alunos, gerenciando, por meio de pesquisas, a evolução de cada um, principalmente de seu crescimento profissional.

Em algumas instituições, essa atividade é tão estruturada que os próprios alunos graduados constituem uma associação formal, gerida por eles e apoiada pela escola.

O relacionamento é a essência dessa atividade que se propõe a reunir e aproximar pessoas em torno de idéias e ideais, mantendo a marca da instituição viva e presente no dia-a-dia da comunidade.

RELACIONAMENTO: UM PRINCÍPIO ORGANIZACIONAL

Até agora, concentramo-nos nos relacionamentos diretos entre a escola e os alunos, identificando as particularidades de cada etapa. No entanto, para que o processo de relacionamento com alunos possa criar o valor que cada um deseja, é necessária a participação de todos os envolvidos. Na instituição, professores, funcionários, fornecedores e parceiros têm o potencial de reforçar os relacionamentos a partir do entendimento de seus papéis.

Quando se fala em fidelização de alunos, fica evidente que a função do *marketing* educacional extrapola os limites de um departamento e passa a ser um compromisso de todos. O *marketing* de relacionamento ocorre no convívio diário do aluno com a instituição. A escola mostra seu foco no cliente por meio de todos os pontos de contato, em que cada colaborador deve transmitir por atitudes e valores a filosofia institucional.

A preocupação com a satisfação dos alunos, o bom atendimento, a eficácia nas respostas e a qualidade da permanência do aluno nas diversas atividades está intrínseca nos modelos de atendimento estabelecidos pela instituição. O aluno deve perceber linearidade e integração das equipes internas, pois é o conjunto das experiências vividas que fará a construção da marca na mente do aluno. Isso vale para todos dentro da instituição, desde aquele que recebe o aluno na portaria até aquele que o conduz na hora da saída. Dentro da instituição, a cada dia, o aluno passa por vários momentos de relacionamento, seja na coordenação, na secretaria, na tesouraria, na biblioteca ou na reprografia e em todos os pontos de contato o padrão de atendimento determinará o tom da instituição e será o exercício vivo do *marketing* de relacionamento.

Em síntese, o alicerce de um relacionamento está na confiança e no diálogo; é preciso que haja um processo dedicado de aprendizagem para que se compreenda os valores importantes para cada um, pois os verdadeiros valores são aqueles que a instituição agrega para seus alunos e os valores que eles transferem para a instituição.

É importante ressaltar que as ações do *marketing* de relacionamento só terão o efeito e o sucesso desejado se houver a efetiva participação de outras áreas, especialmente da área acadêmica, que definirá o tom e a profundidade das ações.

Como principal elemento desse processo encontra-se o professor, principal agente no *marketing* de relacionamento. Ele, por sua capacidade de liderança, tem grande responsabilidade na construção da marca institucional pelo aluno. Além de agente de *marketing*, o professor também é cliente e deverá ser tratado de forma cuidadosa e estratégica para que se torne um parceiro efetivo.

ENDOMARKETING

As pessoas são essenciais para qualquer relacionamento. Elas dão o colorido para as relações institucionais. Para que todos os processos de relacionamento sejam concretizados, é fundamental que as pessoas envolvidas estejam comprometidas.

As atividades de *endomarketing* não podem ser implementadas apenas com uma campanha motivacional, ou como um conjunto de atividades totalmente separadas sem conexão com objetivos e metas mais amplos que envolvam toda a organização. Cada colaborador deve funcionar como parte integrante da missão organizacional e, para isso, o apoio e o encorajamento que recebem de seus líderes diretos é imprescindível.

O grande desafio é conscientizar toda a equipe para a importância do atendimento de excelência ao cliente; é fazer com que os colaboradores respondam favoravelmente às demandas da organização em relação ao absoluto compromisso com a satisfação do cliente.

Por isso, pode-se dizer que o *endomarketing* é uma atividade estratégica que envolve todas as pessoas dentro de uma organização. É a forma para integrar discursos, unificar posicionamentos e compartilhar informações entre os diversos públicos corporativos. Treinar, desenvolver e transformar as pessoas em precursores de um processo que busca criar alianças com o cliente é fazer com que todos se sintam parte da instituição.

FORMADORES DE OPINIÃO

Na cadeia de relacionamentos das instituições de ensino, alguns públicos têm papel relevante como formadores de opinião. Eles podem ou não se relacionar diretamente com a escola; no entanto, são pessoas que conhecem a reputação das instituições e possuem grande poder de influência para o público-alvo e atuam, na maioria das vezes, no momento da escolha pela instituição educacional.

Estrategicamente, é importante que as instituições promovam ações de relacionamento para esses públicos a fim de se tornarem referência para os formadores de opinião.

Os pais ou responsáveis por alunos de escola de educação infantil ou ensino fundamental têm papel preponderante no processo de escolha da instituição para seus filhos. Eles dedicam boa parte de seu tempo para visitar escolas, analisar projetos pedagógicos, avaliar instalações, buscar referências no mercado. A decisão de uma escola para os filhos envolve muitos valores de ordem comportamental e vários são os aspectos analisados para a escolha final.

Em primeiro lugar, a família procura encontrar na escola uma identificação com seus valores e um alinhamento à filosofia de ensino desejada. Busca naquela comunidade similaridade aos seus padrões éticos e de conduta. Espaço físico, recursos tecnológicos e educacionais, localização e preço também são fatores envolvidos no processo de escolha.

É importante que ações de relacionamento sejam promovidas para aproximar os pais dessas escolas a fim de que eles possam conhecer de perto a proposta educacional e o calendário das atividades dos alunos. Também é recomendável a realização de reuniões periódicas, eventos com palestrantes de renome ou encontros com os educadores para discussão de temas relativos à formação das crianças e dos adolescentes.

Pais de alunos do ensino médio também se enquadram nas considerações acima, embora, nessa fase o jovem também faça parte da escolha da instituição. Além disso, outros valores são questionados, como, por exemplo o desempenho da instituição nos processos seletivos das principais universidades do país. Cabe, nesse momento, a demonstração clara dos resultados obtidos pelos alunos que ingressaram no ensino superior. Relacionamento com escolas de ensino médio, para divulgação de faculdades ou universidades torna-se fundamental. Essas instituições são formadoras de opinião e exercem um forte papel de orientação junto aos alunos que ingressarão no ensino superior. Nas escolas de ensino médio, os alunos recebem todo tipo de informações sobre profissões e mercado de trabalho.

Atualmente, essa atividade está bem desenvolvida e grande parte das escolas promove feiras de profissões para apresentar aos seus alunos os cursos e as universidades e faculdades existentes. Desde que o posicionamento mercadológico esteja alinhado ao perfil das escolas parceiras, participar de eventos e feiras de profissões pode ser um importante canal de divulgação e aproximação do público-alvo.

O grande trabalho do *marketing* de relacionamento com as instituições parceiras é abrir um canal contínuo de relacionamento com os educadores, por meio de encontros, debates, cursos e fóruns que tenham como ponto central discussões pedagógicas e psicológicas em torno da formação do jovem e seu futuro.

As empresas também constituem alvo de relacionamento, especialmente para instituições de ensino superior e pós-graduação. Hoje, tanto profissionais quanto empresas precisam investir em treinamento contínuo, e os vínculos com instituições facilitam o planejamento do processo de educação continuada. O relacionamento com as empresas acontece de forma mais específica e direcionada, sendo que os processos devem ser ajustados para o atendimento personalizado de acordo com as necessidades de cada empresa.

Além dos pais, das escolas parceiras e das empresas, outros formadores de opinião também são representativos na cadeia de relacionamento do setor educacional: empresários, jornalistas, educadores, de modo geral, são fundamentais para o sucesso das instituições de ensino.

RELACIONAMENTO E LUCRATIVIDADE

Este capítulo não esgota a reflexão em torno do *marketing* de relacionamento, mas sinaliza para a importância dos relacionamentos em diversos níveis e para a conscientização de que novas competências são exigidas para garantir o alcance dos objetivos propostos.

O *marketing* de relacionamento cumpre seu papel na construção de vínculos duradouros e na satisfação dos clientes, que resulta em maiores lucros, uma vez que, conforme uma estatística citada com freqüência, conquistar um novo cliente custa cinco vezes mais do que manter um já conquistado.

Outra premissa que aponta para a lucratividade é a confiança na instituição, que deixa alunos mais propensos a retornar aos mesmos bancos escolares para a realização de novos cursos e ainda indicar a escola para parentes e amigos, que resulta na redução de custos de captação.

REFERÊNCIAS

COBRA, M.; BRAGA, R. *Marketing educacional*. Hoper Editora, 2004.

GORDON, I. *Marketing de relacionamento: estratégias, técnicas e tecnologias para conquistar clientes e mantê-los para sempre*. Editora Futura, 1999.

HUGHES, A.M. *Database marketing estratégico*. Makron Books, 1998.

KOTLER, P. *Administração de marketing*. Editora Atlas, 1994.

KOTLER, P. *Marketing para serviços profissionais*. Editora Manole, 2002.

KOTLER, P. *Marketing a A a Z*. Editora Campus, 2003.

KOTLER, P.; FOX, K. *Marketing estratégico para instituições educacionais*. Editora Atlas, 1994.

LEVITT, T. *A imaginação de marketing*. Editora Atlas, 1990.

MCKENNA, R. *Marketing de relacionamento: estratégias bem sucedidas para a era do cliente*. Editora Campus, 1993.

STANTON, W.; WALKER, B.; ETZEL, M. *Marketing*. Makron Books, 1997.

SWIFT, R. *CRM – o revolucionário marketing de relacionamento com o cliente*. Editora Campus, 2001.

VAVRA, T.G. *Marketing de relacionamento – after marketing – como manter a fidelidade de clientes através do marketing de relacionamento*. Editora Atlas, 1992.

WHITELEY, R. *A empresa voltada para o cliente*. Editora Campus, 1992.

. 7 .
Comunicação Integrada: Jornalismo, Relações Públicas e Publicidade

João Marcos Rainho

> "A comunicação total deve ser administrada e integrada para tornar-se consciente, bem programada e com boa relação custo-benefício".
> PHILIP KOTLER

INTRODUÇÃO

O aumento da competitividade entre as instituições de ensino mudou o panorama do mercado educacional nos últimos anos. Em números percentuais, foram abertas mais escolas e faculdades do que a demanda de alunos[1]. Resultado: sobraram cadeiras vazias na maior parte dos cursos do setor privado, da pré-escola à universidade. E o fator competição, ainda pouco conhecido no universo educacional, desencadeou a busca de modernas técnicas de gestão, incluindo ferramentas de *marketing* e comunicação.

Ao contrário do que acontece nos Estados Unidos e em outros países desenvolvidos, as escolas brasileiras não estavam acostumadas a lidar com a mídia: constituía-se em tabu aparecer em anúncios publicitários e até mesmo interagir

---

[1] Segundo pesquisa do Sindicato dos Estabelecimentos de Ensino no Estado de São Paulo (sieeesp), o número de escolas aumentou 116% de 1996 a 2000, enquanto o crescimento no número de alunos no período foi apenas 17%. Números do MEC informam que, em São Paulo, no período de 1996 a 2001, aumentou em 126,5% o número de pré-escolas e as matrículas caíram 50%. No ensino fundamental, a proporção é de 84% e 0,3%; no ensino médio, 93% e 14,7%. O Censo do Ensino Superior, divulgado pelo Instituto Nacional de Estudos e Pesquisas Educacionais (INEP), indica que em 2001 existiam 31% de vagas ociosas nas instituições particulares de ensino superior.

com a imprensa. Hoje verificamos propagandas de colégios e faculdades em *outdoors*, em páginas de revistas, jornais, além de ações mercadológicas em feiras de negócios, envio de *press-releases* para a imprensa e até distribuição de folhetos na porta de concorrentes.[2]

Entretanto, o processo não foi sistematizado, fruto do caráter de urgência, para não dizer desespero, de atrair mais alunos com uma maior divulgação. Evidentemente, estamos generalizando. Existem as exceções de praxe. Entre ações eficazes e ineficazes, planejamento ou falta de planejamento de comunicação e *marketing* – inclusive o *marketing* interno –, resta a certeza de que impera uma grande dose de administração caótica nos projetos de comunicação educacional – termo ou prática, aliás, que não existe ainda no dia-a-dia das instituições de forma organizada, integrada. Este é o tema deste capítulo.

A comunicação teve um grande desenvolvimento nas últimas décadas no Brasil, sobretudo nas empresas multinacionais, mas continua sendo o calcanhar de Aquiles de grande parte das instituições públicas e privadas de todos os setores da economia, incluindo aí os governos, o terceiro setor e a área de educação. Por outro lado, a comunicação é o grande fator de diferencial competitivo, como veremos a seguir. É necessário admitir que o setor educacional chegou tarde ao mundo da comunicação e *marketing* e que sofre por esse atraso.

Para as instituições de ensino mais tradicionais, que alegam, com um estranho orgulho, não faltar alunos e não precisar fazer propaganda ou *marketing*, ou para aquelas que "acham" que trabalham muito bem no aspecto comunicação, aconselhamos uma reflexão para não serem atropeladas pelo tempo e pela concorrência.

CONCEITOS E EXPERIÊNCIAS

Neste estudo entendemos comunicação como o processo de divulgação da escola ou da faculdade perante seus públicos (ou *stakholders*, para utilizarmos uma denominação da moda): **internos** (funcionários, fornecedores, alunos, pais de alunos, etc.) e **externos** (comunidade, governos, mídia, alunos em potencial, formadores de opinião, etc.).

Comunicação integrada é o conjunto de ações ordenadas e coordenadas para fortalecer a imagem da instituição, permitindo uma visibilidade positiva entre os diversos públicos que interagem; criando um espírito interno de cooperação e estimulando a compra de um serviço (em nosso caso, do serviço educação). Suas ferramentas são as seguintes:

---

[2] Em 2002, foram aplicados R$ 420 milhões em propaganda entre as instituições de ensino particulares, um aumento de 39% em três anos, segundo a Associação Nacional de Universidades Particulares (ANUP). Nessa amostra, destaca-se a Universidade Paulista (Unip), que investiu R$ 28, 6 milhões em mídia no ano de 2002.

- Comunicação interna (quadros de avisos, rádio e TV internas, jornal e boletim interno, intranet, programas de relações públicas);
- Comunicação externa (assessoria de imprensa, edição de revistas, internet, publicidade e propaganda).

Essas ferramentas funcionam ordenadamente, a partir de um *plano estratégico de comunicação*. A diferença entre utilizar qualquer uma das atividades relacionadas acima, de forma aleatória e independente, e um projeto integrado é a eficácia e a eficiência da mensagem. Tal conceito já é bem conhecido das grandes empresas que utilizam a comunicação como um importante instrumento de vantagem competitiva. A realidade das instituições de ensino é bem diferente. Debutantes nas modernas técnicas de gestão, *marketing* e recursos humanos, as escolas dividem-se em dois grandes grupos: um grupo, mais tradicional, que insiste em desconsiderar o aspecto comunicação – exceto na produção de boletins internos de qualidade discutível e *folders*; e outro grupo que monta estruturas de comunicação (ou terceirizam), investindo em publicidade e assessoria de imprensa.

Em nossa experiência de duas décadas como consultor de comunicação e jornalista, além de colaborador de revistas do setor de educação, notamos que aqueles dois grupos são muito semelhantes quando mensuramos resultados efetivos nas ações de divulgação devido à falta de uma visão holística do processo. Ou seja, quem investe em comunicação sem planejamento está jogando dinheiro fora.

Veja-se o caso dos serviços de assessoria de imprensa. Nove entre dez *press-releases* de escolas que chegam nas redações falam rigorosamente a mesma coisa. Não têm diferenciais, ou seja, são notícias. Sempre aparece o texto de alguma escola "pioneira", que investe em meio ambiente e está fazendo um "inovador" programa de reciclagem – nada mais comum hoje em dia. E aquela outra escola que anuncia um "programa curricular de vanguarda", com disciplinas que buscam a interdisciplinaridade, que na verdade cumpre apenas a determinação da Lei de Diretrizes e Base (LDB) ou dos novos Parâmetros Curriculares (PCNs) do Ministério da Educação. Evidentemente, todo esse esforço de divulgação acaba nos cestos de lixo das redações, ou melhor, no ícone lixeira do computador do jornalista.

Um segundo exemplo de desperdício de recursos está na má qualidade dos boletins e jornais internos. O objetivo de integrar o público interno ou informar pais de alunos a respeito das atividades da escola perde-se em um emaranhado de textos superficiais, pouco informativos e ilustrados com fotos amadoras. O papel aceita tudo.

Para completar a crítica construtiva do mau uso da comunicação no setor educacional, destacamos as propagandas, principalmente de faculdades e universidades, onde imperam mensagens artificiais e distantes da seriedade que o ensino necessita transmitir. As agências de publicidade teimam em pasteurizar seus trabalhos sem considerar as peculiaridades do cliente e do setor educacional.

Outdoors com jovens modelos sorridentes, com a mesmice do "venha estudar conosco", parece-nos pouco convincente para quem busca conteúdo e educação.

Nenhum aluno ou pai de aluno escolhe uma instituição de ensino como escolhe a marca do xampu. Outros fatores são determinantes, como a indicação de ex-alunos e o prestígio no mercado (ações de relações públicas e assessoria de imprensa ajudam a ressaltar esses aspectos). Campanhas publicitárias devem existir de maneira discreta e em momentos específicos, como durante o vestibular.

Esses problemas surgem principalmente pela falta de uma ação ordenada e integrada de comunicação. Somente com esse olhar amplo do processo podemos analisar o papel de cada ferramenta dentro do planejamento estratégico da instituição. Valores, missão e objetivos da entidade devem nortear o conteúdo e a forma desses trabalhos. A partir daí, construímos um programa de comunicação e depois montamos uma estrutura apropriada para divulgá-lo. O erro é começar pelo fim: primeiro contratar um profissional ou empresa para executar uma ferramenta e depois pensar no que comunicar.

Um equívoco elementar, e muito comum, que evidencia a falta de profissionalismo com o assunto, é quando uma escola ou faculdade responsabiliza um único jornalista ou relações públicas estagiário para cuidar da divulgação para a imprensa ou produção do *house-organ*. Como essa pessoa inexperiente, que mal detém conhecimento do instrumental jornalístico ou de relações públicas, poderá pensar estrategicamente? Por outro lado, apesar da contratação de profissionais experientes para atuar com as ferramentas de comunicação, normalmente não existem articulações entre eles – a pessoa que cuida da comunicação interna costuma não dialogar com o setor de *marketing*, assessoria de imprensa e publicidade. Cada um atira para um lado e costumamos ver contradições na mensagem da escola ou faculdade: propaganda externa de vanguarda, mostrando uma instituição moderna, e jornal interno, ao contrário, evidenciando uma organização conservadora ou vice-versa.

GESTÃO DEMOCRÁTICA E PARTICIPATIVA

Antes de abrir a escola para o mundo, é preciso arrumar a casa. Sem uma gestão moderna, isso não é possível. Esqueça a comunicação. Divulgar externamente uma instituição administrativamente atrasada é dar munição para evidenciar problemas. De qualquer modo, a comunicação pode ser um importante aliado em programas de melhoria da qualidade, reforma administrativa ou implantação de um novo modelo de gestão. Existem ferramentas de comunicação eficazes para disseminar novos conceitos ou fortalecer valores: boletins gerenciais com artigos de especialistas, *clipping* com seleção de matérias sobre gestão publicadas na imprensa para fomentar debates, jornal do projeto, etc.

Em uma perspectiva mais participativa de administração, a livre manifestação de idéias deve ser estimulada. Para isso, novos canais de comunicação devem ser abertos em todos os níveis: gestores, funcionários, alunos, pais de alunos, comunidade, governos. Essa oxigenação informativa acontece em produtos jornalísticos e publicitários e também em atividades de relações públicas e em reuniões, *workshops*, debates, participação em cursos de aperfeiçoamento e seminários internos e externos. Leituras importantes – livros, revistas, jornais, recortes – necessitam circular por todo o ambiente escolar, além da ampla difusão de outros meios impressos e eletrônicos com conteúdo estimulante.

O processo de aprendizagem, nesse contexto, deixa de acontecer somente na entrega do serviço educação para o "cliente" ou aluno e transforma-se no combustível do dia-a-dia da instituição. Todos aprendem e ensinam diariamente em todos os níveis da organização, sem barreiras hierárquicas.

As empresas do setor industrial, em busca do aumento da produtividade e da qualidade, descobriram há duas décadas alguns instrumentos para estimular a criatividade, melhorar processos e faturar com boas idéias, como, por exemplo, caixa de sugestões, círculos de controle de qualidade, seções de treinamento, comunicação interna, etc. Diversos sistemas desse tipo falharam por não encontrar um ambiente democrático dentro da organização. O alerta vale para o ambiente escolar. É preciso aprender com essa experiência testada no mercado, verificar o que deu certo e o que não funcionou e fugir dos modismos.

Hoje se fala muito em gestão. Virou a palavra mágica, sinônimo de modernidade. Sozinha, porém, não adiciona valor a uma administração. Não deixe que sua escola ou faculdade caia nessa armadilha semântica. Mantenha a instituição sintonizada com as modernas técnicas de gestão e faça com que isso trabalhe a favor, e não contra a organização. Gestão não envolve apenas apreender conceitos. Se fosse assim, qualquer profissional colecionador de diplomas e MBAs estaria pronto para tocar um negócio com sucesso. Porém, não é o que percebemos no mercado. O conhecimento profissional, acadêmico e de modelos de gestão é imprescindível para um administrador. Contudo, se não dominar habilidades gerenciais, não saberá liderar uma equipe eficazmente. Incluem-se como habilidades gerenciais saber dialogar, ouvir, organizar reuniões, motivar equipe, etc. Essas habilidades é que otimizarão os processos de comunicação.

CASES DE COMO NÃO FAZER

Cultura organizacional

Criamos um guia de escolas recentemente, o que implicou visitarmos diversas instituições que anunciavam possuir "modernas técnicas de gestão e práticas pedagógicas inovadoras". Em um desses encontros, numa escola confessional classificada de primeira linha em São Paulo, conversamos com um diretor recém-contratado. Um "profissional" para tocar o negócio, como dizem. Após um deselegante chá de cadeira até ser atendido, o diretor mostrou, em menos de meia hora, todas as características de um mau gestor, enquanto elogiava as modernas técnicas de gestão da escola e o avançado projeto educativo: chamou a atenção, de forma deseducada, de sua secretária, que demorou para encontrar toda a papelada promocional da escola; desqualificou escolas concorrentes, alegando que a sua instituição era a melhor; falou de sua experiência pessoal com arrogância e falsa modéstia (não veio do setor de educação); destacou o processo de modernização que impunha com mão de ferro na escola, criticando sutilmente a capacidade administrativa dos mantenedores; disse em *off* que era favorável à linha dura no trato com os alunos; reclamou de professores "moderninhos", com "idéias perigosas" e, para completar, não ouvia as minhas perguntas, só respondia ao que era de seu interesse.

Educação é um processo que não acontece apenas dentro da sala de aula. O ambiente favorável à aprendizagem rima com gestão democrática e participativa neste início de novo século. O professor é um agente no processo, um facilitador, que troca experiências com seus alunos. A melhor direção transmite liderança inteligente, estimulando a livre manifestação de idéias e sabendo conviver com erros e limitações equipe, bem como promovendo a criatividade e inovação para superar aquelas dificuldades. Vivemos em um regime democrático há quase duas décadas, mas algumas escolas ainda teimam em reproduzir modelos autoritários na administração ou no ensino. A cultura organizacional, que geralmente reflete o estilo da liderança, influenciará toda a escola, da direção até os serventes. Em ambientes autoritários, a boa comunicação não funciona.

Gestão e informatização

Elaboramos recentemente uma matéria sobre gestão escolar. A primeira dificuldade foi explicar para dirigentes de escolas e universidades particulares que o objetivo da pauta era identificar modelos administrativos inovadores. A maioria dos dirigentes confundiu gestão com informatização. A informática realmente melhora a gestão escolar pela confiabilidade dos dados e rapidez no acesso às informações. Entretanto, é somente uma ferramenta. Se não mudar a filosofia da instituição, o conceito de gestão, o que sobrará como resultante das reformas, nessa visão reducionista, serão apenas os computadores. A confusão foi tão grande que produzimos outra matéria sobre "ferramentas tecnológicas para o gestor".

Era da modernidade

Realizamos, há alguns anos, um trabalho de consultoria para uma faculdade de administração recém-inaugurada, que começou querendo ser *top* de linha: contratou professores altamente qualificados, construiu um prédio moderno e funcional e salas de aulas com toda a parafernália tecnológica, incluindo pontos para *laptops*. Cadernos não seriam tolerados. O aluno já teria contato com a era digital desde as primeiras aulas. Elaboramos um plano de comunicação que contemplava essa modernidade. Fotos de salas de aulas futuristas no material promocional chamaram a atenção e não foi difícil preencher todas as vagas.

Anos depois retorno para essa faculdade, em uma visita de rotina, e no estacionamento subterrâneo entro em contato direto com a modernidade: no fundo da garagem, estavam empilhadas as mesas das salas de aulas que suportavam os *laptops*. Na prática, a realidade foi diferente do planejado pela direção. Nem todos os alunos podiam pagar as altas mensalidades e ainda comprar um *laptop* (apesar de a instituição oferecer um financiamento específico). A faculdade teve de relaxar na inovação e voltar às salas de aulas tradicionais com quadro branco e carteiras. Além de papel e lápis. O nível de ensino é satisfatório nessa faculdade, mas o planejamento estratégico foi mal dimensionado e a comunicação acabou sendo transformada em peça oportunista. Conquistaram-se alunos, mas perdeu-se prestígio.

A voz do chefe

A liderança faz a grande diferença no *upgrade* de uma organização. Quando o diretor, o mantenedor ou o líder compram a idéia e estão inseridos diretamente no processo de mudanças, as coisas acontecem, inclusive no projeto de comunicação. Contudo, esse fato positivo pode transformar-se em um fator desagregador do processo em duas situações: quando o líder abandona o posto de direção e com ele vai embora o programa de comunicação que defendia; quando o dirigente tem fortes idéias preconcebidas do que seja gestão e comunicação e "manda" o profissional ou consultor contratado executar as ferramentas da maneira que julga funcionar.

Podemos ilustrar esse caso com dois exemplos. Elaboramos um trabalho de comunicação interna para uma das mais tradicionais escolas de Administração de Empresas do Brasil. O desafio era divulgar as atividades do corpo docente – dentro e fora da instituição – e unir departamentos que só interagiam para cumprir determinações burocráticas. Foi desenvolvido um boletim informativo interno cujo objetivo era ser um instrumento de valorização do trabalho dos professores para toda a comunidade acadêmica. O trabalho foi descontinuado com o fim do mandato do diretor – e só retomado uma década depois. O desafio da comunicação é que ela seja "comprada" por toda a administração e faça parte do modelo de gestão da instituição, não apenas do modelo de gestão que está na mente do diretor.

O outro caso é de um grande grupo econômico que entrou recentemente no setor educacional tendo inaugurado uma escola de ensino fundamental de alto padrão. Na reunião com o *board* da mantenedora, foi apresentado o desafio de conseguir mais alunos. A ociosidade beirava os 40%. Um dos diretores já tinha a solução para o problema: assessoria de imprensa. Uma empresa prestadora de serviços havia sido contratada há seis meses sem resultado aparente. Queriam saber se nós faríamos um trabalho diferente em assessoria de imprensa.

Perguntamos se a escola tinha comunicação interna. Mostraram um "jornalzinho". Comunicação interna é mais que um jornal. Quem fazia o jornal? A empresa X. Quem fazia assessoria de imprensa? A empresa Y. Elas se conheciam? Trabalhavam integradas? Não. Investiam em propaganda? Sim, foi a resposta, fizeram uma inserção publicitária em um guia. Perguntamos o motivo da escolha dessa mídia e os resultados alcançados. Ninguém sabia. Anunciaram ali porque diversas escolas também compraram espaço e embarcaram na onda. Alegamos que somente a assessoria de imprensa não resolveria o problema. Outras ferramentas deveriam ser incorporadas para a escola ficar mais conhecida na região e no universo educacional, como publicidade, programas comunitários, investimentos em projetos culturais e sociais, boletins para a comunidade, e também assessoria de imprensa como parte do processo. Os diretores ficaram frustrados. Até hoje buscam uma assessoria de imprensa que resolva sozinha o problema e trocam de empresa todo ano.

GESTÃO DO CONHECIMENTO

Após o necessário prólogo anterior discutindo modelos de gestão, podemos entrar finalmente nas ferramentas de comunicação, objeto deste capítulo. Resumindo o que destacamos anteriormente, não existe processo de comunicação que funcione adequadamente em uma instituição que não tratou de atualizar o modelo de gestão. Outro ponto importante é inserir o tema comunicação no planejamento estratégico da escola. Se não começar por aí, não comece nada. A missão, os valores, a visão, as metas definidas nortearão a filosofia da mensagem a ser comunicada por qualquer ferramenta.

Fala-se muito hoje em gestão do conhecimento e inteligência corporativa. Novamente verificamos aqui o predomínio da informática como solução mágica. Não se compra o conhecimento como adquirimos *softwares* ou *hardwares* – ambos necessários como suporte das ações. Também não se compra uma nova cultura organizacional adquirindo um "pacote" de treinamento. Estes são processos que demandam tempo e a união de inteligências internas e externas. A contratação de uma consultoria para executar uma intervenção pontual também não é suficiente.

Todos nós – educadores internos e externos, administradores e consultores – possuímos conhecimentos, e o segredo é colocá-los a serviço da melhoria da *performance* da escola em sentido amplo, como qualidade de ensino e saúde financeira, entre outros. A comunicação pode ajudar criando novos fluxos de informações, peneirando dados do ambiente interno e externo e traduzindo tudo isso para uma linguagem que os diversos públicos da escola entendam.

Destacamos algumas ferramentas da comunicação interna:

- Boletim gerencial.
- Jornal interno.
- TV e rádio.
- *Clipping* de notícias.
- Mural.
- Intranet.
- Relações públicas.

Boletim gerencial

Dirigido às lideranças da escola ou faculdade, tratam de conceitos de gestão e práticas pedagógicas. Alimentam debates que acontecem em outras instâncias e auxiliam à reflexão de idéias que os gestores pretendem disseminar na alta administração ou em todo o ambiente da organização. Trazem o resumo de autores diversos, palestrantes, consultores, profissionais de referência em matéria de gestão e educação. Não se trata de "palavra do diretor". Abandone essa prática de autopromoção que não leva a lugar algum. Outros boletins podem ser criados no mesmo sentido para o corpo docente, alunos de áreas específicas ou edições especiais de algum programa que se pretende desenvolver – por exemplo, boletim da campanha de qualidade. Crie um conselho editorial para evitar que alguém manipule o conteúdo e, com isso, esqueça os objetivos maiores a serem atingidos.

Jornal interno

Também chamado de boletim interno, dependendo do tamanho e do número de páginas. O objetivo é atingir toda a comunidade escolar, dos funcionários administrativos aos professores, alunos, pais de alunos, fornecedores e demais parceiros. É um antídoto à rádio-portão. Se sua instituição esconde informações, principalmente temas delicados, tenha certeza de que todo mundo já sabe. A fonte transmissora principal é o portão da escola, no horário de entrada e saída de alunos. O jornal sozinho não resolve. Deve estar integrado a outros instrumentos, como rádio, TV, internet, mural e reuniões, entre outros. Tudo dependerá das características do público e da mensagem a ser transmitida. Opte por um produto de qualidade, com diagramação sóbria e fotos profissionais. Elimine conteúdos banais, como lista de aniversariantes (ponha isso no mural), poesias (crie um concurso), "palavra do diretor" e outros temas que ninguém lê.

TV e rádio

Ideal para rede de escolas ou unidades com mais de 500 alunos. Deve obedecer a padrões profissionais de produção. Caso contrário, o efeito será nulo. A pauta pode destacar entrevistas com professores e educadores (externos à instituição), entrevistas com alunos, pais de alunos, ex-alunos e atualidades.

Clipping de notícias

O serviço de *clipping* consiste em recortes de jornais, revistas ou sinopses de sistemas jornalísticos televisivos e radiofônicos. Por exemplo, opta-se pelo tema "educação" e seleciona-se todas as matérias publicadas a respeito na imprensa. O *clipping* é utilizado para tomada de decisões, conhecimento de tendências, movimentos da concorrência e atualização. Existem empresas especializadas no ramo e consultores que fazem análise das notícias selecionadas. O material deve circular por toda a escola.

Mural

Jornal mural é diferente de quadro de avisos. No mural, são coladas algumas notícias de interesse geral (recortadas de jornal ou transcritas de outros meios). Veículo de comunicação informal em que são colocados classificados de compra e venda, relação de aniversariantes do setor, até avisos importantes da administração, das coordenadorias, diretoria e supervisão escolar. Deve ter um *layout* estudado.

Intranet

Portais corporativos são novidades em termos de ferramentas de comunicação. Além do uso óbvio na automação do controle de freqüência, envio e recebimento de exercícios e informações da secretaria, a intranet pode ser um estímulo adicional na transmissão de informação e fixação de conceitos, com versões eletrônicas dos boletins e outros veículos jornalísticos. Por exemplo, um noticiário *e-news*, que chegue diariamente a alunos e outros públicos.

Relações públicas

São raras as instituições de ensino que possuem um relações públicas profissional em seu quadro ou terceirizado. O RP não é um organizador de festas ou mestrede-cerimônias. Aliás, pode executar essas duas tarefas e ainda promover eventos com datas comemorativas (dia das mães, dos pais, dos professores, etc.), organizar visita de pais de alunos às unidades (*open-house*), planejar campanhas motivacionais internas, etc.

IMAGEM INSTITUCIONAL

Diversas escolas e universidades particulares orgulham-se por possuir uma excelente reputação no mercado. Elas devem continuar assim e comunicar isso às novas gerações. O mercado educacional está mudando drasticamente. Novos *players* entraram no jogo e transformaram a configuração nos diversos segmentos. A competição acirrou-se particularmente na área universitária. Em menor escala, aumentou a oferta no ensino médio e fundamental. Novas instituições estão chegando no mercado para disputar espaço com escolas tradicionais e já começam com equipe de alto nível e excelente infra-estrutura.

Hoje, o fator segurança pesa nas grandes metrópoles, e a proximidade da escola da residência do aluno já é um fator determinante na escolha. A tradição, sozinha, já não faz tanto sentido como acontecia há duas décadas.

Portanto, agora não basta ser bom no que se faz. Deve-se comunicar isso ao grande público. Poucas escolas destacam-se nessa atividade. As instituições de ensino superior são mais ousadas, mas, de maneira geral, as mensagens pecam pela falta de foco. A construção da imagem e da reputação da escola, faculdade ou universidade não acontece da noite para o dia e exige profissionalismo.

Ferramentas de comunicação externa:

- Publicações impressas (revista, boletim e jornal).
- Assessoria de imprensa.
- *Folders*.
- Vídeo institucional.
- Portal corporativo.
- Publicidade e Propaganda.
- Relações públicas.

Publicações impressas

São obrigatórias para quem deseja mostrar qualidade de ensino e infra-estrutura. Constituem-se em peças jornalísticas e devem pautar-se pela boa apresentação e conteúdo editorial relevante. Depoimentos de alunos, ex-alunos e professores devem ser constantes. As faculdades devem aproveitar a revista do vestibular para rechear de conteúdo jornalístico a respeito dos cursos. Evite personalismos, com foto do diretor em todas as páginas ou divisão da revista por número de departamento da instituição – loteando espaços por critérios políticos internos.

Só devem ser notícia os fatos relevantes. Cuidado para não transformar esses veículos em peças publicitárias. Publicidade é outro departamento, que utiliza outras ferramentas.

Assessoria de imprensa

O relacionamento da mídia é importante para a instituição ser referência e para discutir qualquer assunto educacional. Evite inundar as redações com *press-releases* inúteis, com fatos irrelevantes e rotineiros. Adote uma política de aproximação com a imprensa, tornando-se parceiro da mídia, propondo matérias e fontes. Quando editamos a revista *Ensino Superior*, sugerimos ao Sindicato das Entidades Mantenedoras de Estabelecimentos de Ensino Superior (Semesp) que organizasse um "banco de fontes", com relação de professores e suas especialidades em todas as faculdades particulares. Esse sistema funciona na Universidade de São Paulo (USP) e é muito utilizado por muitos jornalistas quando procuram entrevistar um especialista acadêmico. É fundamental também a escola ou faculdade definir quem será o porta-voz oficial. Gestores e professores devem ser treinados (*media training*) para falar com a imprensa a respeito de assuntos pertinentes às suas áreas. Artigos podem ser encaminhados para jornais discorrendo sobre temas da atualidade e sendo assinados por professores e diretores.

Folders

Material impresso é ferramenta básica de apresentação da escola. Deve ser cuidadosamente preparado por especialistas em comunicação. Evite amadorismo nessa área e cuidado com economias questionáveis. O barato literalmente sai caro em termos de ineficiência da mensagem. Assunto para uma boa agência de propaganda supervisionada por um relações públicas e acompanhamento do assessor de imprensa. Cuidado com birôs gráficos. Eles geralmente só diagramam, mas alegam que fazem tudo, inclusive textos.

Vídeo institucional

Hoje é um importante meio de divulgação e deve ter uma versão digital. Pode acompanhar o *folder* impresso. O conteúdo deve ser elaborado sem ufanismos. Deve-se dar espaço a informação relevante e depoimentos.

Portal corporativo

A *home page* da escola é a porta de entrada do público digital, por isso deve ser cuidadosamente planejada: ser objetiva, informativa e conter muito conteúdo jornalístico – inexistente na maioria dos portais educacionais. O aluno, ou futuro aluno, quer ser informado e não enganado por uma construção confusa, com *links* que não levam a lugar algum. O Capítulo 11 aborda, com muita propriedade, a utilização do portal corporativo nas instituições de ensino.

Publicidade e propaganda

Neste caso, os orçamentos são polpudos e os resultados, muitas vezes, questionáveis. A guerra de propaganda na mídia gera a impressão de que não devemos ficar fora da mídia paga e imitamos os concorrentes com anúncios em jornais, *outdoors*, revistas e guias sem critérios. Escolha as mídias mais adequadas e com melhor custo/benefício. Peças de *merchandising* em "pontos de venda" ou em *shopping centers* também funcionam. O planejamento publicitário deve ser cuidadosamente analisado. Mídias segmentadas devem ser consideradas. Valem muito os investimentos em patrocínios culturais (parceria com relações públicas). A estratégia necessita estar associada ao projeto de comunicação integrado. A ação integrada impede que aconteçam duplicidades de esforços entre publicidade e assessoria de imprensa, por exemplo.

Relações públicas

Elo de ligação entre a escola e a comunidade externa, e a administração e o público interno, ajudam a consolidar a imagem da instituição de ensino. São responsáveis por campanhas culturais, relacionamento com a comunidade e governos, análise de pesquisas de opinião e organização de eventos em geral, como, palestras em cursinhos ou escolas de ensino médio (no caso de faculdades).

CONSIDERAÇÕES FINAIS

As ferramentas de comunicação interna e externa não se limitam às mencionadas, mas oferecem um panorama básico de possibilidades para as instituições de ensino. São viáveis para uma escola pequena? Selecionando-se as ferramentas mais adequadas, com o conceito de comunicação integrada, é possível realizar um trabalho eficaz para uma escola de educação infantil ou uma universidade. O tamanho da instituição e o número de alunos define o orçamento. É possível elaborar um projeto adequado a cada realidade.

As deficiências nos serviços de comunicação das instituições de ensino não são de responsabilidade exclusiva dos gestores. Os profissionais de comunicação têm falhado nesse aspecto e induzido os mantenedores a erros. O segmento da educação possui peculiaridades diferentes de outros setores da economia. A diferença entre produto ou serviço é um dos equívocos mais comuns.

As ferramentas de comunicação proporcionam resultados diferentes em setores diferentes. É impossível criar um manual para ser utilizado em qualquer situação. O planejamento de comunicação é sempre uma peça única, feita sob medida e conectada ao planejamento estratégico da instituição, ao planejamento de *marketing* e ao planejamento de recursos humanos.

Pesquisas de clima organizacional e pesquisas de mercados são necessárias. Nunca parta do pressuposto de que você conhece bem seus alunos e o mercado. Avalie os resultados antes e depois de um projeto de comunicação.

Existem poucos estudos a respeito de comunicação no setor de educação. *Cases* de instituições também são muito particularizados. Outra advertência pertinente é que não existe uma superagência de comunicação integrada. Apesar desse nome já ser utilizado no mercado, dificilmente uma única empresa prestadora de serviços será excelente no uso de todas as ferramentas. Portanto, não é possível comprar soluções prontas. Informe-se, busque referências e use a intuição.

REFERÊNCIAS

ANDRADE, R.C. (org.). *A gestão da escola*. Porto Alegre/Belo Horizonte: Artmed/Rede Pitágoras, 2004.

CLANCY, K.J.; SHULMAN, R.S. *A Revolução no marketing: o domínio do mercado através do uso da inteligência em marketing*. Rio de Janeiro: LTC, 1993.

COBRA, M.; ZWARG, F.A. *Marketing de serviços: conceitos e estratégias*. São Paulo, McGraw-Hill, 1987.

CORRADO, F.M. *A força da comunicação: como utilizar e conduzir as comunicações internas e externas para criar valores e alcançar os objetivos nas empresas*. São Paulo: Makron Books, 1994.

LESLY, P. *Os fundamentos de relações públicas e da comunicação*. São Paulo: Pioneira, 1995.

NOGUEIRA, N. *Opinião pública e democracia: desafios à empresa*, São Paulo: Nobel, 1987.

PESTANA, A. *Gestão e educação: uma empresa chamada escola*. Rio de Janeiro: Catedral das Letras, 2003.

KOTLER, P. *Administração de marketing*. São Paulo: Atlas, 1996.

KUNSCH, M.M. (org.). *Obtendo resultados com relações públicas: como utilizar adequadamente as relações públicas em benefício das organizações e da sociedade em geral*. São Paulo: Pioneira, 1997.

TERRA, J.C.C.; GORDON, C. *Portais corporativos: a revolução na gestão do conhecimento*. São Paulo: Negócio Editora, 2002.

WRAGG, D. *Relações Públicas em Marketing e Vendas: uma abordagem gerencial*. São Paulo: McGraw-Hill, 1989.

▪ 8 ▪
Buzz Marketing: Como Fazer Clientes e Colaboradores Falarem da sua Instituição

Álvaro Luiz Cruz

INTRODUÇÃO

O *buzz marketing* (*marketing* boca a boca) aplicado às instituições de ensino estuda os mecanismos dos rumores e comentários além do modo como podem ser utilizados para implantação de estratégias que auxiliem seus colaboradores a falarem mais e melhor de sua organização.

O objetivo deste capítulo é salientar os benefícios do uso consciente das redes de relacionamento e comunicação nas instituições de ensino aplicados à realidade cotidiana delas, com especial ênfase à gestão de rumores no mundo presencial.

O *BUZZ*: O QUE É O BOCA A BOCA E POR QUE É TÃO IMPORTANTE PARA AS INSTITUIÇÕES DE ENSINO

As pessoas fazem a diferença

Todas as estratégias de *marketing* só se realizam e ganham efetividade quando as pessoas que nos ajudam a construir a instituição, como colaboradores e clientes, participam ativamente dos processos e movimentos programados.

Em especial, as instituições de ensino prestam um serviço único de valor agregado, gerado pela comunicação e criação de espaços de troca entre pessoas para construção do conhecimento. Esse ambiente estende-se para além dos muros das instituições e da comunidade educativa. Na visão moderna, avança para todos os setores e pessoas que se relacionaram ou que se relacionam com a instituição.

Os meios de comunicação em massa e os mecanismos de publicidade tradicional perdem eficiência diante da overdose de informações que vivemos. Por isso, acreditamos cada vez menos nos apelos publicitários e queremos a validação de produtos e serviços diante da opinião de pessoas que consideramos ou confiamos.

Nesse contexto, os comentários e rumores constituem um importante agente na construção do sucesso ou fracasso das instituições de ensino, pois as "referências" sobre a sua qualidade, saúde ou características são fontes primordiais motivadoras da contratação de serviços educacionais e fidelização de clientes.

A novidade encontra-se no fato de que, ao contrário do que o senso comum indica, os rumores e comentários podem ser acompanhados, potencializados e planejados em sua essência para colaborar com os projetos das organizações.

Origem do *buzz*

O termo *buzz* é uma onomatopéia inglesa relacionada ao som emitido pelas abelhas. É traduzido como substantivo em zumbido, zum-zum, zunido, sussurro, murmúrio, cochicho e rumor. É interessante que, em inglês, signifique também chamada, telefonema, ligação, toque. Assim, *buzz marketing* é a abordagem de *marketing* fundamentada nos rumores e comentários nas ligações, assim como redes sociais por onde essa comunicação trafega.

O ser humano tem a necessidade de se comunicar e falar. Sempre acreditamos que tal fenômeno ocorria espontaneamente e de maneira natural. Nunca se questionou a validade de uma recomendação ou de uma referência de pessoa idônea sobre produto ou serviço, mas intuía-se que o valor desse comentário estivesse diretamente relacionado com a isenção do emissor. Dessa forma, toda e qualquer atitude de instituições na direção de influenciar esse processo contaminaria a "pureza" dos comentários e os impediriam de alcançar sucesso.

Entretanto, Paul Lazarsfeld, do *Bureau of Applied Social Research*, ao estudar os efeitos da comunicação em massa nas eleições presidenciais dos Estados Unidos de 1940, certo de que comprovaria como a mídia de massa fora determinante para influenciar pessoas na decisão de votar, descobriu que o grande fator catalizador de mudanças fora, na verdade, a influência de "outras" pessoas. Lança, então, o conceito de "formadores de opinião" em seu livro *The people's choice*, precursor dos estudos dos conceitos de *buzz* (Rosen, 2001, p. 66-67). Seguiram-se pesquisas em diversas áreas e, em 1955, mapearam-se os vínculos entre médicos de quatro cidades em pesquisa encomendada pela Pfizer, que revelou que alguns médicos destacavam-se como "centros de atenção em rede" com papel influente no processo de divulgação de novas drogas.

De lá pra cá, os estudos somente avançaram, e os dois ingredientes fundamentais do *buzz* foram explorados e integrados em estratégias simples, que buscam mapear as redes invisíveis de rumores em determinadas comunidades, localizando os centros de atenção em rede e a determinação dos assuntos catalisadores de rumores para aquele grupo.

A importância dos rumores para as instituições educacionais

São os rumores que fazem a escola crescer. A educação dos filhos e a sua própria formação são pauta da agenda pública de conversas nas famílias e comunidades de que participamos. O assunto escola é sempre interessante para as redes sociais. Nós nos identificamos com as instituições que nos proveram formação e freqüentemente, em festas e reuniões sociais, usamos a escola em que estudamos ou em que estudam nossos filhos para iniciarmos longas conversas e discussões acaloradas.

É de conhecimento comum nas instituições educacionais que o *marketing* tradicional atrai, recorda e informa sobre a organização, seus cursos e sua atividade; porém, o processo de compra de seus alunos é decorrente sobretudo das referências e opiniões de outros alunos, funcionários e professores das instituições. Por isso, desvelar o caminho das redes de relacionamento que "validam" a instituição de ensino é fundamental para qualquer estratégia de manutenção e ampliação da base de clientes.

Talvez o caso mais aterrorizador e recente na memória de todos que trabalham com instituições educacionais sobre rumores no mundo real tenha sido o caso da Escola Base de São Paulo em março de 1994. Apesar de ser uma pequena escola, uma série de rumores surgiu entre um grupo de mães que começaram a estranhar o comportamento de seus filhos e os interrogaram quanto ao que podia estar ocorrendo na escola sobre o envolvimento de seus donos com abuso sexual de seus alunos. Juntaram-se dois ingredientes fundamentais que acenderam o estopim e implodiram o projeto da instituição e da vida de seus donos. De um lado um assunto "quente", de interesse e importância fundamental para a comunidade educativa local, de outro uma rede de rumores invisível desconhecida dos dirigentes e pronta a trabalhar para a proteção de seus interesses e da segurança de seus alunos.

Apesar do golpe fatal ter sido desfechado pelo atropelo da imprensa e a repercussão nacional do caso, foram os rumores navegando livremente nas redes internas, sem acompanhamento dos educadores e dirigentes da escola, que deram início a todo o lamentável episódio.

No entanto, como os rumores também podem ser prejudiciais, é fundamental para implantação de todas as estratégias de *marketing* e comunicação que conheçamos melhor os mecanismos de *buzz* e as ferramentas para potencializar rumores e comentários favoráveis sobre a instituição.

OS CAMINHOS DO *BUZZ*: AS REDES DE ATENÇÃO POR ONDE TRAFEGAM OS RUMORES

Economia da atenção e o *buzz*

Vivemos em uma sociedade com overdose de informação, as quais caracterizada por um crescente info-estresse. Recebemos infinitas mensagens diariamente, as quais nos transformam em verdadeiros gestores de significância para descartar o que não nos interessa das informações relevantes que devemos processar.

Vivemos na era da informação e acreditamos que estamos inseridos em uma economia baseada na informação. Entretanto, só se pode falar verdadeiramente quando se fundamenta no valor decorrente da escassez ou da indisponibilidade de bens. Como em nossos tempos temos abundância infinita de informações, o único bem escasso existente é a atenção (Davemport, 2001). É a atenção que se encontra em crescente escassez. É ela que tem valor.

Milhões de dólares são gastos com estratégias de *marketing* e propaganda por um minuto de atenção de um provável consumidor. Constituíram-se estudos em torno do assunto, pois as pessoas têm capacidade limitada de responder às informações que desejamos que elas escutem – e isso tem valor.

Para completar o quadro atual, a dimensão global das relações contrapõe-se e leva-nos a um fortalecimento das "tribos locais" onde nos encontramos humanizados e capazes de nos reconhecer e identificar como pessoas (Right, 2000). Tais movimentos sempre nos levam a prestar mais atenção àquelas pessoas com quem nos identificamos e a confiar naquelas com quem nos relacionamos, ouvindo-as com especial deferência no meio dos "ruídos" globais.

Portanto, o bem que desponta como de maior valor na economia da atenção é a própria atenção. E o bem mais valioso nessa economia é a atenção obtida quando pela transmissão ou pelo comentário de informações feitas por pessoas do círculo pessoal do receptor ou por personalidades públicas que consideramos idôneas.

O *buzz marketing* procura identificar quais são as pessoas nas "tribos" locais consideradas centro de atenção de redes e as potencializa para que auxiliem na divulgação e na difusão de idéias e serviços.

Centros de atenção de redes

Os rumores circulam em redes de relacionamento invisíveis a olho nu e são compostas por todos aqueles que fazem parte de seus contatos ou de contatos correlatos que gozam de credibilidade sobre determinado assunto.

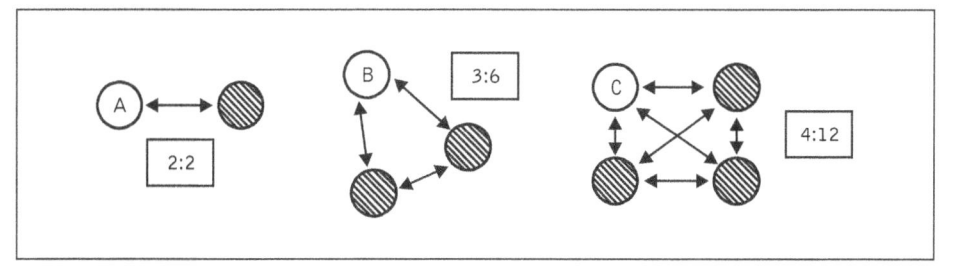

▲ **Figura 8.1** Possibilidades de relacionamento de três indivíduos diferentes.

Cada indivíduo pode ser analisado como um centro de atenção de rede. Assim, a rede do indivíduo A é composta de 2 indivíduos com 2 conexões, uma originada e outra direcionada a ele. A rede de B é composta de 3 indivíduos com 6 conexões possíveis e a rede de C tem 4 indivíduos e 12 conexões possíveis. Nessa situação, o indivíduo C é um centro de atenção mais valioso que A ou B pois o que determina sua importância é o número de conexões válidas partindo ou chegando ao centro de atenção.

Suponha que, na prática, A e B integrem a rede de relacionamento do indivíduo C como representado na Figura 8.2.

O indivíduo C continuaria a ser o mais importante centro de atenção de rede, pois suas conexões permitem que influencie mais indivíduos e redes que qualquer outro centro do exemplo.

Características dos centros de atenção: visibilidade e especialização

A *visibilidade* permite-nos valorar um centro de atenção pelo número de conexões que mantém. Nas estratégias de *buzz*, procuramos, pelo mapeamento das redes de atenção, localizar e influenciar primeiro os centros de atenção mais importantes através do número de conexões diretas e indiretas que possui.

Suponhamos que C seja um médico na família. A rede mapeada na Figura 8.2 pode ser referência válida em assuntos ligados à saúde, integrando a rede para rumores de saúde. Em uma estratégia de *buzz* que deseje influenciar essa rede em questões de saúde, iniciaria sua estratégia de relacionamentos com C para depois abordar os demais centros de atenção. Contudo, se mudarmos o assunto da rede de saúde para, por exemplo, futebol, o desenho apresentado pode tornar-se inválido, pois os centros de atenção são validados diante do tema a que se referem. Disso se depreende a segunda característica de valor para um centro de atenção, que está relacionada ao grau de validação como especialista naquele assunto que os integrantes da rede mutuamente se outorgam. Ou seja,

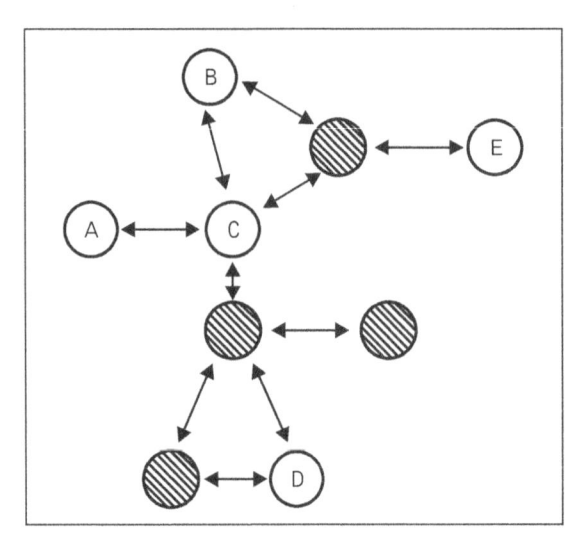

▲ **Figura 8.2** O indivíduo C como centro de atenção da rede.

mais que conhecer tecnicamente um determinado assunto, o centro de atenção tem valor pela especialização quando os indivíduos de sua rede o consideram como referência naquele saber.

Para as estratégias de *buzz*, pouco valem os especialistas não reconhecidos como tal em suas redes, seja porque suas conexões desconhecem seu saber, seja porque não têm validado sua credibilidade sobre aquele tema com suas conexões.

Por exemplo, caso C não seja considerado como conhecedor de futebol, suas conexões sociais são de pouca validade para projetos de *buzz* relacionados a esse assunto. Assim, cada centro de atenção é validado por duas variáveis: visibilidade e especialização.

Megacentros (abelhas rainha) são os centros de atenção com maior número de conexões e visibilidade com especialização técnica sobre o assunto reconhecida pela sociedade, tal como Ronaldinho ou Pelé em assuntos relacionados a futebol.

Centros de atenção técnica (abelhas de *buzz*) são aqueles formados por pessoas com pouca visibilidade ou visibilidade restrita e reconhecido saber sobre aquela especialidade. Por um exemplo, um professor de educação física tem sua visibilidade restrita ao círculo de alunos e conhecidos, porém suas indicações sobre futebol são acolhidas por essas pessoas porque elas reconhecem seu saber sobre o assunto.

Centros de atenção social (abelhas de *buzz*) são aqueles que têm alta visibilidade com credibilidade, mas pouco conhecimento técnico. Por exemplo, talvez Jô Soares não seja um virtuoso jogador de futebol; no entanto, pela sua credibi-

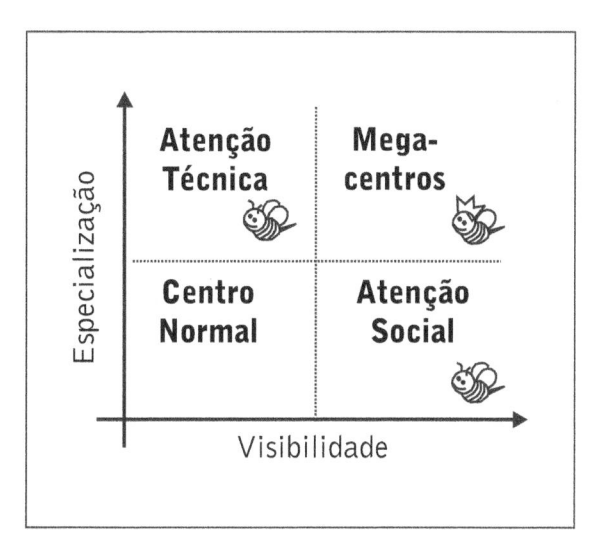

▲ **Figura 8.3** Centros de visibilidade e especialização.

lidade e visibilidade, passa a ser um importante difusor de idéias que podem versar sobre esse tema.

Centros normais são todas as demais pessoas que fazem parte da rede e não têm grande especialização e visibilidade.

Localizando centros de atenção nas instituições de ensino

Apesar de invisíveis, as redes de atenção já estão constituídas na instituição e podem ser localizadas usando-se ferramentas de pesquisa de mercado, de relacionamento ou de *webmarketing*. Cabe-nos acrescentar novas idéias – simples e práticas – para localizar esses centros de atenção por meio da observação e dos levantamentos diretos e indiretos.

Sabemos que, apesar de invisíveis, as redes são formadas por pessoas parecidas com elas, que tendem a se reunir para conversar sobre assuntos comuns. Assim, se desejamos promover algo relacionado ao esporte em nossa instituição, devemos observar as redes que incluem os professores de educação física e os esportistas. Caso o assunto seja ciência, devemos visitar os laboratórios e conversar com alunos e especialistas, e assim por diante.

Uma abordagem simples é a pesquisa qualitativa no contato com essas comunidades que, perguntadas sobre as pessoas-referência ou locais onde podem ser encontrados os entendidos no assunto, fornecem pistas extremamente valiosas para o mapeamento inicial das redes.

A regra de ouro dos quatro P

Em *marketing*, todos conhecem os quatro P genéricos: Preço, Promoção, Praça e Produto. Nas instituições educacionais, temos outros quatro P que nos permitem estar em contato com as redes de atenção genéricas e com os desejos e necessidades dos clientes mais próximos. São eles: Pais, Professores, Portão e Pátio.

Pais – estar em contato com os pais ou, em uma visão mais abrangente, com a comunidade educativa estendida (família e relacionamentos) ligada aos alunos, é fundamental para entender o ambiente social que cerca a instituição. Atender e acolher esses atores nos traz informações valiosas. Convidar e aproximar aqueles que mais reclamam para compor grupos de melhoria, liderar projetos ou similares os transformam em vozes ativas para os aprimoramentos das instituições e de seus processos.

Professores – freqüentar a sala dos professores com regularidade é um dever dos gestores das instituições de ensino. Devemos ir além das reuniões pedagógicas ou de procedimentos administrativos. Os professores são o contato mais direto e duradouro que temos com os alunos, são eles que constroem diariamente nossos serviços. Eles conhecem as redes dos alunos, eles sabem antecipadamente de fatos que só se concretizarão em meses. Em várias consultorias que prestei em escolas de ensino fundamental e médio, pedia aos professores que, ao final de setembro, enviassem à direção o nome dos alunos que deixariam a escola ao final do ano e os que deveriam permanecer. Várias vezes, o diretor e a coordenação foram surpreendidos com exatidão cirúrgica quanto às movimentações de final de ano e, em diversos casos, o próprio tomar consciência desses movimentos futuros estimulou os professores ao envio de sugestões a uma tomada de posicionamento proativo na busca de soluções que revertiam alguns casos particulares e o quadro geral de fidelização das salas.

Portão – quem não conhece a rádio portão? Em escolas fundamentais, essa rádio tem uma programação riquíssima, com pais e mães locutores e repórteres ávidos por saber da queda que a diretora sofreu pela manhã no pátio, em debater o crescimento ou a decadência da instituição e o absurdo da troca dos computadores ou da página indecente da internet que acessaram na última semana. Todo diretor sonha em fechar essa rádio. Contrariamente, sugiro que o dirigente participe da programação e da pauta dessa rádio. É incrível como o hábito de freqüentar a entrada dos alunos permite que se estabeleçam vínculos com os radialistas conhecendo-se de antemão problemas e demandas latentes da comunidade educacional. Esse hábito permite também que se envolva antecipadamente locutores e repórteres em notícias de ações futuras, que serão implementadas para que toda a comunidade saiba das manchetes extraordinárias da escola.

Aos dirigentes e coordenadores é aconselhável um contato próximo com os donos de barzinhos e estabelecimentos similares da região, convidando-os com regularidade a participar em atividades na universidade e visitando-os em horários alternativos à demanda. Eles são parceiros de primeira.

Pátio – nos intervalos é que diretores e coordenadores podem encontrar informalmente os alunos.

Uma escala montada garante a presença de gestores e coordenadores nesses locais, em vez de estarem enclausurados em suas salas.

Os alunos são a razão de ser de qualquer instituição de ensino e é incrível como a presença de diretores e coordenadores altera significativamente a visão dos alunos sobre o envolvimento da entidade com a comunidade estudantil e como os gestores e educadores descobrem, quando se envolvem no universo cotidiano dos alunos, seus hábitos, sua linguagem e sua visão.

São inúmeros os relatos de gestores e educadores que, vencidas as desculpas iniciais de falta de tempo, após assumir como prática cotidiana a regra de ouro dos quatro P, melhoraram sua escuta e seu relacionamento com a comunidade educativa, ganhando uma nova dimensão para seu trabalho.

Mais adiante, veremos exemplos práticos aplicados à instituição de ensino sobre como podemos realizar atividades que mapeiem redes de atenção por onde trafegam os rumores "localizando as abelhas" e, simultaneamente, gerando *buzz*.

O CONTEÚDO DO *BUZZ:* SOBRE O QUE AS PESSOAS FALAM

Agora que entendemos por onde trafega o *buzz* e quais são os principais propagadores de rumores, precisamos entender qual é o conteúdo que consegue provocar comentários dentro dessas redes e como ele chega ao nosso público-alvo nas campanhas boca a boca.

A mensagem é a alma do *buzz*. De nada adianta conhecermos as redes se a mensagem que queremos que trafegue por elas não tem consistência para provocar rumores. Não falamos de qualquer coisa. Não falamos do óbvio e daquilo que já faz parte do senso comum. Não falamos do que é esperado. Sempre testamos a receptividade do objeto de nossa comunicação: assim, expomos um assunto algumas vezes e, somente se despertar interesse da audiência, é que o retomamos em novas conversas.

Mirian Salzman (2003) elenca conteúdos que são uma ótima referência sobre aquilo que provoca rumores que contextualizamos para o universo educacional:

- Falamos de idéias que afetam nossa vida pessoal: família, amigos, amor, relacionamentos. Falamos daquilo que nos é mais caro e valioso. Tudo o que envolve pessoas de nosso relacionamento próximo ou comum é assunto para *buzz*. Por isso, os prêmios e as conquistas educacionais pessoais, de familiares ou das instituições que trabalham são motivo de conversas e rumores positivos.

- Falamos sobre informações que possam afetar nossas carreiras. No mundo de mudanças velozes, os assuntos ligados à carreira dominam recomendações e conversas. Queremos estar atualizados sobre tudo o que pode nos auxiliar a melhorar nossa vida profissional e dos nossos filhos. Por isso há tanto interesse de uma instituição de ensino fazerem com que sua comunidade educativa saiba de figuras públicas, antigos alunos da instituição, que estejam colhendo sucesso profissional.
- Falamos quando temos acesso a informações e produtos exclusivos. Fazer parte de um clube seleto, participar de um grupo de pais que opinam sobre decisões da escola, ter acesso a cursos complementares destinados a poucos alunos é motivo de orgulho e provoca rumores.
- Falamos sobre aquilo que fomos os primeiros a experimentar. As novidades são assunto interessante para *buzz* e, quando chegam primeiro aos centros de atenção de redes, ganham um vigoroso impulso para serem comunicadas à comunidade. Um diretor de uma escola em São Paulo revelou-me que, após a adoção da regra de ouro dos quatro P, toda vez que precisava soltar uma novidade com impacto, reunia alguns pais e mães da rádio portão e pedia sua opinião sobre uma novidade que seria implantada sempre terminando com a recomendação "... mas não conte pra ninguém, certo?". O efeito era imediato: todo o colégio sabia da novidade em poucos dias.
- Falamos sobre o que é chocante e inesperado. Ninguém fala do previsível. Tudo o que é diferente e inesperado provoca comentários. As lendas urbanas são prova disso. Quem nunca ouviu dizer sobre a lenda do dedo que foi encontrado na lata de refrigerante, ou da agulha de injeção contaminada com o vírus HIV em poltronas de cinema com bilhete anexo, das lâminas de barbear em tobogã.[1]
- Falamos sobre temas que nos apaixonam. As paixões movimentam as conversas. Saber que assuntos estão no coração das redes de relacionamento que queremos atingir é de grande valor ao pensar em *buzz*.

Mas... queremos que falem de nós, da nossa instituição!

Saber que assuntos motivam as pessoas a falar é importante, mas como verificar e adequar um assunto para que nossos conteúdos possam trafegar em nossas redes como *buzz*? Como verificar se nossos assuntos têm possibilidades de sucesso como rumor?

---

[1] Ver http://www.quatrocantos.com/lendas/lendas_urbanas.htm).

Posso – e devo – utilizar estratégias de *buzz* para potencializar as "abelhas" da instituição para que falem mais e melhor de eventos e características que desejo ressaltar. O que importa é que, para que as "abelhas" possam estar motivadas a espalhar os rumores que desejamos, temos de providenciar um formato e conteúdos adequados.

São sete os fatores que devemos considerar para que o conteúdo de uma estratégia de *buzz* seja considerado adequado para uma campanha:

- Ser inédito – quanto mais novo é um conteúdo, mais atrativo ele é para estratégias de *buzz*. Isso nada tem a ver com extravagâncias artificiais e criações de fatos vazios e novos, mas sim com o aproveitamento de novidades como matéria-prima de *buzz*. O ineditismo pode ser tanto do assunto quanto da forma. Assim, mesmo eventos regulares e tradicionais podem trazer inovações na forma ou, no conteúdo, de modo a chamarem a atenção e causarem a surpresa necessária para virarem assunto de *buzz*.
- Reforçar a mensagem estratégica – toda a ação de *buzz* deve estar integrada à estratégia da instituição. Uma universidade que adote o caráter de ligação com as empresas e formação atualizada voltada ao mercado de trabalho deve explorar situações de boca a boca que favoreçam comentários a esse respeito. É por isso que várias instituições fortalecem suas associações de antigos alunos e estimulam-nas a realizar encontros e seminários com palestras realizadas por profissionais formados na instituição, que são o depoimento vivo de sua estratégia.
- Ser simples – a mensagem, para poder ser transmitida boca a boca, deve ser simples. Nos 30 primeiros segundos de conversa, o receptor tem de ser capaz de repeti-la a terceiros com boa precisão, multiplicando a força da comunicação. Todos se recordam do jogo do telefone sem fio, brincadeira em que se contava em voz baixa uma sentença, pessoa após pessoa, que seria repetida até o final de uma fila quando seria revelada em voz alta apresentando as distorções da comunicação da frase inicial para a final. No *buzz* acontece o mesmo, e quanto mais impactante e simples for a idéia central, mais facilmente será transmitida com exatidão.
- Ter reforço virótico – uma mensagem para o *buzz* deve motivar seu reforço naturalmente. As recomendações sobre *webmarketing* sempre nos lembram da necessidade de as páginas de internet do colégio apresentarem o botão "enviar este link para um conhecido". O aluno ou colaborador do colégio, quando encontra algo significativo no *site*, envia, em seu próprio nome, a informação para conhecido externo da instituição, fazendo seu papel de abelha de *buzz* em sua comunidade.
- Ser divertido – as estratégias de *buzz*, em especial no ambiente educacional, devem ser divertidas. É mais fácil guardar e motivar outros a falar sobre situações e fatos divertidos que provoquem bem-estar a quem conta

o caso e ouve. Devemos ser capazes de encontrar o bom humor na maioria das situações. Conta um professor de música que, no meio de um concurso de fanfarras, a baliza quebrou seu bastão próximo à comissão julgadora. Sem alternativas para substituir o bastão quebrado, a baliza continuou à frente da banda, agitando um "bastão imaginário", fazendo evoluções e acrobacias, dando vida, criando e concretizando a peça musical que estava sendo executada. Apesar de terem perdido o campeonato, a fanfarra foi a mais comentada do desfile e a escola promoveu encontros com a comunidade e os alunos para que a baliza protagonista das acrobacias com o bastão imaginário contasse sua experiência, seu amor à música e o valor da criatividade. A fanfarra da "baliza sem bastão" transformou um acidente e uma baixa classificação em uma vitória de *buzz*.

- Ser visível – todo o assunto que gera *buzz* deve ter visibilidade, deve gerar curiosidade e interesse pelo próprio fato. Uma ONG de universitários internacional, inspirada em uma conferência proferida pela Madre Tereza de Calcutá em 1982, denominada Gente Nova (www.gentenova.org.br), promove diversas ações com muita visibilidade para produzir rumores. Um especial destaque pode ser dado ao *buzz* que causa a ação "Quilômetro do agasalho", que consiste em enfileirar em praças e locais públicos os agasalhos arrecadados nas campanhas de doação para o inverno alinhados para medir o "comprimento" da solidariedade. A imprensa interessa-se por uma abordagem inovadora como esta e, não é preciso dizer, que os freqüentadores das praças e parques envolvem-se e motivam-se a colaborar quando visualizam o evento. Algumas instituições educacionais percebem o valor de apoiar uma ONG com trabalho de jovens universitários, integrando-os a ações mundiais centradas na cidadania e na preservação de valores humanos.
- Ser econômico – toda ação de *buzz* é econômica, ou seja, os valores investidos para que os rumores ocorram devem ser infinitamente menores que o retorno de visibilidade e atração que provocam. Só leve adiante estratégias de *buzz* explosivas, que tenham potencial de gerar muitos rumores. Teste-as previamente expondo sua idéia em conversas com algumas das "abelhas" que serão portadoras do *buzz*. Examine as alternativas tradicionais de *marketing* e verifique a relação custo-benefício para atingir os objetivos desejados. Use esse princípio para descartar idéias com custo desproporcional aos benefícios de *buzz* que podem trazer.

Elaborando um projeto de *buzz*

A seguir, apresentamos uma breve lista de sugestões para elaboração de um projeto de *buzz* aplicável ao seu contexto e ao de sua instituição:

- Defina seus objetivos com clareza e avalie a sinergia deles com objetivos e metas de longo prazo da instituição.
- Faça um levantamento das ações de *marketing* e ações pedagógicas normais que estarão acontecendo na época do seu projeto de *buzz*. Enumere as grandes festas, datas e comemorações da instituição e da comunidade. Examine os fatos que estão acontecendo no entorno, tais como lançamentos imobiliários, shoppings novos, eventos culturais e deixe-os relacionados em ordem cronológica.
- Trabalhe com fatos concretos. Não crie campanhas baseadas na simples oportunidade por alguns fatos serem chamativos. Examine a realidade de sua instituiçao de ensino pois é nela que está o potencial elemento de *buzz* que você procura.
- Determine em quais redes deseja que trafeguem os rumores.
- Confira se seu projeto atende às condições de sucesso elencadas nos sete fatores descritos anteriormente.
- Mapeie as redes e determine os centros de atenção ("abelhas").
- Procure validar inicialmente seu projeto com alguns desses centros.
- Se for possível, teste-o em um grupo-piloto reduzido
- Estabeleça como irá acompanhar os rumores.
- Estabeleça prazo para que avalie os resultados de seu projeto.

OS EFEITOS DO *BUZZ:* CASOS PRÁTICOS DE APLICAÇÃO

Vamos explorar o tema das festas juninas para exemplificar estratégias vencedoras em produzir *buzz*, utilizando um momento comum e a oportunidade no ano e atingir objetivos diferenciados.

Nota sobre estratégia

Um conto árabe antigo registra que três peixes nadavam próximos a um pescador que os cercara com uma rede de pesca. O primeiro ao ver-se sem saída elaborou uma estratégia: pular no barco espontaneamente e permanecer imóvel e rígido simulando uma síncope e assim o fez. O pescador ao acompanhar o comportamento inusitado do peixe, atirou-o de volta ao lago pensando que estava com alguma doença pois sua rigidez era de se estranhar. Ao cair na água o primeiro peixe viu triunfar sua estratégia e saiu nadando.

O segundo peixe apressou-se logo em seguir a mesma estratégia, pular no barco e permanecer rígido. O pescador desconfiado da repetição do mesmo evento resolveu, mesmo estando rígido, mantê-lo dentro de sua cesta de peixes no barco. O segundo peixe, no momento em que era colocado na cesta, debateu-se violentamente surpreendendo o pescador que o viu escapar de sua mão e retornar ao lago.

Por último pulou o terceiro peixe repetindo a mesma estratégia de seus antecessores. O pescador escolado com os dois primeiros peixes, trancou-o com cuidado em sua cesta e apressou-se em seguir para margem e fritá-lo.

Moral da história, em questões de estratégia seja criativo, se não conseguir observe o que os outros fizeram e adapte-os ao seu contexto mas nunca copie simplesmente estratégias alheias sem refletir pois você pode acabar frito.

Aproveite, então, para conhecer e se inspirar e motive-se para discutir e a criar suas próprias abordagens e estratégias de *buzz*.

A TAM promove festa junina em Congonhas[2]

A empresa aérea usou a criatividade para conseguir que seus clientes virassem "abelhas" falando da companhia por todos os cantos durante o mês de junho.

Em junho de 2004, a TAM decorou o saguão da área de embarque de Congonhas com bandeirinhas e enfeites de "arraiá" exatamente como fazemos nas escolas de ensino fundamental e médio. Os anúncios nas viagens eram acompanhados de tom junino, programaram quadrilhas, os atendentes funcionários usavam lenços xadrez e botons e até os protetores de cabeça dos assentos das aeronaves tinham o formato de bandeirinha. O impacto desta atividade no aeroporto foi incrível, pois contrastava a vida de muitos profissionais engravatados, imersos em atividades cotidianas de um executivo com as lembranças da vida descompromissada da infância e seus sonhos.

A companhia aérea providenciou fotos Polaroid para que os passageiros registrassem sua passagem no "Arraiá da TAM" e a levassem imediatamente em um porta-retrato temático. A atitude deste passageiro ao chegar ao seu destino com a foto na mão era contar o fato para a primeira pessoa que encontrasse e este fato se repetia diversas vezes até seu retorno para casa, quando novamente mostrava a foto e falava do ocorrido.

O que muitos não sabem é que, além de entusiasmar os novos viajantes, esta atividade acontece no aeroporto há mais de cinco anos e consegue se renovar em detalhes para os passageiros freqüentes que aguardam o mês de junho pelas novidades do arraiá da TAM.

Vamos analisar este caso diante dos sete fatores que elencamos anteriormente:

- Ser Inédito – Ao inaugurar seu Arraiá a companhia aérea se apropriou de um conceito inovador para o ambiente que, se vier a ser reproduzido por concorrentes, remeterá os clientes à lembrança da marca pioneira na atividade.

---

[2] Assessoria de imprensa TAM – Máquina da Notícia –
http://www.tam.com.br/b2c/jsp/default.jhtml?adPagina=344&adArtigo=3257.

- Reforçar Mensagem Estratégica – Uma companhia aérea é responsável pela viagem dos passageiros. A missão da empresa é "Com o nosso trabalho e o nosso "Espírito de Servir", fazer as pessoas felizes". Ora esta atividade leva os passageiros a uma viagem aos tempos de infância e traduz com exatidão o espírito de servir para fazer as pessoas felizes.
- Ser simples – É muito fácil entender e falar sobre o evento em Congonhas.
- Ter reforço virótico – A foto Polaroid revelada no momento que o passageiro embarca é um primor neste quesito. Imagine este passageiro comentando anos depois esta foto com amigos e teremos novamente uma "abelha" falando da TAM para novas pessoas.
- Ser divertido e visível – Sem comentários adicionais.
- Ser econômico – Obviamente é uma atividade simples, carregada de planejamento e logística, com retorno e visibilidade junto ao público consumidor-alvo desproporcionalmente altos pela capilaridade e visibilidade que alcança.

A festa junina na escola

Tradicionalmente, as escolas realizam suas festas com poucas ou nenhumas inovações. A escola em questão é o resultado de experiências de várias escolas diferentes que se motivaram a pensar o *buzz* nas suas atividades diárias condensadas em uma única abordagem, com o objetivo de usar um evento tradicional comum para mapear as "abelhas" na rede interna de *buzz* da instituição.

Para a festa, a escola programou uma gincana com as seguintes provas:

- Antigos alunos – As equipes ganhavam pontos cada vez que localizavam um antigo aluno famoso ou de sucesso exclusivo (que não tivesse recebido nenhuma outra equipe) e conseguissem um breve depoimento com um relato ou caso pitoresco vivido em seus anos de instituição. Além dos pontos de cada depoimento recolhido, cada equipe elegeu seu antigo aluno estrela que valiam pontos adicionais se fosse o eleito entre os cinco melhores por uma comissão interna.
- Alunos atuais – Em vez de rifas para o rei e a rainha da festa junina, os alunos votavam em cada série no rei e na rainha do Agito, aqueles que não podem faltar em festas, e no rei e na rainha do Saber, aqueles que possuem conhecimento, mas estão sempre abertos a auxiliar os que não entenderam a matéria.
- Professor Nota 10 – Foram eleitos os melhores professores na visão dos alunos. Valiam pontos pela eleição em si e, caso a escolha coincidisse com os cinco eleitos em votação entre os próprios professores, valiam pontos adicionais.

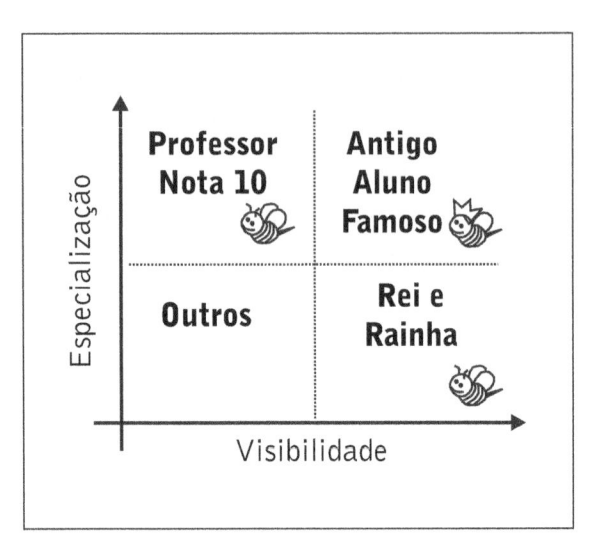

Figura 8.4 Mapeamento das redes.

- Antigos Alunos Famosos são as abelhas rainhas. Os depoimentos coletados são um importante registro de sucesso da instituição. A eleição desses depoimentos traz à consciência da comunidade os nomes e casos de sucesso que passaram pela instituição. A visita ou telefonema dos alunos tem um efeito secundário muito importante, pois relembra o entrevistado de fatos agradáveis ocorridos em sua formação. É bem provável que os comente nas semanas que se seguir à entrevista. A carta de agradecimento pela participação ou o telefonema do diretor para essas personalidades também é muito importante.
- Reis e Rainhas do Agito e Saber – Como abordamos anteriormente, uma das maneiras mais adequadas para descobrir quem são os centros de atenção social e técnica é perguntar ao grupo em questão. Essa eleição revela as principais "abelhas" para iniciar *buzz* entre os alunos quando o assunto for festas ou acadêmico. Montar comissões para alguns eventos, contando com a liderança ou participação desses alunos, é aumentar significativamente a possibilidade de sucesso de tais atividades.
- Professor Nota 10 – Recentemente, tive contato com uma pesquisa que revelou as características de sucesso do "Mestre Possível de Adolescentes" (Gutierra, 2003), que levantou importantes características dos professores que os destacavam como mestres em sua relação e, em seus vínculos com os alunos. Essa tarefa da gincana permitia localizar os professores na sua instituição, pois, para propostas de *buzz*, são centros de atenção técnica com reconhecimento entre alunos e professores.

CONSIDERAÇÕES FINAIS

Em um mundo em que a atenção de clientes e consumidores é o bem mais desejado por todos os executivos e profissionais de *marketing*, compreender os mecanismos do *buzz* é obrigação de todos nas instituições de ensino. Conhecer e valorizar os conteúdos adequados para trafegar nas redes de atenção permite que se montem estratégias de alto valor agregado para a propagação de rumores e comentários nessas instituições.[3]

REFERÊNCIAS

ROSEN, E. *Marketing boca a boca*. São Paulo: Futura, 2001.

DAVEMPORT, T.H. *A economia da atenção*. Rio de Janeiro: Campus 2001.

RIGHT, R.T. *Não Zero: a lógica do destino humano*. Rio de Janeiro: Campus, 2000.

SALZMAN, M. *A era do marketing viral*. São Paulo: Cultrix, 2003.

GUTIERRA, B. *Adolescência, psicanálise e educação: o mestre "possível" de adolescentes*. São Paulo: Avercamp, 2003.

---

[3] Se o leitor desejar entrar em contato com o autor, pode enviar um *e-mail* para alc@pobose.com. Caso queira que sua experiência com *buzz* seja divulgada em palestras e artigos do autor, envie mensagem para buzzmkt@pobox.com.

▪ 9 ▪
Professor: o Quinto P do Mix de *Marketing* Educacional

Maurício Sampaio

O *MARKETING* ALÉM DO GIZ E DA LOUSA

Desde os 11 anos, tenho freqüentado um ambiente chamado escola, mas não só como estudante. Durante anos, fui "ator coadjuvante" e depois passei à categoria de "estrela", no bom sentido. Quando percebi, estava dirigindo uma instituição escolar, diante de educadores que pertenciam a esse rol há bastante tempo.

Não tive muita saída: ou munia-me de coragem e dedicação e assumia minha carreira, ou mudava de ramo. Não preciso nem dizer o caminho escolhido. Concordo em dizer que não foi fácil, pois a prática cotidiana às vezes me desestimulava: as batalhas travadas, os empasses dessa profissão eram e continuam sendo difíceis.

Durante 23 anos convivendo e atuando no cenário educacional, colecionei um mundo de histórias, cada qual com os seus personagens, com características peculiares. Naveguei por diferentes fases do processo educacional brasileiro e mundial, mudanças de leis, pareceres, diretrizes e mudanças de paradigmas.

Mais uma vez me encontro, assim como os demais, no meio de mais uma viagem que não tem volta, a qual não mais poderemos chamar de fase. Trata-se do avanço da tecnologia, que trouxe em sua embarcação um mar de possibilidades, exigindo uma reelaboração em todos os aspectos, tanto os comportamentais e de relacionamento quanto os estruturais. Pais perdidos com a educação dos filhos, hoje ministrada por *videogames*, *lan houses* e computadores. Uma nova sociedade firmando-se com regras próprias, na chamada rede mundial, a internet. Uma reestruturação das profissões, jovens lutando para uma recolocação no mercado, o qual exige conhecimentos mais amplos e técnicos. Os professores buscando novas alternativas para conquistar a atenção de seus alunos. Instituições na busca de um verdadeiro diferencial competitivo para assim tentar sobreviver.

Parece uma corrida contra o relógio, piscamos os olhos e, pronto, um novo cenário a frente, um novo desafio. Parece que sobreviver no mercado transformou-se no principal desafio, já que todo mundo tenta inventar uma forma de se manter vivo, criando diferenciais, investindo em sua imagem. Além disso, cresce a cada dia o número de instituições educacionais de nível básico e superior; em contrapartida, a taxa de natalidade despenca dia a dia, assim como diminui o poder aquisitivo. A concorrência fica cada vez mais predatória, o que remete algumas instituições a canalizar altos investimentos em mídias de massa como sendo a única solução de todos os problemas.

Durante anos, percorri o mesmo caminho das demais instituições[1]: investi dinheiro em campanhas que envolviam somente mídias de massa tradicionais, como *outdoors*, *frontlight*, *busdoor* entre outras. O resultado não foi tão ruim, porém poderia ter sido muito melhor, se tivesse complementado com um plano de ações integrado. O que mais me preocupa – e o que apresentarei neste capítulo – diz respeito à importância do material humano, especialmente os professores, maior patrimônio de uma instituição escolar e poderosa ferramenta para um plano de *marketing* educacional.

Parece que todos estão esquecendo-se dessa tão importante arma. Quando digo todos, estou referindo-me até mesmo aos próprios professores, que às vezes, por estarem tão atarefados, não lembram que existem. Fazem do seu trabalho um sistema simples e arcaico de produção.

Há anos participo de cursos voltados à área de educação e gestão estratégica, principalmente os relacionados à aplicação do *marketing* educacional, e tenho notado aspectos importantes, primeiro, quase sempre as palestras e os cursos voltados à área de *marketing* são estritamente direcionados a diretores, mantenedores. Segundo, a população de professores está presente sempre em minoria.

Percebi também que no sistema educacional, existe uma lacuna, os professores, em sua maioria, conhecem os conteúdos a serem aplicados, sabem como funcionam os sistemas escolares, têm noções didáticas, conhecem vários métodos, porém pecam na hora de estabelecer fortes relacionamentos com seu público, com os seus consumidores – alunos, pais e comunidade. Cometem alguns erros básicos, desconhecem o seu verdadeiro valor, sua capacidade, seu potencial. Percebi ainda que os dirigentes responsáveis pelos planos futuros de suas instituições não permitem ou não levam a conhecimento dos professores as suas ações futuras, a sua missão.

---

[1] Empregarei o termo "instituições de ensino" para todos os níveis: básico, superior e técnico. Além de evitar repetições desnecessárias, os problemas enfrentados são comuns a todas elas, variando apenas a diversidade cultural e o foco do trabalho.

Por outro lado, as instituições de ensino gastam altas verbas de *marketing* com mídias de massa e esquecem-se de investir no principal, ou seja, na qualidade e na capacitação de seus profissionais, no *marketing* de relacionamento, no *endomarketing*. Conforme pesquisa realizada pela revista *marketing* do mês de novembro de 2003, quase 80% das verbas gastas com *marketing* são direcionadas à mídia de massa e 20% são direcionadas às mídias segmentadas: *marketing* de relacionamento, *endomarketing*, relações públicas, *marketing* cultural e social.

A importância da mídia de massa e dos recursos humanos vem gerando altos investimentos em pesquisas, as quais apontam dados importantes, que devem ser avaliados e discutidos. Uma pesquisa realizada em setembro de 2003 pela Data Folha revelou que o primeiro critério na hora da decisão de uma mudança de escola, por parte dos pais e alunos, diz respeito à qualidade do sistema educacional e dos professores. O mesmo acontece quando pais procuram uma escola para colocar os seus filhos, após a visita na instituição. Eles procuram saber com outros estudantes e seus pais se a escola possui bons professores e boas aulas.

O objetivo deste capítulo não é ensinar professores a lecionarem e nem dirigentes a gerirem suas instituições. Apenas queremos chamar a atenção para um assunto de extrema importância, o efeito positivo de um bom relacionamento e envolvimento emocional entre as instituições de ensino, os professores e os alunos, que muitas vezes é deixado de lado.

Existem professores e instituições que realizam excelentes trabalhos, mesmo sem o conhecimento de técnicas complementares. Algumas experiências podem servir como exemplo para melhorar ainda mais a prática diária dos profissionais envolvidos com a educação. Por exemplo, diminuir a distância que alguns profissionais mantêm de seus clientes: alunos, pais e comunidade. Evitar alguns erros de comunicação e relacionamento que poderão comprometê-los profissionalmente. Conscientizá-los de que é preciso pensar como um professor-empresa, assim como faz-se necessário que as instituições repensem um novo modelo de comunicação, relacionamento e gestão, mais focada no valor humano, não somente voltada a sua imagem. As mesmas orientações poderão servir para outros profissionais de cursos livres, academias, professores de aulas particulares. Enfim, todos os envolvidos com o ensinar poderão tirar proveito de algumas experiências apresentadas.

Este capítulo tem como objetivo conscientizar mantenedores e dirigentes da vital tarefa de se investir no que há de mais importante dentro das instituições de ensino: o professor. É preciso conscientizar os professores do seu novo papel nas instituições e no relacionamento com os seus clientes, os alunos. É por esse motivo que resolvi criar mais um "P", tão importante no mix de *marketing* educacional, o quinto P: PROFESSOR.

São eles que passam horas, dias, meses e anos em contato direto com o que existe de mais valioso, os alunos. São eles os responsáveis diretos pela motivação dos alunos, pelo processo educativo e formativo, pelo nível de satisfação dos pais. É através deles que as instituições de ensino conquistarão o *share of heart* de pais e alunos e, conseqüentemente, um espaço de destaque no mercado.

Então, por que algumas instituições ainda insistem em depositar sua verba de *marketing* somente em mídia de massa ou em promoções? É claro que tais ações são necessárias e não devem ser descartadas, porém elas precisam fazer parte de um programa integrado de *marketing* educacional. Segundo Armando Levy (2003), o uso intensivo da propaganda de massa pode estar entre as razões que levam as empresas ao desaparecimento prematuro. Muitas vezes, suas implicações podem ser devastadoras, distorcendo a imagem da empresa e gerando um mercado consumidor insatisfeito.

Iniciamos nossa viagem fazendo uma séria reflexão sobre o verdadeiro reposicionamento das instituições de ensino e dos profissionais que nela habitam, os quais durante anos se comportaram como se estivessem em uma instituição familiar, e não em uma empresa. Levá-los a enxergar além do giz e da lousa, deixando de lado conceitos conservadores de administrar relacionamentos humanos. Mostrar que é preciso incentivá-los a rever práticas pedagógicas, levando-os a romper a barreira das quatro paredes que, por muito tempo, vem ditando o modelo de ensino nacional, e ainda conscientizar as instituições de ensino do quanto é importante investir nos professores.

Está na hora de apagar a lousa e reescrever uma nova história administrativa nas instituições de ensino, pois não é mais possível usar como modelo práticas antigas. A concorrência está cada vez maior, o que nos obriga a cada vez mais descobrir novos caminhos para sobreviver, a buscar uma melhor qualidade, um diferencial competitivo. O aluno de 20 anos atrás já não é o mesmo, já não anseia mais pelas mesmas coisas.

Criar diferenciais passa a ser uma rotina diária e não mais uma prática deixada somente para a época de planejamento. É preciso redescobrir ou descobrir o verdadeiro DNA da empresa, aquilo que ela tem de melhor, sua alma. Mais que isso, é preciso posicionar-se de forma clara perante os seus clientes: pais, alunos e professores.

Neste capítulo, apresentaremos algumas ferramentas que estão à disposição de todos, principalmente daqueles que acreditam em valores humanos, e que ajudarão as instituições de ensino e seus professores a navegarem neste mar turbulento e a criarem um diferencial duradouro, uma verdadeira identificação.

Apagando a lousa: nova forma de fidelizar

Alguns anos atrás, a palavra *marketing* decolou no setor educacional, numa época em que as instituições estavam muito mais preocupadas com as questões pedagógicas. Pouco se falava de problemas administrativos e, quando esses eram mencionados, limitavam-se apenas às questões financeiras ou relativas aos problemas políticos educacionais, leis e pareceres.

Durante muito tempo, as instituições educacionais de nível básico e superior, assim como seu corpo docente, estiveram apoiadas em uma posição pacífica de mercado. Havia poucas instituições particulares e muitas as vagas para qualquer nível de docência. Chegou-se ao ponto em que algumas escolas, em época de matrícula, organizavam filas em ordem alfabética! Por outro lado, os professores não tinham a necessidade de se atualizar ou mesmo de pensar em diferenciais para se estabelecer como efetivo, para ou mesmo, conquistar os alunos. DNA só existia nos livros de biologia. Ninguém se preocupava em estabelecer um verdadeiro diferencial e, quando isso acontecia, era por acaso.

Foi então que, a partir dos anos de 1990, começaram a aparecer as primeiras dificuldades para os educadores. A crise em nossa economia agravava-se, novos planos econômicos e novas promessas, fizeram com que nossa sociedade parasse no tempo e deixasse de lado o sonho de criar uma grande família. Além disso, o número de instituições educacionais não parava de crescer, criando uma verdadeira guerra entre elas e seus profissionais em busca de um espaço no mercado e na mente dos consumidores. Começava uma nova fase para nós, antigos educadores, acostumados a nadar em mar calmo, sem tubarões, sem predadores.

Não era mais possível navegar usando antigas embarcações. Apagar a lousa e escrever um novo capítulo foi e está sendo necessário. Foi e está sendo preciso repensar a estrutura existente para competir e sobreviver no futuro. Foi e está sendo preciso jogar fora todos os espelhos existentes e abrir as janelas, tentar enxergar este novo mercado, este novo consumidor, este novo aluno, mais atento às suas compras, mais exigente com os serviços prestados e com uma variedade de opções à sua disposição. Foi e está sendo preciso olhar para dentro e redescobrir que uma das principais e mais econômicas ferramentas de *marketing* de uma instituição está incubada nos relacionamentos humanos, nos funcionários, especialmente nos professores, os quais passam parte de suas vidas com o que há de mais precioso em todas as empresas, em todas as instituições: os clientes, os alunos.

Porém, para começar a escrever este novo capítulo, é importante, além de vontade, ter algum conhecimento técnico; o erro não é mais permitido, pois pode custar o que existe de mais valioso: o tempo. Comecemos, então, pela desmistificação do conceito e da aplicabilidade popular de *marketing*. A maioria das pessoas define-o como um ato solitário de promover e vender algum produto.

Muitos ainda se confundem na definição entre propaganda e *marketing*, pensando que essas ferramentas trabalham da mesma maneira e com o mesmo objetivo. A propaganda é apenas uma ferramenta de comunicação dentro do composto de *marketing*.

As empresas em geral, ainda delegam a um único departamento ou a somente uma única pessoa o papel que é de todos. Cansamos de escutar discursos como:

"Isso é do pessoal do *marketing*!" Delimitam ainda ao *marketing* apenas ações como criar novos logotipos, *folders*, *outdoors* e pesquisas. Confinam o *marketing* em uma sala com um computador. Será que o mais importante, como o relacionamento entre professores e alunos, também deverá ser papel do pessoal ou da pessoa responsável pelo *marketing*? Poderá se restringir a quatro paredes?

Conforme o conceituado precursor da administração mundial Peter Drucker (citado por Souza, 1999, p. 18), o *marketing* é de responsabilidade de toda a empresa, e não somente de um único setor, de uma única pessoa.

Na realidade, o *marketing* é tão essencial que não basta ter um grande departamento de vendas e a ele entregar assuntos do mercado. O *marketing* não somente é muito mais amplo que a venda, como não é, de modo algum, uma atividade especializada, pois abarca todo negócio. Ele é o negócio inteiro olhado do ponto de vista de seus resultados finais, isto é, do ponto de vista do consumidor. Assim, a preocupação e a responsabilidade pelo *marketing* devem penetrar em todos os setores da empresa.

Um outro ponto ainda a ser levado em consideração é a relação entre produtos e serviços. Produtos são fabricados sem a interação de seus usuários, geralmente em galpões afastados dos grandes centros, moldados para uma única fatia do mercado e depois distribuídos. O mesmo não acontece com os serviços que sofrem interações diretas com o seu consumidor, são "produzidos" na hora, conforme a necessidade de seus usuários, os quais palpitam e interferem com sugestões e críticas, tornam-se agentes ativos, alimentadores de idéias. Portanto, em uma prestação de serviço os erros têm de ser minimizados, não existe tempo para grandes mudanças, decisões precisam ser rápidas e dotadas de criatividade. Estamos lidando com a venda de valores, a ética tem seu papel principal. Pais confiam às instituições de ensino e aos professores a formação de seus filhos. Universitários, por sua vez, apostam todo o seu tempo e dinheiro no sonho de um grande futuro profissional.

Antes de iniciarmos as próximas reflexões, é importante compreendermos o antigo papel dos professores e tentar desvendar o seu verdadeiro papel atual e, ainda, correr no tempo e tentar enxergar qual será o verdadeiro trabalho dos docentes no futuro.

Algo mudou e continua mudando. Não podemos pensar que as práticas educativas de 10 anos atrás servem como modelo atual e nem pensar que a atual servirá para daqui 10 anos. Novamente, não podemos deixar de lado tal compreensão, pois como o próprio tema revela, os professores também são ferramentas poderosas do *mix* de *marketing*. O momento é de transição, a tecnologia avança a uma velocidade estonteante, as informações despencam de todos os lados do mundo em questão de segundos, mas ainda existem professores que insistem em modelos esteriotipados de alunos, esquecendo que os mesmos são seres humanos, pertencem a uma sociedade mutável e são consumidores em potencial. Assim como uma empresa olha seus *prospects* e clientes com mais atenção, respeitando seus limites e princípios, aceitando sugestões, trabalhando com troca de informações, analisando as mudanças sociais e comportamentais, o mesmo deve acontecer com os professores.

Não se pode mais agir passivamente, porque esse método não cativa, não agrega, não traz valores pessoais para os alunos, criando uma distância cada vez maior. Os consumidores "alunos" estão cada vez mais exigentes, querem soluções imediatas, querem entender o presente e o futuro ao mesmo tempo, querem o verdadeiro significado das coisas, não são mais passivos receptores de informação. Transferir conteúdos não é mais importante do que a forma como são transmitidos. A criatividade tem seu papel fundamental.

A impressão que temos é de que cada vez mais alunos e professores percorrem caminhos paralelos e em diferentes direções, tendo como resultado o aumento do comportamento conturbado (Figura 9.1). Chamo de "comportamento conturbado" aquele que nem o aluno e nem o professor reconhece o motivo. O professor reclama da falta de disciplina do aluno, da falta de interesse, enquanto o aluno perde a motivação, critica o conteúdo e a falta de didática do professor. Fato este que poderá ser crucial na hora da rematrícula, da recompra. Portanto, tentar entender esses conceitos não é uma questão meramente pedagógica, mais sim uma estratégia de *marketing*.

Recentemente, recebi de um amigo educador um texto que trazia um quadro bastante interessante e que resolvi publicar para facilitar a reflexão. Esse quadro mostra as diferenças entre os professores de ontem e os de hoje – e aqui vai uma tarefa: tentar montar um novo quadro com características do professor do futuro (Quadro 9.1).

Na coluna "hoje", todos os itens apresentados levam o professor a uma maior relação com o aluno, estreita o relacionamento entre alunos e professores, trata

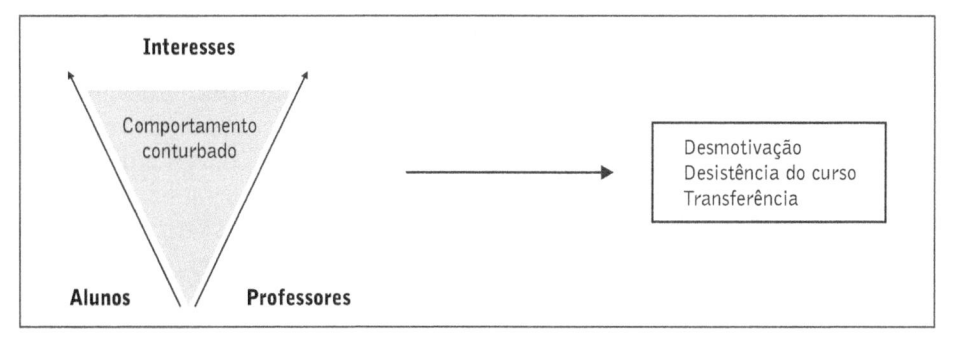

▲ **Figura 9.1** Relação entre alunos e professores.

Quadro 9.1
Diferenças entre os professores de ontem e de hoje

Ontem	Hoje
Educação (ensinar)	Aprendizagem (aprender a aprender)
Ênfase no conteúdo – conhecimento certo	Ênfase na aprendizagem – conhecimento "mutável"
Aprendizagem como produto final	Aprendizagem como processo
Autoritarismo	Parceria
Ênfase na teoria	Ênfase na relação teoria-prática
Ênfase no mundo externo	Ênfase no mundo como um todo
Educação com necessidade temporária	Educação como processo para a vida inteira
Estrutura curricular rígida	Estrutura curricular flexível
Professor ensina (conhece)	Professor também aprende
Salas de aulas organizadas	Salas de aulas proporcionando conforto
Preocupação com a matéria dada	Preocupação com o desempenho do aluno
O professor transmite conhecimentos	O professor é facilitador da aprendizagem
O objetivo é desenvolver a pessoa	O objetivo é ajudar as pessoas a se desenvolverem
Adoção de um método próprio de ensino	Verificação de como o aluno aprende
Adequação ao raciocínio lógico	Estimulação à criatividade e à inovação
Educação finaliza-se na formatura	Educação continuada
Ensinar	Debater

ambos como parceiros, com uma única finalidade, a busca do conhecimento, a excelência educativa, desperta o poder da investigação estimula a criatividade e mais do que isso, promove a satisfação de ambas as partes.

A verdadeira aplicação de *marketing* encaixa-se nesse novo contexto, estreitando relações, aumentando a comunicação, estabelecendo trocas, diminuindo a área de comportamento perturbado, oferecendo uma direção única ao conhecimento, incentivando o trabalho em equipe e desenvolvendo conceitos de cidadania. E, o mais importante, gerando uma relação afetiva entre as partes, superando expectativas e tendo como resultado final um alto índice de fidelização. Sem dúvida, este é o caminho para a realização e o sucesso profissional, assim como para o sucesso institucional.

Torna-se muito fácil entender tal conceito. Quem nunca jogou uma pedrinha em um lago de águas paradas. Ao tocar a superfície, a pedrinha cria uma série de anéis que vão crescendo para as laterais. Imagine agora que a pedrinha jogada é o serviço educacional prestado: uma boa aula, um bom professor. E em cada anel formado ao redor enquadra-se o nível de expectativa e satisfação dos alunos. Quando maior e mais forte for a pedra arremessada, maior e mais consistente o número de círculos formados. Ou seja, quanto maior for o impacto e de melhor qualidade o ensino, mais satisfeitos estarão os alunos e com suas expectativas superadas. Emocionalmente estarão mais envolvidos, e é esse efeito que fará diferença na hora de decidir por uma outra instituição ou pela rematrícula.

MARKETING FORA DA SALA DE AULA

Criando alunos e professores emocionalmente envolvidos

Estamos vivendo em um mundo de constantes mudanças. Antigos paradigmas estão dando lugar a novos pensamentos e a novas ações. Este século demanda profissionais mais atualizados, conectados com os acontecimentos diários, mais humanizados e dotados de conhecimentos tecnológicos.

A sociedade parece estar à deriva em um mar de informações. Os velhos ditados parecem perder força para crenças mais atualizadas. Ciro Marcondes Filho (1994) afirma:

> Parece que o mundo entrou num processo caótico desgovernado e não consegue mais dar uma explicação satisfatória para o embaralhamento geral das coisas. Principalmente pessoas de mais idade que formaram sua cabeça em décadas anteriores. As filosofias, as reflexões sobre as maneiras de se viver, de organizar a vida, os princípios que nos norteavam os relacionamentos, inclusive os amorosos, o desfrute artístico, enfim, muito deste mundo está sofrendo uma rápida redefinição e reelaboração. Na realidade não há tal crise.
>
> A dispersão, o caos, a desintegração indicam um ponto em que o mundo que conhecíamos até então se desmorona, perde sua unidade, rui e por dizer desaba sobre nossas cabeças. Mas o que ocorre é que se está configurando um novo tipo de sociedade, um novo tipo de mundo que ainda não se estruturou totalmente, mas que se instala como um universo totalmente diferente do que conhecíamos.

Nesse novo cenário, cabe extrapolar, ir além das quatro paredes que delimitam o relacionamento tradicional, ser capaz de captar todas as mensagens e os recursos oferecidos por essa nova era e conduzi-los de maneira eficaz e ética, criando, assim, uma verdadeira relação com seus clientes, alunos, atendendo suas necessidades. Ser um mero professor não basta mais: a mesma aula está fadada ao nada. É preciso criar novos caminhos e encantar.

Philip Kotler (2002), chama a atenção das empresas que pensavam de dentro para fora e focavam-se nos produtos, em vez de se aterem às necessidades dos seus clientes. O papel desse novo professor é o de mediar todas as informações e tecnologias produzidas pela nova sociedade em formação. Ele tem de ser ágil, pois ao mesmo tempo em que se inova, as regras de conduta e a ética precisam ser restabelecidas.

As relações sociais estão cada vez mais acentuadas. Esta nova era traz consigo uma geração capaz de criar redes de contatos mundo afora, de trocar conhecimentos em milésimos de segundos e em diferentes linguagens. Portanto, o professor deverá ir além de seus conteúdos ainda obrigatórios nos vestibulares ou para uma formação profissional. Ele terá de dar sentido ao cotidiano do aluno, agregar valores emocionais, capazes de modificar comportamentos. Prever somente conteúdos sem significados fará com que o aluno fique cada vez mais distante, vulnerável.

Recentemente, recebi um material de um grande amigo, pai de um ex-aluno, que me pediu para dar um parecer sobre seu método de aula. Pasme! Tratava-se de uma aula de *merchandising* no ponto de venda, para alunos do curso de Propaganda, totalmente interativa, em uma sala ambiente, com gôndolas de supermercado e produtos cedidos pelas empresas que participaram do projeto.

Um verdadeiro exemplo de contextualização e envolvimento emocional.

Extrapolar, romper a barreira do conhecimento faz parte de uma aula mais integrada. Não basta apenas ser mediador do conhecimento: é preciso ser cúmplice, parceiro. Abrir as janelas, conhecer as expectativas e assim estabelecer relacionamentos fiéis e duradouros.

Fidelizar, manter bom relacionamento, ser um bom comunicador deve ser a principal missão. Aliás, aproveito para citar um fato muito interessante que há tempos atrás presenciei, antes de iniciar a elaboração deste capítulo. Pude ter a certeza dessa nova função, um exemplo claro de fidelização, de envolvimento emocional, de um verdadeiro professor-empresa.

Meu cunhado, em estadia breve em minha casa, pediu para ver seus *e-mail*s em meu computador. Liguei a máquina e fiquei esperando curioso para ver quais informações ele buscava. Para minha surpresa, seu professor havia enviado uma mensagem para os alunos comunicando o lançamento de um livro recém-chegado às prateleiras das livrarias. O que ouvi naquele momento foi a seguinte frase: "Esse professor sempre nos manda novas informações".

Se, por um lado, é importante envolver emocionalmente os alunos, por outro não podemos deixar de pensar no envolvimento emocional dos professores. Grande parte das ações de *marketing* de relacionamento são voltadas aos alunos.

Porém, as instituições esquecem que os professores fazem parte de sua clientela, são divulgadores naturais de seu produto. São eles que elevam o nome e a imagem de sua instituição diante dos alunos. São peças fundamentais, grandes interlocutores das redes de comunicação. São eles que têm o poder de encantar.

Assim, atitudes com foco no envolvimento emocional são capazes de desbancar o poder de persuasão de mídias convencionais e ainda criar um elo de grande cumplicidade. Então, nesse novo cenário, cabe não só uma mudança de investimentos, mas também uma grande parceria entre instituições e docentes baseada na qualidade de atendimento.

O *MARKETING* SOCIAL E O PROFESSOR

Não poderíamos deixar de lado este assunto tão importante e vital para a carreira profissional de um professor, assim como o da instituição a que pertence. O *marketing* social tem aparecido com muita freqüência nas mídias e nos bastidores das grandes empresas. Chegou-se a um consenso de que será muito difícil acabar com tantos problemas sociais apenas com a boa vontade dos nossos governantes. A gravidade desse problema está chamando a atenção de todos.

Cumprir um papel social elaborando grandes projetos pode ser, sem dúvida, uma poderosa ferramenta de *marketing*, pois se não traz retorno a curto prazo, consolida o valor da marca, tornando-a alvo da mídia espontânea, conforme já citado do Capítulo 2. Praticar ações sociais pode positivar a percepção dos alunos e da comunidade sobre sua marca e ainda trazê-los para perto, como aliados em uma única causa, o bem-estar social.

Traçando projetos de interesse social, professores e instituições levarão alunos e sociedade ao envolvimento emocional. Além disso, projetos sociais podem tomar grandes proporções, o que fará aumentar o *share of mind* e o *share of heart* de sua marca. Lembre-se: alunos envolvidos emocionalmente podem tornar-se companheiros fiéis e bons divulgadores.

Porém, a responsabilidade social não está somente ligada às ações de assistencialismo, como doação de roupas, fornecimento de sopas, visita a grupos de idosos e entrega de preservativos. Alguns professores e instituições acreditam que só porque fizeram uma campanha do agasalho já podem ficar tranqüilos. Fazer o bem social é prover sistematicamente ações e intervenções didáticas que promovam o bem-estar em todos os sentidos: geração de recursos próprios, capacitação para o mercado de trabalho, orientação profissional entre outros.

É preciso levar os alunos a uma conscientização de suas responsabilidades em seus diferentes sistemas, desenvolver o respeito, o patriotismo, a valorização do espaço em que vivem, pregar a paz e a solidariedade. Ainda é preciso levá-los à condição de indivíduos ativos, participantes e construtores de seus próprios projetos, fomentando o seu espírito empreendedor.

Elabore um plano de trabalho sem data para o término, preocupando-se com o pensar e o agir, promovendo a cooperação. Através dele, procure desenvolver o respeito ao meio social. Discuta conceitos de cidadania, respeito, ajuda mútua e colaboração. Demonstre sua preocupação de ensinar a cooperar, incluindo valores éticos de igualdade e justiça. Explore o ambiente físico e social. Reforce a relação professor, aluno e comunidade voltada para a compreensão da sua real importância. Parta a campo com os alunos, mostre o quanto todos são capazes de transformar e de serem transformados. Expressem as idéias em documentos de livre escolha, que possam ser utilizados posteriormente como objetos de estudos por outros grupos de alunos. Tirem suas próprias conclusões e levem consigo o compromisso de, a partir deste momento, erguer a bandeira da paz.

Paulo Ronca afirma (1996):

> O viver na escola, tanto para professores como para alunos, não pode ser reduzido unicamente a momentos estritos de transmissão, de apreensão ou de avaliação de conteúdos científicos, emoldurados historicamente. Viver-na-escola tem um sentido qualitativo muito mais vasto e um significado existencial profundo que se concretizam, entre outros em dois processos interligados: o da construção do conhecimento e o da formação da estrutura moral.

Tecnologia: uma aliada do professor

Uma grande aliada para o professor e para administração de seu *marketing* pessoal, ou para a instituição, é a tecnologia. Não podemos descartá-la e fingir que não existe, pois ela está ai e veio para ficar.

A tecnologia está presente e é parte integrante da vida de qualquer ser humano deste novo século. A cada dia, a cada hora, novas tecnologias estão sendo criadas e testadas. Fica difícil acompanhar tamanha mudança. Fica difícil identificar os novos inventores.

A utilização do computador está só no começo, visto que apenas uma pequena parcela da população tem acesso a ele e faz seu uso. Mesmo assim, o desenvolvimento da tecnologia foi capaz de provar o grande impacto que provocou e está provocando na estrutura psicossocial do planeta. Pessoas comunicam-se em milésimos de segundo, de um extremo ao outro do planeta, através da internet. Trocam imagens, sons e vídeo. Alguns a usam para promover o bem, outros o mal.

Fica muito difícil acreditar que, nos próximos anos, os professores conseguirão ministrar suas aulas sem o uso das tecnologias presentes, principalmente do computador.

Imaginem o choque para uma criança de classe média, que possui em casa computador, fax, videocassete, *microsystem*, *videogame*, DVD, TV a cabo. Ela chega à escola e depara-se com uma sala de aula tradicional, com carteiras e lousa, um professor com um livro na mão, lendo em voz alta, tentando transmitir um capítulo do livro e pedindo para os alunos copiarem texto.

"Que monótono, que matéria chata, que professor chato, que aula parada". Onde está o controle remoto para mudar de canal?

Na verdade, os alunos estão certos em pensar dessa maneira, pois não existe novidade nenhuma nessas estruturas. A instituição e os professores continuam os mesmos sem interatividade nenhuma, sem dinâmica. Evidentemente, não podemos generalizar tal situação visto o enorme investimento de algumas instituições nesse setor.

Várias atividades podem ser trabalhadas junto ao computador e a outras tecnologias para aumentar o nível de interesse e envolvimento dos alunos. Hoje, considero a atividade de pesquisa que a internet proporciona a mais poderosa. Além da possibilidade de trocar informações com novos colegas ao longo da rede, permite a pesquisa de temas específicos. Só devemos tomar cuidado para que não se perca o bom senso e a ética profissional.

Muitos alunos estão sendo orientados para realizar seus trabalhos pesquisando na internet, porém estão sendo mal-orientados e, na maioria das vezes, apenas copiam o conteúdo pesquisado, deixando de lado as suas opiniões pessoais e a verdadeira função da pesquisa: desenvolver o senso crítico.

O *Blog* e o *Orkut* são exemplos de serviços à disposição para o professor. Existem vários outros serviços que a internet oferece e que podem ser uma poderosa ferramenta de *marketing* de relacionamento com os alunos.[2]

WebQuest é um modelo extremamente simples e rico para dimensionar usos educacionais da *Web*, com fundamento em aprendizagem cooperativa e processos investigativos na construção do saber. Foi proposto por Bernie Dodge, em 1995, e hoje já conta com mais de dez mil páginas na *Web*, com propostas de educadores de diversas partes do mundo (Estados Unidos, Canadá, Islândia, Austrália, Portugal, Brasil, Holanda, entre outros).[3]

Hoje nos correspondemos com o mundo inteiro, em tempo real, enviamos textos, vídeos, sons e fotos, e ainda ficamos impacientes quando a conexão está lenta e temos de esperar alguns segundos.

Essa magnífica ferramenta pode permitir ao professor uma gama de atividades. Podem ser criados grupos de alunos por interesse, pode ser usada para solicitar tarefas escolares usuais, pode ser usada para discussão de conteúdos como tirar dúvidas, para trocar informações, para criar *newsletters* eletrônicos e muito mais.

Fazer *marketing*, criar novas estratégias, e uma das principais formas de isso acontecer é por meio de uma comunicação direta, focada. Alunos interessados e

---

[2] Para maior aprofundamento deste assunto veja o Capítulo 10.
[3] http://www.webquest.futuro.usp.br/

emocionalmente envolvidos são fiéis: costumam não faltar às aulas, são participativos e conseguem bons resultados, constituindo-se em verdadeiros e eficientes vendedores.

REFERÊNCIAS

CONNELLAN, T. *Nos bastidores da Disney*. São Paulo: Futura, 2003.

FILHO, C.M. *Sociedade tecnológica*. São Paulo: Scipione, 1994.

FIORELLI, J.O. *Psicologia para administradores*. São Paulo: Atlas, 2003.

KOTLER, P. *Marketing de A a Z*. São Paulo: Campus, 2003.

KOTLER, P. *Marketing para o século XXI*. São Paulo: Futura, 2002.

KOTLER, P.; FOX, K.F.A. *Marketing estratégico para instituições de ensino*. São Paulo: Atlas, 1994.

LAS CASAS, A.L. *Marketing de serviço*. São Paulo: Atlas, 2002.

LEVY, A. *Propaganda a arte de gerar descrédito*. Rio de Janeiro: FVG, 2003.

PESSOA, C. *Gestão estratégica para instituições de ensino*.

REIMAN, J. *Idéias*. São Paulo: Futura, 2004.

RONCA, P.A.C.; GONÇALVES, C.L. *A clara e a gema*. São Paulo: Edesplan, 1998.

RONCA, P.A.C.R.; TERZI, C. do A. *Aula operatória e a construção do conhecimento*. São Paulo: Edesplan, 1996.

ROSEN, E. *Marketing boca a boca*. São Paulo: Futura, 2001.

ROSENBLUTH, H.F.; PETERS, D.M. *O cliente em segundo lugar*. São Paulo: M. Books, 2004.

SOUZA, F.A. *Madia marketing pleno*. São Paulo: M.Books, 1999.

. 10 .
Tendências do *Marketing On-line* para Promoção de Produtos e Serviços Educacionais

Alessandro Barbosa Lima

INTRODUÇÃO

Os primeiros provedores de acesso à internet no Brasil iniciaram suas atividades em 1996. Até aquele ano, o acesso à internet era privilégio de acadêmicos e realizado unicamente em centros de pesquisa e universidades federais e estaduais.

O acesso, no começo, não era igualitário. Em 1994, logo após o término de minha graduação em Comunicação pela Universidade Federal de Pernambuco, o acesso à internet no Centro de Artes e Comunicação da UFPE ainda era ficção científica. Porém, a poucos quilômetros dali, no Centro de Ciências Exatas e da Natureza, o curso de Ciência da Computação já estava conectado à rede mundial.

E foi nos computadores dos laboratórios de Ciência da Computação da UFPE que tivemos os primeiros contatos com a internet. Em quase 10 anos de internet, e depois de alguns empreendimentos na área e um livro lançado sobre o tema, podemos afirmar que muita coisa mudou.

A rede agora começa a ser encarada como um importante canal de comunicação e *marketing* para empresas de bens e serviços atingirem seus consumidores. Entre essas empresas, estão as instituições de ensino, do nível básico ao superior.

Os números do mercado são um termômetro da percepção que os gestores de comunicação e *marketing* passam a ter da internet como ferramenta mercadológica. Segundo o IBOPE/NETRATINGS, somos 11,68 milhões de brasileiros conectados. Em 2003, de acordo com a Associação de Mídia Interativa (AMI), a publicidade na internet brasileira recebeu investimentos da ordem de R$ 164 milhões.

Na primeira metade de 2004, a rede atraiu R$ 103,8 milhões em investimentos, 60% a mais que no mesmo período de 2003. O que corresponde a 1,5% do faturamento do mercado publicitário brasileiro como um todo. É quase o mesmo investimento em publicidade da TV por assinatura (1,9%).

E esses números não param de crescer. De acordo com estudo da *E-consulting* e da Câmara Brasileira de Comércio Eletrônico, em 2004 a publicidade na internet brasileira movimentou cerca de R$ 203 milhões, chegando ao montante de R$ 235 milhões em 2005.

Outro dado interessante: hoje os internautas passam mais tempo conectados. A limitação na década anterior era principalmente o acesso discado à rede, ou seja, aquele acesso realizado por meio de uma linha telefônica o qual trazia, além da lentidão característica, incontáveis dores de cabeça mensais, em formas de contas de telefone, para pais de jovens que passavam dias e noites conectados. Hoje, dos 11,68 milhões de brasileiros conectados, 4,93 milhões já acessam a internet em banda larga. Isso significa, acesso rápido, sem custos associados a impulsos telefônicos.

Pelos números mostrados, a internet é vista pelo mercado cada vez mais como essencial em ações de *marketing*. Contudo, é preciso definir alguns critérios importantes antes de utilizá-la, principalmente em ações de *marketing* para instituições de ensino.

Antes de sair investindo em *banners* no portal de maior acesso da internet brasileira, num novo *site* ou em qualquer ação *on-line* para promover sua instituição de ensino, sugerimos ler com calma este capítulo. Aqui você encontrará reflexões que o ajudarão a decidir sobre o planejamento de *marketing* e comunicação da sua instituição de ensino, sobretudo se você dispõe de um orçamento pequeno.

As estratégias de *marketing* criadas para promover seus cursos ou sua instituição de ensino precisam estar em conformidade com o planejamento de *marketing* da sua instituição. Em outras palavras, não adianta investir num posicionamento para a marca, em diferenciais e em todas as melhores práticas conhecidas se a sua estratégia de *marketing on-line* vai numa direção oposta. Ou pior: inexiste.

Em 1996, muitos *sites* eram apenas o que os americanos maldosamente chamavam de *brochuware* ou simplesmente *"folder on-line"*. Em 2005, muitos *sites* continuam sendo exatamente iguais, apenas com algumas mudanças no *design*. No Capítulo 11, você lerá algumas considerações interessantes e uma análise mais detalhada a esse respeito.

Se a internet não colabora com o planejamento de *marketing* da sua instituição de ensino, é melhor não investir nela. Pelo menos até você descobrir como a *web* pode trazer retorno para o seu negócio. Não adianta criar um *folder on-line* – normalmente *web site*s sem serviços para o seu público – e esperar que esse *site* traga negócios para sua empresa.

Estar na *web* não significa necessariamente fazer negócios na *web*. Algumas empresas e instituições de ensino dispõem atualmente de apenas um *site* simples, com telefone e endereço da empresa, além de informações úteis para ajudar alunos e pais na escolha da instituição e de cursos. No entanto, muitas instituições investem em soluções de negócios *on-line*, possibilitando ao seu consumidor não apenas utilizar o *site* como um meio de comunicação, mas também como um canal de negócios para a empresa.

O chamado *e-business* está transformando-se em uma realidade. Porém, *e-business* não significa que o negócio precisa ser concretizado pela internet. A internet é hoje um excelente canal para iniciar um relacionamento com o consumidor, mas a venda não precisa ocorrer *on-line*.

No caso das instituições de ensino, nada impede que alguém agende a prova de vestibular *on-line*, escolhendo entre as datas disponíveis aquela que melhor se encaixar na sua agenda. Todavia, o aluno terá de visitar a instituição para realizar sua prova. E muito provavelmente a matrícula será realizada na própria instituição.

QUATRO TENDÊNCIAS PARA O *MARKETING ON-LINE*

Muito já se falou sobre *marketing on-line*. É possível encontrar bons livros e há inúmeros bons *site*s sobre o tema. Mas muito pouco é falado das novidades na área. Parece que emergimos em um pesadelo pós-estouro da bolha, em que nada de novo surge no horizonte. Ao contrário, têm surgido muitas inovações interessantes na área, enquanto outras, que eram apenas especulações, têm-se firmado na promoção de produtos e serviços através da internet, inclusive na área educacional.

A maioria de nós sabe da importância de ter um bom *site* e de usar a mídia *on-line* para promover uma instituição de ensino. Sabemos também da importância de integrar as ações *on-line* com as ações de *marketing* tradicional.

Então, para não sermos repetitivos, mostraremos neste capítulo alguns assuntos que ainda são temas de pesquisas mais aprofundadas, mas que apresentam aplicações práticas e que podem ser utilizados hoje. São quatro tendências que podem ser aplicadas ao *marketing* educacional.

TENDÊNCIA 1: *MARKETING* DE PERMISSÃO LEVADO A SÉRIO

O papa do *marketing* de permissão, o americano Seth Godin, disse que, para uma marca ou empresa iniciar um relacionamento por *e-mail* com um *prospect*, ela precisa que o consumidor tenha fornecido previamente seu *e-mail* e autorizado o envio de mensagens. O primeiro contato com o consumidor seria feito usando mídia de massa, como TV, rádio, mídia impressa, internet ou mesmo uma ação de *marketing* direto.

Este é o primeiro passo: interromper a atenção do consumidor para que ele se sinta atraído a iniciar um relacionamento por *e-mail* com aquela marca. Essa interrupção da atenção do internauta é chamada de *marketing* de interrupção e o relacionamento por *e-mail* posterior, já com o "eu aceito" do consumidor, de *marketing* de permissão. Portanto, o relacionamento com um *prospect* por *e-mail* precisa ter a autorização prévia do destinatário da mensagem. Todo *e-mail* que chegar sem que conheçamos a fonte poderia ser considerado *spam*, ou seja, mensagem indesejada. No entanto, outros autores consideram que a primeira mensagem de *e-mail* pode ser enviada sem a permissão do destinatário, desde que seja informado como se chegou a ele e que exista a possibilidade de o internauta descadastrar-se, também chamado de *opt-out*.

Essa é a visão da Associação Brasileira de *Marketing* Direto (ABEMD). Em seu guia "Boas Maneiras nas ações de *E-mail Marketing*", a ABEMD sugere que, em se tratando do primeiro contato, deve-se informar como foi possível chegar à pessoa que recebeu o *e-mail*, explicitar o produto ou serviço oferecido e apresentar de forma visível a alternativa *opt-in*. Se a pessoa não responder o *e-mail* com essa alternativa assinalada, deve-se entender que não deseja receber novas mensagens. Ao contrário de Seth Godin, a ABEMD diz que o *opt-in* – ou a permissão para receber mensagens – pode ser realizado depois que se recebe o primeiro *e-mail*.

Quem está certo? Concordamos com a visão de Seth Godin. Pedir a permissão para iniciar o relacionamento na primeira mensagem pode ser tão prejudicial a uma marca quanto pegar na mão de alguém que não conhecemos e depois perguntar: posso pegar na sua mão? O próprio Godin (2000) usa a metáfora do namoro para ensinar como se faz *marketing* de permissão. Segundo ele, o processo é tornar estranhos em amigos e amigos em clientes. Sendo assim, pegar na mão antes de ouvir a permissão do interlocutor pode não ser uma atitude muito sensata.

Para as instituições de ensino, o *marketing* de permissão é essencial, principalmente para prospectar novos alunos ou pais de alunos. Se não optarem em construir no primeiro momento uma lista com permissão, as instituições podem alugar listas *opt-in* de *sites* confiáveis ou de empresas idôneas, como Datalistas, e enviar campanhas de *e-mail marketing* promovendo produtos e serviços. Também podem construir sua própria lista, apostando no relacionamento com seus *prospects* e na concessão da permissão por parte deles.

O *marketing* de permissão lembra o *marketing* direto, mas, segundo Godin, a permissão é intransferível. Não podemos transferir a permissão dada a uma marca para outra, e sim apenas criar ações em conjunto com aquela marca.

Apesar de já ter mais de cinco anos, o *marketing* de permissão ainda é uma tendência, pois não é bem utilizado pela maioria das instituições de ensino. São diversas suas utilidades na área educacional, como, por exemplo:

- O *marketing* de permissão é baseado no relacionamento. Pode ser utilizado para que a escola se relacione com seus públicos. Como a permissão é intransferível, é melhor que a escola crie sua própria lista *opt-in*. Essa lista pode ser de alunos, ex-alunos, visitantes, *prospects*, enfim, depende dos objetivos de *marketing* da instituição.
- Não existe *marketing* de permissão sem incentivo. Uma escola, por exemplo, poderia oferecer em seu *site* alguma informação interessante ou serviço útil, como uma *newsletter* sobre eventos promovidos pela instituição ou um *e-book* que ajude os pais na educação dos seus filhos. Ao escolherem receber esses "incentivos", os visitantes do *site* estariam confiando sua permissão àquela instituição. Essa permissão seria o passo inicial do relacionamento que propõe transformar desconhecidos em amigos e amigos em clientes.
- É preciso continuar investindo no relacionamento. Se a escola resolvesse criar um *e-book* grátis, com a colaboração dos professores, que ajudasse os pais a fazer as escolhas certas na educação de seus filhos, esse *e-book* seria o início do relacionamento. Contudo, o relacionamento deveria continuar até o ponto em que os pais percebessem a escola como efetivamente preocupada com a educação dos seus alunos.

A longo prazo, o relacionamento entre a escola e desconhecidos que ainda não tivessem filhos matriculados lá, mas que conhecessem a instituição e seu *site*, poderia trazer frutos para a instituição.

É importante lembrar que, para construir uma lista de *e-mails* com permissão, estimulando o cadastramento de *prospects*, é necessário criar ações *on-line* e *off-line* de longo prazo, estimulando o relacionamento e recompensando os usuários *prospects* por esse relacionamento.

Em uma estratégia de *marketing* de permissão, a venda acontece a longo prazo e é uma causa natural do relacionamento. Em 2001, a Universidade Anhembi Morumbi investiu na criação de uma *newsletter* para os cursos seqüenciais. Em pouco mais de um ano, essa *newsletter*, que era enviada mensalmente para *prospects* cadastrados no *site* da universidade, já possuía mais de 4 mil pessoas cadastradas, entre alunos, ex-alunos e visitantes do *site*.

A *newsletter* custava pouquíssimo para a universidade, pois era confeccionada por um aluno do curso seqüencial de Criação e Desenvolvimento de *Web Sites*. Além disso, os artigos eram escritos pelos próprios professores. Constantemente, a Universidade Anhembi Morumbi enviava para os assinantes da *newsletter* novidades sobre cursos e eventos promovidos pela instituição. A *newsletter* dos cursos seqüenciais foi o início do relacionamento com vários prospectos da instituição, atuais alunos.

TENDÊNCIA 2: REDES SOCIAIS

Entender o fenômeno e suas aplicações

Há mais de uma centena de comunidades relacionadas à Instituição de Ensino Superior Universidade Paulista (UNIP) no Orkut. Essas comunidades *on-line* são as vozes dos alunos sobre os mais diversos temas: do aumento da mensalidade, reprovado por todos, ao professor que é adorado pela maioria dos alunos do curso de Administração.

O Orkut, assim como *sites* como Friendester, Dogster e LinkedIn, são a grande novidade do momento na internet. Essas aplicações mapeiam a nossa rede de relacionamentos *on-line*, deixando às claras nossos amigos e mostrando, para nosso espanto, o quanto é grande nossa rede de contatos. Ao redor dessas redes de relacionamento surgem, naturalmente, comunidades *on-line*. Mas como começou e até onde vai a "nova onda" de mapear as redes sociais? E qual a aplicação dessas comunidades e das redes sociais no *marketing* educacional?

Uma das experiências mais conhecidas de mapeamento das nossas redes sociais aconteceu em 1967, nos Estados Unidos. O cientista Stanley Milgram descobriu que cada um de nós está a apenas seis graus de separação de outro grupo de pessoas. Milgram chegou a esse número por meio de uma experiência realizada com 160 pessoas que viviam em Boston e Omaha (Nebraska).

Para cada um dos participantes da experiência, Milgram enviou uma correspondência com instruções para que a mesma chegasse a uma pessoa-alvo, originária de Sharon, Massachussets, mas que trabalhava em Boston. As pessoas não poderiam enviar a correspondência diretamente à pessoa-alvo, e sim buscar amigos, contatos e outras pessoas que a conheciam e que pudessem ajudar na entrega da correspondência. Estas eram as regras.

Cada pessoa deveria escrever o seu nome na correspondência, de modo que depois fosse possível monitorar o caminho percorrido até o seu destino final. O método criado por Milgram ficou conhecido como *small-world* (mundo pequeno). Ao final da experiência, Milgram descobriu que o número médio de intermediários entre os participantes da experiência era de seis pessoas. Ou seja, a correspondência, em média, passou por outros seis atravessadores antes de chegar ao seu destinatário final.

Essa experiência científica, depois chamada de "Seis Graus de Separação", graças a uma peça na Broadway que virou filme, demonstra que vivemos em um mundo realmente pequeno e que nossas redes podem ser muito maiores do que efetivamente sabemos.

Por exemplo: se eu tiver 10 amigos e estes 10 amigos tiverem cada um 10 amigos, a minha rede no primeiro grau de separação é de apenas 10 amigos, mas no segundo grau é de 10 x 10 amigos, ou seja, em apenas dois graus de separação, estou ligado a cem pessoas. Em seis graus de separação estou ligado a 10^6, o que dá um milhão de amigos. Teoricamente, a minha rede social é muito maior do que eu realmente conheço.

Só que em 1967 era muito mais complicado monitorar nossas redes sociais. Com a internet, muda tudo. Aos poucos, as redes sociais vão sendo mapeadas, sejam elas redes de relacionamentos ou redes de negócios. Todas as aplicações hoje são construídas para mapear nossas redes sociais, desde os comunicadores instantâneos, como *Messenger* e ICQ, passando pelos contatos que você tem cadastrado na sua lista de endereços no *Hotmail* ou no seu programa de *e-mails*.

Todavia, há aplicações específicas, que deixam as redes às claras. O *Orkut* é uma delas. Desenvolvido pelo *Google*, não aceita inscrições de novos usuários através da internet. Para usar o *Orkut*, é necessário que o novo usuário seja convidado a participar, como em um clube. Uma vez sendo convidado e participando, o usuário tem mapeada sua rede de amigos e a rede dos amigos dos seus amigos.

Outra aplicação é o *site LinkedIn*, que usa aplicações de redes sociais na internet para mapear as redes sociais de caráter profissional. O *LinkedIn* recebeu 4,7 milhões de dólares da Sequoia Capital, o mesmo grupo de capital de risco que está por trás do *Yahoo!*, *Google* e *PayPal*, além do Plaxo, que também monitora as redes sociais pela internet.

O *LinkedIn* oferece aos seus usuários a possibilidade de mapear sua rede de contatos e, ao contrário do *Orkut*, tem aplicações mais profissionais. O *site* possui uma aplicação que permite copiar os contatos da lista de contatos do *Outlook* e enviar um convite para cada um dos usuários. Esses usuários, ao se cadastrarem no *site* e criarem seu próprio perfil, poderão visualizar sua rede de contatos e buscar oportunidades de trabalho ou de emprego através dessa rede. O *LinkedIn* mapeia quantos graus de separação existem entre cada um dos contatos. A partir do contato com apenas dois profissionais que conheço, foi possível criar uma rede de 33.800 pessoas, sendo que cerca de 2.100 apenas no Brasil.

É possível entrar em contato com qualquer profissional da rede do *LinkedIn*. Porém, os profissionais em todos os graus de separação participarão desse contato. Se for necessário entrar em contato com alguém da minha rede, terei de fazê-lo via os demais profissionais que me separam do meu contato final.

O *LinkedIn* e o *Orkut* inspiram-se claramente nas idéias de Milgram, na Teoria *Small World* e na teoria dos Laços Fracos (*The Strenght of Weak Ties*) de Granovetter, que demonstrou em 1973 que, para conseguir um emprego, é mais fácil usar nossos laços com pessoas que raramente temos contato (laços fracos) do que com amigos e familiares (laços fortes). Mais uma particularidade das redes sociais.

Através do *LinkedIn*, é possível conhecer todos os laços fracos das nossas redes sociais e tentar encontrar emprego ou trabalho por meio desses laços. Como citado no relise do *LinkedIn* para a imprensa, é 10 vezes mais fácil encontrar negócios ou emprego em uma rede de contatos do que através de *sites* de empregos.

Observando nossas próprias redes sociais, podemos destacar um aspecto importante. Existem pessoas altamente conectadas, com grande número de contatos. Essas pessoas são os *hubs* e caracterizam as redes de topologia escalável, como a internet. Em 1999, o cientista húngaro Barabási provou que a topologia da internet é de uma rede escalável, em vez de uma rede randômica. Isso implica em uma rede em constante crescimento e com *hubs*, que são nós (nodes) que congregam o maior número de *links*. Um *site* muito linkado é um *hub*, assim como as pessoas que têm muitos contatos na sua Lista de Contatos do Outlook ou no Orkut.

Em 2002, cientistas alemães da Universidade de Kiel provaram que nossa rede de contatos formada pela Lista de Contatos do *Outlook* também era uma rede de topologia escalável. E, como toda rede desse tipo, muitos usuários desempenham o papel de *hubs*. Os alemães sugeriram em seu trabalho, inclusive, que para deter o avanço de vírus informáticos em redes corporativas era preciso monitorar exatamente as pessoas com maior número de contatos no *Outlook*.

Se os *hubs* são os culpados pela disseminação dos vírus, poderiam ser ótimos disseminadores de boatos, correntes e comunicação boca a boca positiva ou negativa sobre produtos e serviços. Poderíamos, através dos usuários mais conectados, promover nossa instituição de ensino? As primeiras experiências nesse sentido estão sendo realizadas. Uma coisa é certa: é preciso prestar um pouco mais de atenção aos diálogos dos consumidores nessas redes sociais.

No *Orkut*, por exemplo, é possível encontrar diálogos espontâneos desde pontos positivos a respeito de uma instituição de ensino a reclamações dos alunos sobre a mesma. Uma das comunidades mais populares do *Orkut* é a Galera da Unip. A comunidade foi criada por Diego Serra, 18 anos, estudante da UNIP Anchieta, em São Paulo. Diego tem no *Orkut* 152 amigos, mas a comunidade que criou para se confraternizar com todos os alunos da Unip no Brasil tem cerca de 2.000 participantes.

Na comunidade, são discutidos diversos temas que podem interessar os gestores de *marketing* da Unip. Observando os comentários, podemos encontrar desde sugestões dos alunos para melhorar as propagandas da universidade na TV até reclamações dos mesmos sobre o sistema de notas implementado pela universidade. Infelizmente, não encontramos uma palavra oficial dos representantes da instituição nessa comunidade.

Já a Universidade Anhembi Morumbi é um pouco diferente. Além de o vice-reitor ser um freqüentador assíduo do *Orkut*, um coordenador de cursos de Tecnologia, Alan Carvalho (267 amigos) utiliza o *Orkut* e sua rede social, formada por alunos da instituição, para ampliar seus canais de comunicação. Carvalho é comumente visto nos fóruns do *Orkut* trocando informações com os alunos e respondendo a questionamento sobre diversos temas relacionados aos seus cursos. O conhecimento da área de tecnologia ajuda e estimula que não só Carvalho, mas também os alunos dos cursos de Tecnologia utilizem o *Orkut* como uma ferramenta de relacionamento.

Essa utilização transforma Carvalho não apenas em um coordenador de curso, mas em um Relações Públicas da instituição Anhembi Morumbi. Infelizmente, em rápida pesquisa no *Orkut*, observamos que são poucas as instituições de ensino que aproveitam o seu potencial e de outras aplicações baseadas em redes sociais para se comunicar com seus diversos públicos. Esta é mais uma tendência do *marketing on-line*: ouvir os consumidores e dialogar com eles através do entendimento das características das redes sociais.

TENDÊNCIA 3: *BLOGUES*

As vozes que não ouvimos

Ouço vozes que vêm da internet e que me falam de experiências, vivências. Essas vozes espalham-se por *e-mail*, em fóruns *on-line* e agora, mais do que nunca, em pequenos *sites* pessoais, facilmente atualizáveis, chamados de *blogues*.

Essas vozes não estão isoladas. Elas se comunicam entre si, trocam experiências e mantêm laços estreitos. Por trás das vozes estão não só pessoas, mas também consumidores de produtos e serviços. Futuros alunos ou pais de alunos da sua instituição de ensino.

A publicidade vende "experiências" e essas pessoas relatam suas experiências com universidades, escolas particulares e públicas, bares, restaurantes, tênis novo, carro novo, impressoras, filmes, comidas enlatadas, ou seja, tudo o que faz parte de suas vidas. E essas vozes estão na internet, bem perto dos nossos olhos. A publicidade vive uma das suas maiores crises no mundo todo. Crise de clientes – cai o investimento em campanhas e ações massivas nos meios de comunicação – e crise de credibilidade – investe-se mais para se ter cada vez menos retorno.

Publicitários e comunicadores não freqüentam o ponto de venda. Lá, nas lojas, na vida real, estão as pessoas por trás das vozes que circulam pela internet. Nós, que odiamos o ponto de venda, mas queremos vender para as pessoas que estão lá, podemos prestar um pouco mais de atenção às vozes da internet, aos comentários de *blogues* que, ao contrário do que erroneamente é divulgado pela Imprensa, não são diários *on-line*.

Os *blogues* podem ser escritos diariamente, semanalmente, mas não trazem apenas confissões pueris de jovens adolescentes. Nos Estados Unidos, os blogueiros que escrevem sobre política foram convidados oficialmente, assim como a imprensa americana, a cobrir todos os eventos das eleições.

Observem os depoimentos abaixo. Eles foram recolhidos em *blogues* e falam da experiência do consumidor com instituições de ensino:

> "To estudando um pouco, vou prestar 2 vestibulares.....mas este ano em uma facul paga..afinal num posso ficar parado no tempo....vou prestar pra Ciência da Computação na Unifmu...e talvez pra Medicina na Unicid..... depende muito de algumas coisas....vou investir pesado em mim....to estudando um pouco durante a semana, minha preparação ta sendo boa...."
> Fonte: www.lagrimasvazias.blogger.com.br/2003_10_01_archive.html
>
> "Estudar na FAAP....................R$ 1300,00 Estudar na UNIP.................... R$ 1200,00 Estudar na FEI......................R$ 900,00 Estudar na PUC...............R$ 700,00 Estudar no MACK.................R$ 500,00 Estudar na USP – NÃO TEM PREÇO!!! Mas também... Não tem aula, nem professores...Não tem giz, carteira, material didatico... não tem festa boa... Não tem mulher sem bigode... e no verão, não tem férias!!! "EXISTEM COISAS QUE DINHEIRO PODE COMPRAR, E PARA ESTAS, EXISTE MASTERCARD"
> Fonte: http://goodemails.blogger.com.br

Os depoimentos espontâneos dos internautas em *blogues* podem ser utilizados principalmente por gestores de *marketing* que querem entender como o seu produto é percebido. É uma excelente ferramenta de pesquisa, pois, além de espontâneos, os depoimentos não ferem a privacidade do internauta. Eles são depoimentos públicos.

Em geral, os internautas estão cientes de que tudo o que eles escrevem na internet poderá ser lido. No contrato[1] que o internauta aceita ao criar um *blogue* no Blogger.com.br está escrito: "Usar um *blog* é como mandar uma mensagem instantânea para toda a *web*: você escreve sempre que tiver vontade e todos que visitam seu *blog* têm acesso ao que você escreveu".

Ao monitorar os diálogos espontâneos dos clientes ou *prospects* de uma instituição de ensino a partir da análise dos blogues, poderemos detectar:

- O que os internautas estão comprando e que características de produtos e serviços ligados à educação eles mais valorizam.
- A experiência de uso do consumidor com produtos ou serviços no pós-compra e a experiência do aluno da sua instituição.
- Outros produtos ou serviços pelos quais o consumidor daquele item específico tem interesse.

---

[1] Fonte: http://blogger.globo.com/br/about.jsp.

- O perfil sociopsicológico daquele consumidor. É natural que os internautas exponham aspectos de suas vidas em *blogues* e *sites* pessoais.

Ouvir vozes na internet sobre a experiência com produtos e serviços não requer muito, apenas tecnologia trivial e um pouco de vontade. A monitoração dos blogues para conhecer os hábitos e as opiniões dos consumidores sobre diversos produtos está tornando-se uma realidade. Por outro lado, as tentativas de incluir os blogueiros em ações de propaganda para promover novos produtos até o momento não se mostraram muito satisfatórias.

Numa ação realizada no começo de agosto, a Warner Brothers Records, dos EUA, enviou um *e-mail* para alguns blogueiros que escrevem sobre música pedindo para que eles disponibilizassem em seus blogues um MP3 de uma de suas novas bandas, The Secret Machines.

A estratégia não foi recebida pela maioria dos blogueiros. De acordo com uma matéria publicada no The New York Times, alguns blogueiros tiveram receio de ver sua credibilidade comprometida a fazerem parte do esquema de divulgação de uma grande gravadora.

A matéria afirma ainda que alguns comentários aparentemente falsos "e bastante positivos" apareceram em um dos blogues que disponibilizou a música da nova banda, o que acabou comprometendo ainda mais a credibilidade da ação.

Já a Universidade de Wharton, nos EUA, ao lançar sua editora, a Wharton School Publishing, fez o lançamento de dois livros, distribuindo-os gratuitamente para os internautas, principalmente blogueiros. Os resultados têm sido satisfatórios, com ambos os títulos subindo na lista dos mais vendidos da Amazon.

TENDÊNCIA 4: *MARKETING* VIRAL

O boca a boca na internet

Kotler considera a comunicação boca a boca como um canal de comunicação pessoal de caráter social. Segundo o autor, os canais sociais são constituídos de vizinhos, amigos, familiares e colegas que falam com compradores-alvo.

A comunicação boca a boca para Kotler é geralmente iniciada por "formadores de opinião ou empresas e pessoas influentes" (KOTLER, 2000, p. 580). Para ele, a organização é quem deve iniciar esse tipo de comunicação, estimulando seus canais de influência pessoal e usando técnicas específicas.

Percebemos o boca a boca na internet quando assistimos à disseminação de mensagens interpessoais, chamadas de *comunicação viral*. A terminologia "viral" faz referência ao vírus informático, que se dissemina entre pessoas usando o mapeamento das nossas redes sociais.

Os primeiros autores a usarem o termo *marketing* viral foram Steve Jurvetson e Tim Draper que incluíram o termo viral *marketing* na descrição do case do provedor de *e-mails* gratuito Hotmail[2], que em 18 meses após ser lançado, em 1996, conquistou 12 milhões de assinantes.

Jurvetson e Draper, também investidores da então *startup Hotmail*, creditam o sucesso do serviço à simples utilização de um lembrete ao final de cada *e-mail*, logo abaixo da mensagem do internauta. Nesse lembrete se lia: P.S. *Get your free email at Hotmail*. Ao enviar um *e-mail* para um amigo ou conhecido, os internautas mandam involuntariamente essa mensagem, promovendo, assim, o serviço entre seus amigos. Na versão brasileira atual do Hotmail, a estratégia viral permanece, apenas a mensagem foi mudada para: MSN Hotmail, o maior *webmail* do Brasil. http://www.hotmail.com

No início, os empreendedores do Hotmail ficaram um pouco receosos em colocar essa mensagem, invadindo o espaço da mensagem de *e-mail* dos internautas. Então, foi demarcada uma área para a mensagem, separando-a da mensagem pessoal por uma linha, além de ter sido removido o P.S., que deixava dúvidas se tinha sido mesmo o remetente o responsável por aquele lembrete no final do *e-mail*.

Jurvetson e Draper notaram que o padrão de disseminação do Hotmail ao redor do mundo foi muito parecido com o de um vírus. Os autores observaram que o Hotmail rapidamente se espalhava através das redes sociais entre grupos específicos de usuários, por exemplo, pessoas pertencentes a um mesmo país. Eles citam a adoção e a proliferação do serviço na Índia. Bastou que um estudante da Índia adotasse o serviço, criando a primeira conta naquele país, para que o número de contas na região crescesse rapidamente para aquele cluster.

O caso do Hotmail é exemplar também se comparado a seus concorrentes, que não usaram de estratégias de *marketing* viral. O Juno, seu concorrente na época, investiu cerca de 20 milhões de dólares para promover seu serviço, enquanto o Hotmail investiu apenas 500 mil dólares. O Juno, no entanto, adquiriu apenas uma fração dos usuários do Hotmail no mesmo período.

Em uma pesquisa realizada pelo Instituto de Pesquisas Diga-me, com 11.709 internautas brasileiros, entre abril e junho de 2001, foi perguntado de onde vinha a indicação para o internauta acessar um novo *site*. Os internautas poderiam dar múltiplas respostas. Cerca de 60% dos internautas afirmaram que conhecem um novo *site* pela indicação de amigos ou através de *e-mails* de amigos (35%). Em outro estudo realizado com consumidores em sete países europeus, 60% declararam que passavam a usar uma nova marca por influência de familiares e amigos.

---

[2] Jurvetson, S.; Draper, T. Viral Marketing, 16 de dezembro 1998. Disponível em: http://www.dfj.com/files/viralmarketing.html>. Acesso em 15 de março de 2004.

Apesar dos números, gerar boca a boca ou *buzz*, como também é chamado, não é algo muito simples. Normalmente, a comunicação boca a boca é espontânea e não pode ser controlada ou mensurada. E tudo que não pode ser controlado ou mensurado não tem valor para o *marketing*.

Acontece que a internet e o fenômeno dos *blogues* e dos *sites*, que deram voz fácil e rápida ao usuário comum, estão mudando a face da comunicação boca a boca. Nós que não somos pessoas públicas, e sim consumidores, também influenciamos positivamente ou negativamente outros consumidores. Antes da internet, o *buzz* não podia ser mensurado. Hoje, porém, isso tem mudado. À medida que o consumidor ganha voz no ambiente *on-line*, em *chats*, *blogues*, *sites* pessoais, fóruns e listas de discussão, ocorre uma materialização do boca a boca.

Hoje, empresas como a brasileira E-life Comunicação (www.elife.com.br) e a americana BuzzMetrics (http://www.buzzmetrics.com/) nada mais fazem do que mapear o boca a boca sobre produtos e serviços, além de criar estratégias para estimulá-lo. Como? Monitorando *sites* pessoais, *blogues*, listas de discussão em busca de menções a experiências com produtos e serviços. E buscando também os internautas que fazem essas menções, ou seja, os formadores de opinião.

Para estimular o boca a boca essas empresas cadastram internautas interessados em ser formadores de opinião, ou seja, internautas interessados em analisar um produto ou serviço e falar dele para sua rede de contatos através da internet. Esses internautas são recrutados e, em seguida, a empresa faz uma triagem deles de acordo com o perfil do produto ou serviço, e envia um *kit* do seu cliente e um manual sobre como falar do produto. O *kit* inclui uma amostra grátis do produto, para que o internauta possa testá-lo. O próximo passo, então, é estimular os internautas a falarem do produto. Nada impede, porém, que o internauta fale mal de um produto, caso ele não goste. Os depoimentos precisam ser verdadeiros.

Emmanuel Rosen (2000) comenta que os marqueteiros estão na escuridão porque eles não conhecem as nossas redes sociais, ou seja, com quem falamos sobre produtos e serviços e sobre o que falamos. Rosen também diz que nós, consumidores, devemos respirar aliviados por esse desconhecimento do pessoal de *marketing*.

Olhando a internet hoje, eu não teria tanta certeza da escuridão dos marqueteiros. Fenômenos como os comunicadores instantâneos, as comunidades *on-line* e *sites* como *Orkut* e *Linkedin* expõem cada vez mais nossas redes sociais e nossos diálogos sobre tudo o que gostamos e consumimos.

As instituições de ensino podem estimular o boca a boca *on-line* de seus produtos e serviços criando ações de *marketing* bem simples, tais como:

- Estimular a produção *on-line* de trabalhos de alunos e professores da instituição. É importante que os trabalhos fiquem disponíveis para o acesso de todos.

- Criar páginas pessoais para professores e alunos, estimulando que esses *sites* sejam abertos a visitantes de fora da Universidade.
- Criar um serviço de *blogue* para os alunos e estimular que eles usem o *blogue* da escola para escrever sobre o que quiserem. Para cada *blogue* criado, haverá uma ação de *marketing* em andamento com a marca da sua instituição.
- Estimular os professores da instituição a escrever artigos não-científicos sobre os temas das suas disciplinas e estabelecer parcerias com diversos portais para a publicação desses artigos.

Normalmente, ações desse tipo são gratuitas e trazem visibilidade para a instituição, além de gerar boca a boca.

REFERÊNCIAS

BALL, P. Hub caps could cut vaccine costs. Nature, Science Update, 17 dez. 2003. Disponível em: < http://www.nature.com/nsu/031215/031215-3.html>. Acesso em: 17 mar. 04.

BALL, P. Pesquisadores criam esquema simples de combate a spam. Mundo Digital, São Paulo: 20 fev. 2004. Disponível em: < http://noticias.uol.com.br/mundodigital/ultimas/2004/02/20/ult8u830.jhtm>. Acesso em: 17 mar. 04.

BENTIVEGNA, F.J. Fatores de impacto no sucesso do *marketing* boca a boca *on-line*. *Revista de Administração de Empresas*. São Paulo, v.42, n.1, p.79-87, jan/mar. 2002.

E-MAIL é um dos principais fantasmas da era digital. IDG NOW! São Paulo, 1 nov. 2000, Internet. Disponível em:<http://idgnow.terra.com.br/idgnow/Internet/2000/11/0002>. Acesso em: 17 mar. 2004.

GODES, D.; MAYZLIN, D. Using online conversations to study word of mouth communication. Boston: May 2002. Disponível em: <www.stanford.edu/group/*SITE*/Mayzlin2.pdf>. Acesso em: 15 mar. 2004.

GODES, D.; MAYZLIN, D. Using online conversations to study word of mouth communication. Boston: august 2003. Disponível em: < http://www.som.yale.edu/faculty/dm324/wom2.pdf>. Acesso em: 15 março 2004.

GODIN, S. *Marketing de permissão*. Rio de Janeiro: Editora Campus, 2000.

GODIN, S. *Marketing idéia vírus.* Rio de Janeiro: Editora Campus, 2001.

IKEDA, A.A. A importância da comunicação informal na aquisição de bens e serviços. In: CORRÊA, T.G.; FREITAS, S.G. *Comunicação, marketing, cultura: sentidos da administração, do trabalho e do consumo*. São Paulo: Centro Lusitano de Cultura, 1999. p.67-79.

KOTLER, P. *Administração de marketing*. São Paulo: Pearson, 2000. p.580.

KRISHNAMURTHY, S. *Person-to-person marketing: the emergence of the new consumer web.* 2001. 43 f. Paper. Business Administration Program – University of Washington, Washington.

LEVINE, R. et al. *O manifesto da economia digital: o fim dos negócios como nós conhecemos*. Rio de Janeiro: Campus, 2000.

LIMA, A.B. *E-LIFE: idéias vencedoras para marketing e promoção na internet*. Rio de Janeiro: Altabooks, 2003.

MCLUHAN, M. *Understanding media.* Londres: Sphere Books, 1969.

ROSEN, E. *The anatomy of buzz: how to create word of mouth marketing*. New York: Doubleday, 2000.

WATTS, D.J. *Six degrees: the science of connected age*. New York: W.W. Norton, 2003. 368 p.

. 11 .
Portais Institucionais como Instrumento de *Marketing*

Elisa Wolynec
William A. Torres

INTRODUÇÃO

Neste capítulo, discutiremos a utilização do portal das instituições de ensino superior para execução das estratégias de *marketing*. Serão apresentados os requisitos e as funcionalidades básicas que todo o *website* de uma instituição desse porte deve conter. Apresentaremos também os resultados de uma pesquisa efetuada com os *websites* das 100 maiores universidades privadas do Brasil, juntamente com sugestões para o uso eficaz da internet como instrumento de *marketing*.

A FUNÇÃO DO PORTAL DA INSTITUIÇÃO DE ENSINO SUPERIOR

Nenhuma universidade ou instituição de prestígio sobrevive atualmente sem um *site* na internet. Entretanto, apenas estar presente na internet não é suficiente. A chave do sucesso está em desenvolver essa presença de modo a oferecer comunicações personalizadas para cada tipo de público: estudantes em potencial, estudantes atuais, antigos alunos, docentes, pais de alunos, empresas, enfim, os diferentes públicos com que a instituição se relaciona. Mesmo restringindo o objetivo das comunicações ao corpo discente, a instituição deve planejar a sua presença na internet a fim de atrair estudantes em potencial para o seu *site*, encorajá-los a retornar e inscrever-se para algum curso e, posteriormente, manter um relacionamento virtual durante toda a duração do curso, continuando esse contato com o seu aluno mesmo depois de formado.

Embora a grande maioria das instituições de ensino superior no Brasil tenha seu *site* na internet, boa parte dos *websites* dá a impressão de que foram construídos sem um objetivo claro do que se pretende atingir. São geralmente desenvolvidos pela equipe de informática da instituição, sem um planejamento prévio por parte da equipe de *marketing* e sem a participação dos administradores e dirigentes na definição das prioridades.

Podemos classificar os *websites* em quatro tipos principais, com base no que vem sendo usado pelo mundo corporativo:

- Primeira Geração – *sites* estáticos, com imagens e informações publicadas. Em termos de comunicação, são mais pobres do que material impresso, pois são mais difíceis para ler e consomem tempo enquanto se espera o *download* das imagens.
- Segunda Geração – estão um passo a frente, pois, além de fornecer informações, possuem ações de *marketing* e relações públicas, porém não são transacionais. A falta de interatividade impede que os diferentes públicos permaneçam por algum tempo no *site* e aprofundem-se nas informações.
- Terceira Geração – são *sites* transacionais, com características de comércio eletrônico. Estudantes em potencial podem inscrever-se no processo seletivo *on-line* e pagar a taxa de inscrição. Alunos podem matricular-se pela internet, ver suas datas de prova, solicitar serviços. Existe um bom nível de interatividade para diferentes públicos. A construção desse tipo de *site* exige um planejamento que envolve o pessoal de informática, os dirigentes e administradores, além do pessoal de *marketing*.
- Quarta Geração – são *sites* transacionais que permitem uma personalização dinâmica para os diferentes públicos. Além das transações de comércio eletrônico, registram os visitantes e os reconhecem quando retornam, comunicando-se proativamente com eles.

Neste capítulo, vamos referir-nos aos *websites* de primeira e segunda geração simplesmente como *sites* e utilizamos "portais" para os de terceira e quarta geração. Em termos simples, portais são os que possuem boa interatividade e são transacionais.

PRINCÍPIOS BÁSICOS

Ao projetar um *site* na internet, qualquer que seja a sua finalidade, o primeiro ponto que deve ser levado em conta é a usabilidade. Usabilidade é um assunto que cada vez mais vem ganhando destaque na construção de *sites* e, embora pareça novo, esse termo remonta ao pós-guerra, quando se iniciaram os primeiros estudos de ergonomia. Nos anos de 1970, a interação homem-computador começou a ser estudada, juntando a ciência da computação e a psicologia. Com a utilização de computadores por um contingente cada vez maior de pessoas, desenvolveram-se normas que visam a assegurar a qualidade dessa interação.

A ISO 9241 define usabilidade como: "Medida na qual um produto pode ser usado por usuários específicos para alcançar objetivos específicos com eficácia, eficiência e satisfação, em um contexto específico de uso". Foi, porém, com a explosão da utilização da internet que o termo popularizou-se e a preocupação com a interatividade homem-computador tornou-se ainda mais importante. Em meados dos anos de 1990, um nome começou a destacar-se nesse cenário: Jakob Nielsen. Ex-engenheiro da Sun Microsystems, Nielsen causou e ainda causa polêmica ao divulgar seus estudos de como tornar páginas de *web* mais fáceis de navegar, com tempos de *download* menores e com conteúdo simples e direto. Segundo ele, "Não é o que você acha do seu *site* o que conta, mas sim o que os usuários pensam dele". Consagrado como o "guru da usabilidade", seus conceitos ajudaram a desenvolver, por exemplo, o Google, reconhecido como o melhor e mais eficiente *site* de mecanismo de busca da atualidade. No *site http:// www.useit.com*, Jakob Nielsen disponibiliza em sua coluna quinzenal artigos e documentos que podem ser úteis como referência sobre *design* simples para facilitar a navegação, bem como métodos para a criação de interfaces que atraiam clientes.

Em resumo, usabilidade é uma metodologia que deve ser utilizada para que os *sites* sejam amigáveis, fáceis de usar, intuitivos e ao mesmo tempo funcionalmente potentes, satisfazendo as necessidades dos usuários. Além da usabilidade, alguns princípios básicos são importantes no planejamento e no desenvolvimento de um portal para a instituição de ensino.

Devem ser definidos os públicos que serão atendidos e suas respectivas necessidades, criando áreas específicas para cada um deles. Dessa forma, cada público recebe um tratamento personalizado. No *marketing* tradicional, chamamos isso de segmentação. Diferentes públicos terão diferentes experiências em um mesmo *site*. A maioria dos "portais" das universidades dos países desenvolvidos segmenta suas audiências na primeira página (futuros alunos, estudantes de graduação, pós-graduação, pesquisadores, docentes, empresas, etc.). As informações consumidas pelo público interno e o externo são distintas e a separação evita confusão e excesso de informação para o público externo.

A organização e o compartilhamento de informações com audiências distintas estão tornando-se um ponto-chave para o sucesso das instituições de ensino superior. Estudantes, pais, alunos de pós-graduação, ex-alunos, docentes e comunidade em geral devem receber informações específicas rotineiramente, sendo dirigidos para as informações mais atuais e relevantes a seus interesses.

Assim, é necessário definir uma área específica para estudantes em potencial (*prospects*). Estes necessitam informações que, em geral, são inúteis para os alunos que já estão matriculados ou para o corpo docente. Cada vez mais os estudantes de graduação e de pós-graduação buscam informações da instituição na internet antes de escolher onde querem matricular-se. O "portal" universitário é, atualmente, um foco estratégico na captação de estudantes.

Três elementos são fatores-chave para todos os públicos:

- Navegação – habilidade de encontrar com facilidade o que se procura.
- Informação – deve ser fornecida em maior profundidade que o material escrito, porém subdividida e utilizando *hiperlinks*, de modo que o usuário possa obter a informação na medida de seu interesse.
- Comunicação visual, atratividade e funcionalidade – deve-se tornar o ambiente atrativo para o visitante, porém sem excesso de multimídia, colocando a funcionalidade em primeiro lugar.

Uma vez definidos os públicos, os serviços e as informações que serão oferecidas, pode-se projetar a estrutura do portal. É importante que a atualização de informações e os serviços oferecidos tenham alto grau de automação para minimizar custos. É muito comum encontrarmos informações ultrapassadas nos *sites* das instituições, anunciando eventos já ocorridos. Isso demonstra que esses anúncios são inseridos manualmente, em vez de utilizar-se uma ferramenta de publicação de notícias, com data de início e fim, publicando e arquivando a notícia automaticamente, sempre no mesmo local e com o mesmo padrão.

NAVEGAÇÃO

Barras de menu consistentes oferecendo conexão direta com as principais sessões do *site*, facilidades de busca e *hiperlinks* que permitam um aprofundamento de cada tópico são indispensáveis para uma boa navegabilidade. Deve-se planejar o mapa do *site*, isto é, sua estrutura de navegação, verificando de maneira crítica se essa estrutura faz sentido para uma pessoa que não está familiarizada com a instituição. Lembre-se que o usuário não conhece sua instituição nem os cursos que ela oferece. O objetivo da navegação é fazê-lo chegar à informação desejada de forma rápida e simples. A maioria dos "portais" de sucesso segmenta seus públicos na página principal. Possuir uma intranet para os estudantes atuais e a comunidade acadêmica evita excesso de informação e confusão para audiências externas.

Estudantes em potencial em busca de informações podem ser atraídos para um item de menu denominado "candidatos" ou "futuros alunos". Entretanto, a menos que haja um modo claro de navegação que os dirija para todos os tópicos que a instituição gostaria de mostrar aos interessados, eles não vão saber como encontrar esses tópicos. É importante haver *links* que permitam ao estudante aprofundar-se nos detalhes do curso e das atividades de seu interesse.

INFORMAÇÃO

A informação deve ser disponibilizada em blocos não muito grandes, uma vez que páginas com textos longos, em que se tem de rolar a página para baixo várias vezes, são entediantes e desestimulam o internauta devido ao desconforto de ler na tela do monitor. A informação deve seguir o esquema de pirâmide invertida, ou seja, informação mais relevante primeiro, seguida pelos detalhes. Fazer parágrafos com freqüência, usar bons títulos e subtítulos também são boas dicas para dispor a informação de forma mais atraente.

As principais áreas de conteúdo, por exemplo, para estudantes em potencial são:

- Informações sobre o curso de seu interesse, incluindo programa do curso, ambiente de aprendizagem oferecido, laboratórios, atividades práticas, perspectivas do mercado de trabalho, programas de especialização e pós-graduação.
- Uma visão ampla da instituição, sua missão e seus valores, sua localização, os serviços oferecidos aos estudantes, as atividades extracurriculares e sociais. Essa parte deve ser documentada com fotos, vídeos e *tour* virtual.

Estas são áreas prioritárias que devem ser levadas em conta no projeto da hierarquia dos itens do menu.

DESIGN E COMUNICAÇÃO VISUAL

O projeto visual do *site* não deve ser encarado simplesmente como decoração. Ele é muito mais do que isso: é especialmente um meio de comunicar idéias e guiar as possíveis ações do usuário. Principalmente na página inicial, o *design* deve ser atraente e, ao mesmo tempo, proporcionar uma navegação intuitiva, sem, contudo, oferecer páginas poluídas ou com excesso de recursos técnicos.

Segundo Tom Peters, o polêmico guru da gestão empresarial, o *design* é fator estratégico de diferenciação. "Utilize o *design* como fator de diferenciação, mesmo que isso signifique assumir riscos. Veja os exemplos do *iMac* e do *New Beetle*", afirma ele sem pestanejar. Naturalmente, a instituição deve seguir seu planejamento de *marketing*, refletindo uma imagem coerente com sua identidade, utilizando o bom senso sempre entre a usabilidade e o design.

O *site* é uma extensão da personalidade da instituição e deve refletir a mesma linha de comunicação visual que a instituição adota em outros meios, como, por exemplo, os materiais impressos, sua sede e outros instrumentos de comunicação. Essa continuidade de estilo permite uma integração da comunicação e demonstra um maior nível de profissionalismo da instituição.

Ao apresentar o conteúdo, deve-se ter em mente o que é legível na tela. Os textos devem ter uma linguagem conversacional, mantendo sentenças e parágrafos relativamente curtos.

INTERATIVIDADE

O portal é a forma ideal para a promoção de interatividade. Como exemplo, pode-se oferecer para estudantes em potencial um agendamento *on-line* para um dia de visita à instituição, inscrição *on-line* para o processo seletivo, cadastramento para receber um boletim informando novidades, para receber uma brochura ou solicitação de informações por *e-mail*. Com avanço e barateamento de novas tecnologias, já é possível fazer até o atendimento *on-line* aos visitantes do portal, de modo a interagir em tempo real, respondendo a qualquer solicitação do visitante.

Incentivar a criação de páginas de comunidades existentes na instituição, como o diretório acadêmico ou grupo de ex-alunos, são outras maneiras eficazes de interagir com os visitantes. Utilizar pesquisas e enquetes *on-line* ou *chats* também tornam o *site* mais interativo; o visitante precisa sentir-se parte da ação. Essas ações, em conjunto com técnicas de *marketing* e CRM, podem contribuir com inúmeras estratégias de captação de informações para futuros contatos. O importante é aproveitar o potencial interativo da rede.

Acima de tudo, os diferentes departamentos e faculdades de uma instituição universitária devem trabalhar em conjunto com um time central para garantir que o portal contribua positivamente para os esforços de *marketing* da instituição.

TRATAMENTO DOS VISITANTES

Daremos algumas sugestões para que os visitantes do *site* tenham uma experiência agradável e satisfatória. Lembre-se que a internet é, ao mesmo tempo, útil e prejudicial. Estudantes em potencial podem comparar diferentes instituições e cursos em curto espaço de tempo. Quanto mais interessante, interativo e amigável for o *site* da instituição, mais tempo os estudantes permanecerão nele.

Não se deve exagerar no uso de imagens e animações, uma vez que levam muito tempo para carregar e os visitantes podem buscar outro *site* antes que estas terminem de carregar.

É interessante utilizar *cookies* (pequenos arquivos usados para identificar navegadores individuais) garantindo que, quando um visitante retorne ao *site*, usando o mesmo equipamento, ele seja tratado com boas-vindas pelo seu retorno, em vez de ser tratado como visitante de primeira vez.

Outra estratégia importante é usar a oportunidade para reunir informações, garantindo a privacidade do visitante. Aproveite para descobrir em que cursos o visitante está interessado, de forma que, quando ele retornar, possa ser dirigido para as páginas relevantes. Enviar um *e-mail* confirmando que foi recebido um pedido de informações é uma maneira de manter o contato. O envio de mensagens personalizadas em épocas especiais nunca deixa de ser notado, como, por exemplo, desejar boa sorte nos exames na época do vestibular.

ATENDIMENTO AOS ALUNOS

É importante facilitar a vida dos estudantes que estão matriculados na instituição, oferecendo-lhes: calendário de eventos, calendário de provas, acesso às suas notas, faltas, extrato financeiro, além de outros serviços que eles possam usufruir através da internet, como compra de livros, materiais esportivos, desconto especial na compra de computador e outras facilidades que a instituição decidir oferecer para fidelizar o seu aluno. Oferecer diferentes tipos de apoio para facilitar a empregabilidade do aluno, desde a obtenção de um estágio até o emprego depois de formado, é muito eficaz para conquistá-lo como cliente permanente da instituição.

RELACIONAMENTO COM EX-ALUNOS

Manter um contato permanente com os ex-alunos da instituição é uma maneira eficaz de ampliar o corpo discente. Ex-alunos devem ser estimulados a manter uma vida de aprendizagem contínua, para evoluir no trabalho e nos seus relacionamentos sociais, pois assim eles podem retornar para outros cursos de especialização, como também podem recomendar a instituição para pessoas de seus relacionamentos.

A mobilidade dos alunos é muito grande nos primeiros anos de formados, sendo difícil manter atualizado o cadastro de endereços, telefones e *e-mail*. Uma forma de manter continuamente o contato é enviar por *e-mail*, periodicamente, um boletim de interesse da área do formado ou boletins com novidades interessantes da instituição. Entretanto, é necessário que sejam publicações que despertem o interesse do ex-aluno para que ele comunique suas mudanças de endereço.

PESQUISA

Realizamos uma pesquisa com os *sites* e portais das 100 maiores instituições de ensino superior particulares do país, avaliando as suas características gerais, como a navegabilidade, a interatividade e os tópicos que consideramos mais relevantes para a captação de alunos. Os requisitos avaliados estão apresentados a seguir com uma breve explicação da funcionalidade. Para cada *site* analisado, foi verificado cada um desses requisitos, avaliando se o requisito era totalmente satisfeito parcialmente satisfeito ou não satisfeito.

- Comunicação personalizada e segmentada: diferentes tipos de público terão diferentes necessidades em um mesmo *site*. Assim, uma clara segmentação dos diferentes tipos de público que o *site* deverá atender deve ser a primeira funcionalidade a ser planejada.

- *Site* transacional: não basta estar na internet; o *site* da instituição precisa ser uma extensão natural dos serviços prestados por ela. A interatividade prende o visitante e deixa o que já é cliente satisfeito com a oferta de serviços que facilitam sua vida.

- Velocidade de carregamento das páginas: a página deve carregar de forma suficientemente rápida, a fim de não ocasionar grande tempo de espera, provocando desistência ou má impressão.

- Facilidade de navegação: deve ser possível navegar de página para página, *hiperlink* para *hiperlink*, item para item, com facilidade, sem se perder ou ficar confuso. Recursos de navegação e *hiperlinks* facilitam a vida dos usuários.

- Mapa do *site*: a representação de como está organizada a estrutura do *site* possibilita ao internauta localizar com maior facilidade o que procura.

- Sistema de busca: facilitar a localização do que se procura, de forma rápida e fácil, é uma necessidade.

- Mostrar adequadamente a identidade da instituição: missão, objetivo e valores da instituição devem estar presentes no *site*.

- Lista de contatos da instituição: disponibilizar uma relação de endereços de *e-mail*/telefones de professores, reitores e departamentos da instituição permite aos internautas acesso a uma comunicação direta e eficiente.

- Cadastro de visitantes: o cadastro de visitantes possibilita à instituição um meio para conhecer e armazenar informações sobre as necessidades dos visitantes.

- Disponibilizar imagens/descrições do ambiente da instituição (*tour* virtual): o passeio virtual permite ao internauta conhecer as instalações da instituição, sem ter de se deslocar fisicamente.

- Criar atividades para ex-alunos, mantendo-os em contato com a instituição: o ex-aluno é uma importante fonte para a geração de novos alunos e também para retornar à instituição em cursos mais avançados.

- Disponibilizar boletins informativos com novidades sobre a instituição: o envio de boletins informativos permite criar um canal eficiente e de baixo custo para a instituição comunicar-se com seus diferentes públicos.

- Apresentar a qualificação do corpo docente: é um meio de mostrar a preocupação com a qualidade do corpo acadêmico. Essa qualificação não precisa necessariamente seguir o tradicional número de mestres e doutores, mas pode ressaltar também a experiência profissional.

- Disponibilizar depoimentos de alunos/ex-alunos: um recurso estratégico é apresentar declarações de ex-alunos sobre a importância do curso para o seu desenvolvimento e sucesso profissional.

- Apresentar os cursos oferecidos: deve-se apresentar de forma clara todos os cursos oferecidos, disponibilizando um resumo sobre cada curso e suas especificidades como laboratórios e atividades práticas.

- Apresentar detalhes da formação: deve-se detalhar a formação que o aluno obterá em cada curso e as diferentes oportunidades de atuação no mercado de trabalho que essa formação propicia, bem como as especializações que podem ser cursadas posteriormente.

- Apresentar o ambiente de aprendizagem: é importante mostrar a linha pedagógica da instituição, por exemplo: ensino centrado em projetos, projeto de final de curso, material didático para *download*, laboratórios para aulas práticas, ambiente de *e-learning*.

- Apresentar as atividades extracurriculares: deve-se apresentar as facilidades oferecidas pela instituição para que o aluno desenvolva atividades sociais e esportivas, como as quadras esportivas para uso geral, teatro, piscina, centro de vivência.

- Apresentar as facilidades oferecidas em termos de biblioteca: deve-se mostrar o acesso oferecido aos alunos, como biblioteca virtual, consultas pela internet, qualidade do acervo.

- Apoio da instituição à colocação dos alunos no mercado de trabalho: deve-se apresentar o tipo de apoio oferecido, como parcerias com empresas para estágios e programas de *trainee*, empresa júnior, treinamento para entrevistas e elaboração de currículo, banco de talentos e outros.

RESULTADOS DA PESQUISA

Uma ilustração dos resultados obtidos analisando-se os *sites* das 100 maiores instituições privadas está apresentada na Figura 11.1. Para cada um dos requisitos, foi atribuída uma pontuação de acordo com os seguintes critérios: 10 para os requisitos que são satisfeitos; 5 para os requisitos satisfeitos parcialmente e 0 quando o requisito não é satisfeito. Assim, uma instituição cujo portal atendesse a todos os requisitos analisados obteria 200 pontos. Na Figura 11.1 está apresentada a distribuição da pontuação obtida pelas instituições.

Conforme mostra a Figura 11.1, 75% das instituições obtiveram menos de 100 pontos, o que significa que não conseguem atender de forma satisfatória nem metade dos requisitos. A maioria dos *sites* está longe de atender aos mínimos requisitos para ser eficaz como instrumento de *marketing* e relacionamento. Isso evidencia que eles são construídos sem um planejamento que envolva, pelo menos, o departamento de *marketing* da instituição.

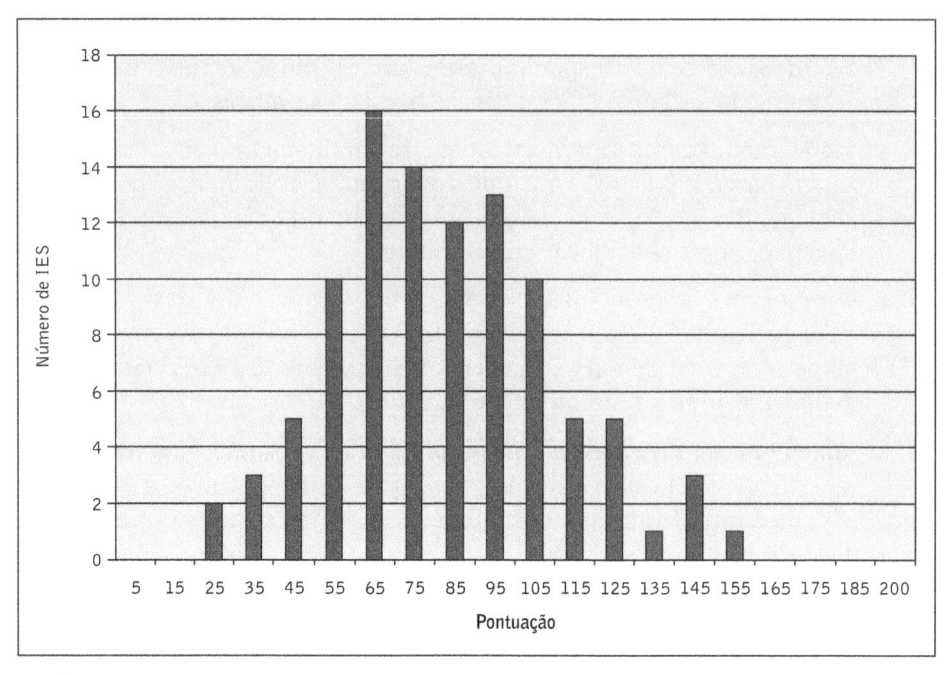

▲ **Figura 11.1** Distribuição da pontuação das instituições analisadas.

O Quadro 11.1 apresenta cada um dos requisitos analisados e o percentual de instituições que satisfazem (S), satisfazem parcialmente (P) ou não satisfazem (N) o requisito.

Alguns resultados merecem especial destaque. A segmentação do público é uma estratégia básica em qualquer planejamento estratégico de *marketing*; no entanto, 74% das instituições não atendem ao requisito e, mesmo as que atendem parcialmente (26%), não possuem uma área específica para *prospects*. O aluno interessado em, eventualmente, estudar na instituição é deixado à sua própria sorte, num emaranhado de *links* e informações muitas vezes desconexas. Em um "portal" ideal, o candidato deveria ter uma área específica, com informações exclusivas, permitindo que ele conheça a instituição, seus diferenciais e as vantagens em optar por fazer um de seus cursos.

Outro conceito que parece ter sido esquecido pelas instituições é o da fidelização: 60% das instituições pesquisadas não têm nenhuma ação específica para ex-alunos e nem um simples cadastro de ex-alunos está disponível. Segundo Kotler (1994), conquistar um novo cliente é cinco vezes mais caro do que manter um cliente já conquistado. Ora, ignorar os ex-alunos em um tempo de concorrência acirrada e necessidade de educação continuada parece no mínimo um contra-

Quadro 11.1
Percentual de instituições que satisfazem os requisitos analisados (S), que satisfazem parcialmente (P) e que não satisfazem (N).

Requisito analisado	S	P	N
A – Comunicação personalizada e segmentada	0	26	74
B – *Site* transacional	0	60	40
C – Velocidade de carregamento das páginas	47	29	24
D – Facilidade de navegação	14	48	38
E – Mapa do *site*	23	0	77
F – Sistema de busca	45	5	50
G – Identidade da instituição	55	39	6
H – Lista de contatos da instituição	33	32	35
I – Cadastrar visitantes	10	5	85
J – Disponibilizar imagens/descrições da instituição	20	35	45
L – Criar atividades para ex-alunos	27	13	60
M – Disponibilizar boletins informativos	54	13	33
N – Apresentar a qualificação do corpo docente	10	11	79
O – Depoimentos de alunos/ex-alunos	3	6	91
P – Apresentar os cursos oferecidos	54	36	10
Q – Apresentar detalhes da formação	37	39	24
R – Apresentar o ambiente de aprendizagem	19	44	37
S – Apresentar atividades extracurriculares	20	30	50
T – Facilidades oferecidas em termos de biblioteca	62	31	7
U – Apoio à colocação no mercado de trabalho	13	17	70

senso. A instituição deveria aproveitar o relacionamento com seus ex-alunos para, pelo menos, oferecer-lhes novos cursos.

Outro recurso de comprovada eficácia, que 91% das instituições não utilizam, é o de apresentar declarações de alunos e ex-alunos sobre a importância do curso para o seu desenvolvimento e sucesso profissional. Essa prática favorece o *marketing* boca a boca ou *marketing* viral. O fato é que nada melhor que um aluno contente, encantado e satisfeito, divulgando as maravilhas do curso ou da instituição. É muito grande o poder influenciador desses testemunhos, pois alunos identificam-se com seus pares.

Somente 10% das instituições possuem algum tipo de cadastro para visitantes. Em termos de *marketing*, isso é inaceitável, uma vez que a instituição perde a oportunidade de conhecer os visitantes e suas necessidades, o que facilitaria o alinhamento de suas ofertas à demanda e permitiria criar um canal de relacionamento.

Uma característica que a instituição deveria divulgar em seu portal, principalmente em épocas de elevados índices de desemprego, é suas ações para colocação dos seus alunos no mercado. Os alunos buscam uma vida melhor; portanto, uma instituição que viabilize isso com certeza terá um diferencial competitivo. Das instituições pesquisadas, somente 13% satisfazem o quesito; os 17% que satisfazem parcialmente, na grande maioria, apenas divulgam um cadastro de currículo, ficando muito aquém do esperado. A maioria esmagadora (70%), não tem ou não divulga nenhuma ação efetiva nesse sentido em seu *site*.

Em linhas gerais, a maioria dos *websites* pesquisada está mal-organizada, contendo informações desatualizadas e claramente copiadas de material impresso. Na média, se os *sites* das instituições tivessem de passar por um exame, seriam reprovados. Para dar uma amostra do que encontramos:

- Em vários casos, encontramos *sites* construídos para uma faculdade ou para um curso específico que são agregados ao *site* da instituição, embora cada um deles tenha padrão visual e de navegação completamente distintos. É o *website* "colcha de retalhos", juntando pedaços de *sites* desenvolvidos em épocas distintas, por equipes setoriais. Em um caso extremo, aparecem até várias versões do logo da instituição.
- Na página principal de outra instituição, há uma chamada para inscrição *on-line*, mas, quando se tenta efetuar a inscrição, recebe-se uma informação de que as inscrições estão encerradas.
- Em várias instituições, os *links* estão quebrados e, ao tentar encontrar a informação desejada, recebe-se uma mensagem informando que a página não foi encontrada.
- Um problema muito comum é o tempo para carregamento das páginas, que certamente leva o visitante a desistir. Páginas de carregamento muito lento, ou que não carregam, passam uma idéia de falta de qualidade e deficiência técnica, transformando o portal em um verdadeiro anti-*marketing* da instituição. As instituições devem levar em conta que a maioria dos visitantes acessa o *site* a partir de uma linha discada.

Inacreditavelmente, as instituições parecem sofrer de algum tipo de miopia gerencial e não enxergaram ainda o real potencial de seus *sites*. A seguir, citaremos alguns dos muitos exemplos de instituições de fora do país que possuem "portais" que, se não satisfazem à totalidade dos requisitos, pelo menos se aproximam muito mais do que seria um "portal" ideal.

EXEMPLOS DE PORTAIS UNIVERSITÁRIOS

Não encontramos no nosso país nenhum exemplo de "portal" universitário que satisfaça as exigências básicas do *marketing*, a começar pela segmentação do

público que acessa o "portal". Sugerimos, então, ao leitor que analise o "portal" de algumas universidades do exterior. Podemos tomar como exemplo:
- Washington State University – http://www.wsu.edu/
- Michigan State University – http://www.msu.edu/
- The University of Sheffield – http://www.shef.ac.uk/

Propositadamente, não escolhemos as instituições mais famosas, como Harvard, Stanford ou M.I.T., pois queremos dar exemplos de instituições que se situam mais na média do mercado.

Como o leitor poderá verificar logo na primeira página da Washington State University, o menu à esquerda apresenta as seguintes opções:
- Futuros alunos
- Alunos atuais
- Docentes/Funcionários
- Ex-alunos/Doadores
- Visitantes

É a segmentação do público. Além disso, logo na página inicial estão as chamadas: "Solicite Informações" – "Visite" – "Inscreva-se".

Analogamente, na Michigan State University, a página inicial apresenta, no topo, a segmentação do portal:
- Futuros alunos
- Alunos atuais
- Pais e Famílias
- Docentes e Funcionários
- Ex-alunos e Doadores

Já a University of Sheffield tem uma segmentação um pouco diferente em sua página inicial:
- Estudantes interessados
- Alunos atuais
- Docentes e Funcionários
- Negócios e Indústria
- Visitantes
- Estudantes Internacionais
- Ex-alunos/Formados
- Doadores
- Empregos

Essa universidade situa-se em área industrial e oferece serviços de consultoria e pesquisa para o setor, razão pela qual este é um segmento importante.

Vale destacar que todos os portais têm a segmentação de seus públicos, enquanto no nosso país o pequeno percentual de instituições que possuem segmentação parcial de seus públicos limitam a segmentação a alunos atuais, docentes e ex-alunos, no melhor dos casos. Nenhuma das instituições possui uma área específica para futuros alunos.

Se analisarmos os portais das três instituições citadas como exemplo, veremos que elas atendem a todos os requisitos da nossa pesquisa, embora em alguns casos com uma alternativa um pouco diferente. Como exemplo, as universidades de Sheffield e Washington têm depoimentos de ex-alunos e a de Michigan tem, em vez do depoimento, uma lista de ex-alunos famosos.

CONSIDERAÇÕES FINAIS

Para finalizar vejamos uma recente pesquisa apresentada em *Educação & Conjuntura* (n.2, jul. 2004), publicação da Paulo Renato Consultores, sobre a principal fonte de informação buscada pelos vestibulandos para a escolha da instituição de sua preferência.

A Figura 11.2 mostra as preferências de 800 alunos matriculados no primeiro ano de 25 diferentes cursos de graduação, em 12 instituições de ensino superior da cidade de São Paulo. Os entrevistados poderiam escolher até três opções, por isso o total não dá os 100%. Conforme podemos observar, 42% dos entrevistados

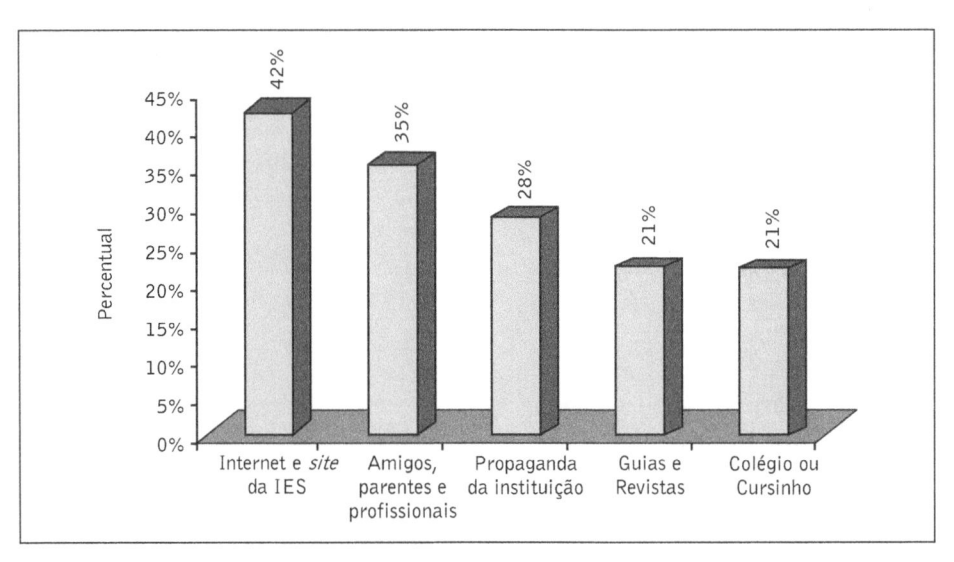

▲ **Figura 11.2** Fonte preferencial de informação para escolha da instituição de ensino superior.

responderam que procuraram obter informações das instituições através dos respectivos *sites*, antes de escolher em qual iriam estudar, demonstrando que a internet vem firmando-se como meio de relacionamento e principal ponto de contato com os potenciais alunos. Certamente, essa tendência crescerá a cada ano e ignorá-la é abrir mão de uma ferramenta inovadora que, se bem utilizada, poderá transformar sua instituição. O segundo critério, com 35%, indicação de amigos, parentes e profissionais, também deve ser levado em conta pelas instituições, uma vez que, na maioria dos casos, essa indicação é feita por ex-alunos, que se forem mantidos em contato com a instituição podem ser um poderoso canal para ampliação do corpo discente. Em terceiro lugar, aparece a propaganda da instituição com 28%, como fonte de informação para escolha da instituição de sua preferência. Será que realmente é a propaganda, como diz o senso comum, "a alma do negócio?"

As instituições devem refletir sobre esse tipo de resultado e direcionar parte da sua verba de propaganda e *marketing* para a construção de portais que ofereçam a futuros alunos as informações e experiências que demonstrem os diferenciais competitivos da instituição.

O mercado educacional está sofrendo uma revolução que exigirá, cada vez mais, voltar o foco de suas ações para a satisfação de seu público-alvo. Conquistarão mais alunos e aumentarão suas participações no mercado aquelas instituições que oferecerem mais benefícios e compreenderem que os alunos, como "clientes", são pessoas como quaisquer outras, esperando ver satisfeitas suas necessidades e expectativas.

O segredo de um *website* eficaz é foco e clareza de propósito. Um bom *site* nunca desperdiça o tempo das pessoas: carrega as páginas com rapidez e possui uma navegação que conduz os internautas aos tópicos de seu interesse.

REFERÊNCIAS

NIELSEN, J. *Projetando websites*. São Paulo: Campus, 2000.

KOTLER, P. *Administração em marketing*. São Paulo: Atlas, 1994.

. 12 .
Marketing Lateral na Educação

Shemi Jacob

OS DESAFIOS DO *MARKETING* TRADICIONAL

Antes de mergulharmos no mercado educacional, vale a pena explorarmos a função do *marketing* em alguns mercados tradicionais de bens e serviços. É no mercado de bens de consumo que vemos mais facilmente os principais fenômenos de concentração em distribuição, que há algum tempo também têm se manifestado na educação. Nos anos de 1950 vimos nos Estados Unidos e na Europa o surgimento do varejo, por meio da estruturação de pequenos estabelecimentos ou de lojas maiores, os magazines. Olhando de forma global para o mercado atual de varejo, notamos a presença dominante de grandes redes, tendo como maior ícone o Wal Mart. O Brasil não passou incólume por esse processo; basta lembrarmos as inúmeras aquisições feitas pelo Pão de Açúcar ao longo dos últimos anos.

Em função da concentração de distribuição, temos um segundo fenômeno sendo deflagrado: a presença de menos competidores detendo um maior número de marcas. No varejo, como os fabricantes menores possuem baixo poder de negociação e poucos produtos/marcas, ocorre a migração de suas produções para as marcas próprias dessas redes varejistas como uma alternativa de expansão ou sobrevivência de tais produtores. Em outros casos, vemos também as grandes redes fazendo a adoção das chamadas marcas *talibãs*, que possuem forte apelo de preço e razoável qualidade como fator de variedade de produtos e, principalmente, como fator moderador de preços para as marcas estabelecidas. Existem, portanto, cada vez mais marcas nas mãos de menos competidores.

Um terceiro fenômeno que registramos é a redução dos ciclos de vida de produto e serviços. A competitividade acirrada tem exigido a atualização e o lançamento contínuo de novos produtos, obrigando os fabricantes a implementar inúmeras práticas em gestão orientadas a estes novos tempos. Como conseqüência, existem inúmeras opções de produtos disputando cada vez mais a preferência dos consumidores. Temos, então um ciclo mais vicioso do que virtuoso estabelecido, pois isso faz com que os produtores, para sobreviver, renovem de forma acelerada os seus *portfólios* de produtos. E, muitas vezes, é aí que reside a armadilha, pois não há tempo ou escala suficiente para se ter retorno sobre os investimentos realizados.

Um quarto fenômeno que observamos está ligado às grandes mudanças causadas pelas tecnologias da informação. O impacto é tão perceptível que não seria necessário discorrer sobre a questão ao longo deste capítulo.

Um quinto fenômeno é a saturação observada nos elementos de propaganda e mídia. Os veículos de propaganda estão literalmente disputando um campo de batalha onde marcas e mensagens explícitas e subliminares têm atacado vorazmente as mentes já sobrecarregadas e confusas dos consumidores.

Um sexto fenômeno, que pode ser o resultado dos quatros primeiros, é a hiperfragmentação dos mercados. Fornecedores de bens e serviços estão em constante procura por novos segmentos e grupos de consumidores. Para melhor perceber esse fenômemo, basta visitar a seção de pães do supermercado mais próximo. Você encontrará uma enorme variedade de produtos endereçados a diversos nichos – regular, *light*, integral e assim sucessivamente. O problema principal dessa hiperfragmentação é a dúvida sobre a existência suficiente de clientes para a rentabilização de tais segmentos. A razão principal por essa hiperfragmentação é o fato de muitos profissionais de *marketing* ainda aplicarem conceitos, práticas e ferramentas de *marketing* de grande sucesso no passado, mas que no presente se mostram cada vez menos eficazes – principalmente em função dos fenômenos citados. Torna-se, então, necessária a adoção de uma abordagem mercadológica alinhada às mudanças que temos vivenciado, orientada aos novos tempos.

OS DESAFIOS NO MERCADO EDUCACIONAL

O mercado de educação não é tão diferente de outros mercados, embora algumas pessoas não gostem de pensar dessa forma sobre o tema. O fato de que a palavra estudante é o nome adotado para o principal cliente nesse setor acaba não fazendo muita diferença. Em educação, como em qualquer outro mercado, temos os fornecedores, formados pelos provedores de conteúdo ou de sistemas de ensino. Temos também os distribuidores, formados por grandes redes ou estabelecimentos independentes de ensino, que ministram os seus próprios conteúdos ou os adquiridos de terceiros. Sendo assim, todos os fenômenos mencionados anteriormente acabam aplicando-se integralmente ao mercado educacional.

No final dos anos de 1990, a quantidade de instituições de ensino no Brasil cresceu exponencialmente, sobretudo nos grandes centros. No ensino superior, havia a percepção de que abrir uma faculdade era o mesmo que obter uma licença para imprimir dinheiro, de certo modo isso era uma verdade. No entanto, o início deste novo século inseriu uma *nova era* ao mercado educacional. Muitas das instituições abertas na áurea década de 1990 e até mesmo algumas tradicionalmente estabelecidas sofreram com essas profundas mudanças no mercado. O acirramento competitivo, o surgimento e a expansão de grandes redes educacionais e as claras mudanças em distribuição no setor seguiram o mesmo processo verificado no varejo.

Tomemos como exemplo os segmentos de ensino fundamental e médio. Há pelo menos três grandes provedores de sistemas educacionais que atendem a um grande percentual de escolas particulares. Eles provêem um sistema completo, que engloba o programa curricular, a documentação, o treinamento do corpo docente e todo o apoio necessário para se educar os alunos de uma forma mais eficaz e atualizada. Portanto, a escola passa a atuar literalmente como um varejista de educação, ou seja, assim como um supermercado, fazendo ou não parte de uma grande rede. A única diferença é que a maioria das escolas ainda mantém os seus nomes ou marcas originais, fortalecendo-os(as) por meio da adoção de uma bandeira pedagógica que lhes permite concentrar esforços no *delivery* educacional em si.

De maneira ampliada, podemos estratificar em três camadas principais o mercado de ensino fundamental e médio: a de conteúdo e provedores de sistemas educacionais, a de distribuidores e a de clientes. Apesar de o mercado potencial de ensino privado em nível fundamental e médio ainda ser muito atraente, o que se observa é uma concentração no número de provedores de sistemas educacionais e de distribuidores disputando mercados com taxas decrescentes de crescimento. Há também o excesso de oferta em algumas regiões do país e uma série de demandas não atendidas em outras.

Olhando em termos de longo prazo, chegamos a conclusões importantes. Com a atual redução nas taxas de natalidade e a redistribuição econômica e geográfica da população, é razoável inferirmos que a retração em alguns segmentos da educação privada continuará a ocorrer, em especial nos grandes centros. Não podemos esquecer que o mercado de educação privada, em geral, apresenta uma forte correlação com as taxas de crescimento da população e o seu poder aquisitivo. Na Europa, a taxa de natalidade comumente é negativa, o que implicará uma redução quantitativa da população em alguns anos.

No caso do ensino superior brasileiro, a situação é de certo modo diferente do ensino fundamental e médio, mas os fenômenos como um todo são os mesmos. A grande maioria das instituições de ensino superior ainda tendem a concentrar suas operações nos grandes centros, desprezando ou dando insuficiente atenção aos "fundões" do Brasil. Elas também tende a desenvolver os seus próprios programas e conteúdos de ensino e, por enquanto, não dependem de provedores de sistemas educacionais. Examinando a oferta de programas e cursos curriculares e extracurriculares, chegamos a resultados preocupantes. Grande parte da oferta disponível é exatamente a mesma, e o conteúdo ministrado também é muito similar. Não é nenhuma surpresa ver professores ministrando os mesmos conteúdos em diferentes instituições, ou seja, distribuindo de forma independente os mesmos conteúdos para diversos clientes em variados estabelecimentos varejistas de ensino.

Sob ótica de uma indústria competitiva, as instituições de ensino em geral necessitam mais do que nunca obter um diferencial sobre os seus concorrentes. Sendo que a maioria delas tem oferecido produtos e serviços educacionais semelhantes, aonde elas poderão adquirir vantagem competitiva? Onde elas podem oferecer valor distintivo? Em quais regiões e mercados estão as demandas não atendidas? O que pode ser feito mediantes as condições e a realidades mencionadas? Vejamos, a seguir, como o *marketing* tradicional aborda essas questões.

AS RESPOSTAS DO *MARKETING* TRADICIONAL

As respostas típicas de *marketing* geralmente são provocadas pela pressão por vendas. A necessidade de se vender mais estimula mudanças no produto e acaba também se refletindo na busca por novos segmentos de mercado. O objetivo primário dessa abordagem é tentar satisfazer uma determinada necessidade, se possível uma que ainda não esteja sendo atendida. O problema é que esse tipo de solução nem sempre funciona tão bem como imaginamos.

Tomemos como exemplo o que aconteceu com fabricantes de máquina de escrever. Eles as desenvolveram em modelos mais leves, menores, mecânicas, elétricas, chegando até a oferecer modelos com algumas funções programáveis, visando sempre a desenvolver e ocupar novos segmentos com esses produtos. Mas todos nós sabemos que o surgimento do computador pessoal rapidamente substituiu as funções das máquinas de escrever, com inúmeras vantagens. A questão das vendas de máquinas de escrever não pôde ser resolvida por meio da tradicional abordagem de segmentação ou do estabelecimento de um novo posicionamento. A necessidade de escrevermos e imprimirmos documentos existia e continua a existir, porém a busca por novos segmentos e posicionamentos para esse produto foi totalmente ineficaz.

Esse tipo de abordagem também é muito visível no mercado de educação; vejamos o que tem ocorrido nas faculdades de Administração de Empresas. Há uma enorme oferta de cursos nas áreas de negócios, todos eles endereçando a temas, práticas e funções específicas do mundo empresarial moderno. Existem cursos em diversos níveis com orientação à formação generalista ou concentração em áreas como *Marketing*, Recursos Humanos, Finanças, Tecnologia de Informação e em inúmeras outras. Tudo isso foi criando uma diversidade de oferta voltada a atender certas demandas de mercado que, muitas vezes, foram meramente induzidas pelo interesse de expansão comercial de certas instituições de ensino superior privadas. A questão principal que temos agora é: A hiperfragmentação dos cursos de Administração e Negócios realmente atende ao objetivo de se conquistar mais estudantes? Em outras palavras, existe número suficiente de estudantes que justifiquem a existência ou a sobrevivência dos inúmeros cursos criados? A maioria desses cursos demanda certa estrutura – professores, materiais didáticos, bibliotecas, a administração propriamente dita e as despesas adicionais de *marketing* necessárias ao seu lançamento e à consolidação.

Um segundo ponto a se observar é a definição do conceito mercado. De modo geral, define-se mercado como um grupo de pessoas que apresenta necessidades semelhantes e que são atendidas por determinados produtos ou serviços. Essa definição permite aos fornecedores ou prestadores de serviços criar ofertas aderentes às demandas de consumo de um determinado público e, assim, poder focalizar seus esforços de vendas e distribuição. Essa definição de mercado é muito importante, mas, por outro lado, ela também pode criar limitações. Tomemos como exemplo a escolha de um grupo de adolescentes como público-alvo de anúncios e programas de uma rádio. Tal escolha pode vir a excluir um grande grupo de adultos que poderiam ser ouvintes dessa rádio ou de algum programa especificamente. A tendência tradicional e continuísta na abordagem desse mercado-alvo acaba por criar categorias, subcategorias e categorias substitutas para elas mesmas em médio e longo prazos. Este é o resultado de uma tendência que temos de pensar e agir por meio da categorização de informações, fatos e situações em geral. Nós naturalmente classificamos e rotulamos coisas em nosso dia-a-dia. Se é útil, por um lado, cria, por outro, uma séria limitação perceptiva à identificação de necessidades, de novos caminhos e ao desenvolvimento de novos produtos e serviços. Essa fixação em categorias é uma das limitações mais fortes que temos no pensamento ocidental e, por conseguinte, ela também se manifesta no *marketing* tradicional. A segmentação pode ser uma ferramenta de *marketing* eficaz até o ponto em que verificamos que o segmento criado ainda se mantém rentável. Depois disso, seja pelo tamanho do segmento, seja pela intensidade competitiva existente, não há mais espaço para se oferecer algum produto ou serviço de forma suficientemente compensadora.

E é exatamente assim, infelizmente, que o mercado educacional tem agido, apresentando um dos níveis mais altos de segmentação conhecidos. Na realidade, muito pouco se mudou na educação. Nós aprendemos e exercitamos o mesmo tipo de raciocínio desenvolvido há 2.500 por meio do legado que tivemos de Sócrates, Platão e Aristóteles. A maioria dos modelos educacionais existentes segue o mesmo aspecto racional e exatamente as mesmas categorias criadas há centenas de anos. Eles estruturam o ensino em níveis de complexidade e em faixas etárias de aprendizagem, adotando, assim, as categorizações básicas de educação infantil, ensino fundamental, médio e superior. O mesmo aspecto racional é aplicado para a categorização das áreas de ciências exatas, humanas e biológicas. Cada um desses segmentos é novamente dividido para definir novas categorias, cursos e programas. A engenharia é dividida em civil, elétrica, eletrônica, de minas, etc. Na medicina, temos categorizações e subcategorizações ainda em maior profundidade. E assim ocorre o mesmo nas áreas de Administração, Tecnologia de Informação, etc.

A excessiva categorização e segmentação em educação tem gerado conseqüências ainda maiores. Por natureza, a educação é um processo linear, seqüencial e demorado. Leva de três a seis anos para se completar uma graduação e em média dois anos para uma pós-graduação. Esse tempo é muito longo se formos considerar as realidades e as necessidades do mundo moderno. O mercado de trabalho tem mudado muito mais rapidamente, em ciclos inferiores a dois ou três anos. Nesse caso, quem garante que o estudante que começou a cursar Administração terá, após a sua graduação, campo profissional favorável e suficiente para exercer suas atividades? O que ele aprendeu no início do curso será válido ao final dele? Além da necessidade de complementação de ensino via programas de pós-graduação e de educação continuada, estamos deparando-nos com um fenômeno social e econômico muito grave. A comoditização da educação lastreada em níveis inferiores de qualidade e em preços relativos em crescente elevação é um grande problema a ser enfrentado.

De certo modo, o próprio sistema de ensino é o causador involuntário dessa *overdose* de categorizações e segmentações. Afinal, é baseado nesses princípios que se tem gerado diplomados "categorizados", a fim de atender mercados e empresas segmentadas, que criam realidades empresariais estratificadas, e assim sucessivamente. O *marketing* tradicional é, portanto, eficaz até de certo ponto. A partir do momento em que passamos a ter segmentos insuficientemente rentáveis, temos de avançar construtivamente sobre essas barreiras, partindo para a utilização do *marketing* lateral.

O *MARKETING* LATERAL

A capacidade de encontrar e criar novos caminhos em *marketing* por meio da predominantemente utilização de práticas de pensamento lateral é a base do *marketing* lateral. O *marketing* lateral, conceito cunhado por Philip Kotler e Fernando Trias de Bes (2003), está focado na busca e na identificação de novas oportunidades em cenários de hipercompetição. O *marketing* lateral abre também a possibilidade de se reinventar a empresa, de se redefinir a sua missão, promovendo a inovação por meio da entrada e/ou ampliação de atuação em novos mercados. A prática do *marketing* lateral é complementar ao processo tradicional de *marketing* – que geralmente se ocupa mais com o desenvolvimento de mercados existentes, categorias ou subcategorias de produtos e serviços. O *marketing* lateral concentra-se na identificação de necessidades, públicos, configurações de produto, serviço e distribuição ainda não contemplados ou anteriormente desconsiderados para implementação. A adoção de *marketing* lateral significa muito mais do que simplesmente alterarmos convicções sobre *marketing*. Temos de estar cientes não só da necessidade de mudarmos percepções e conceitos, mas também de estarmos capacitados a criar valor superior, a expandir mercados, a desenvolver e implementar ações que redefinam padrões. Isso requer a implementação de uma abordagem mercadológica diferente daquela que empregamos por meio do *marketing* tradicional. Para tal, é necessário implementarmos criatividade a sério, práticas e ações inovadoras que propiciem uma distinção competitiva por meio da geração de valor ao mercado.

O PENSAMENTO LATERAL E A CRIATIVIDADE

Conforme mencionei, a base predominante das práticas de *marketing* lateral é o *pensamento lateral*. Na realidade, o ato de pensar é a operação mais básica do ser humano. Justamente por ser tão elementar é que relegamos algumas de suas características e necessidades. O conceito de pensamento como um processo independente, que pode e deve ser ensinado de forma instrumental, foi concebido pelo Prof. Edward de Bono. Não podemos falar sobre pensamento lateral em *marketing* lateral sem dar crédito a de Bono.

O Prof. Edward de Bono[1] é M.D. (medicina, neurologia) e Ph.D. em filosofia e psicologia, tendo exercido docência nas universidades de Oxford, Cambridge, Londres e Harvard. Expoente no ensino do pensamento produtivo, ele é o criador dos conceitos de pensamento paralelo e de pensamento lateral. O termo pensamento lateral, cunhado por de Bono, tornou-se sinônimo de criatividade, passando a fazer parte do *Oxford English Dictionary*. Muito já foi escrito sobre criatividade; sabemos que ela é uma habilidade importante, que a sua aprendizagem é praticamente mandatória neste novo milênio, mas pouco de concreto tem sido feito para a sua eficaz aprendizagem. A visão mais comum que se tem de criatividade está relacionada à liberdade de pensamento, a expressões do tipo *vamos pensar diferente, vamos quebrar paradigmas,* etc. Para se obter ou exercitar criatividade, precisamos de ir além dessas expressões simplistas. Em termos de pensamento lateral, não basta descobrirmos novas alternativas; temos de saber naturalmente converter essas alternativas em novos padrões, caso contrário ficaremos vagando no campo das abstrações ou da criação de alternativas inviáveis de serem im-

---

[1] Edward de Bono é autor de 69 livros publicados em 38 idiomas. Apesar de seus métodos serem baseados nos conhecimentos que desenvolveu sobre redes neurais e sistemas auto-organizáveis, eles são reconhecidos por sua simplicidade, praticidade e ampla eficácia, tendo sido ministrados a mais 7 milhões de estudantes e a cerca 300.000 executivos em diversos países.

plementadas. O pensamento lateral desloca conceitos e idéias fora das categorias que ocupam, de um modo totalmente inusitado, fazendo que sua aderência crie um novo caminho, um novo valor ao processo em questão.

Como exemplo simples desse processo, temos o telefone. Se alguém lhe falasse há 200 anos que haveria um instrumento que faria com que duas pessoas pudessem conversar a longa distância por meio de um aparelho conectado a uma rede fios de cobre, você provavelmente lhe recomendaria a consulta a médico. Contudo, Alexander Graham Bell, que teve essa idéia aparentemente tão louca, não se rendeu às dificuldades iniciais com que se deparou. O pensamento de Graham Bell foi um pensamento lateral clássico. Ele deslocou o conceito de voz causada por vibrações mecânicas para uma forma não-visível e audível de vibração, de energia: a eletricidade. E o restante da história nós já conhecemos...

O *MARKETING* LATERAL EM ALGUNS MERCADOS E SETORES DE ATIVIDADE

O conceito de *marketing* lateral, mesmo antes de ser cunhado por Kotler e De Bes, já havia sido implementado em inúmeros casos, em diversos setores de atividade econômica. Faltava apenas alguém "rotulá-lo", seguindo a tão famosa lógica da categorização. As implementações de *marketing* lateral podem ocorrer em três níveis importantes: o nível de mercado, o nível do produto e o nível dos demais componentes de composto mercadológico.

No nível de mercado, o *marketing* lateral trata a mudança de dimensões nas quais um produto ou serviço concorre. Essas dimensões são necessidade, público-alvo, lugar, momento, situação e experiência. A Gillete, famosa por sua linha de produtos de barbear, repensou alguns de seus produtos para atender a um mercado inexplorado por ela, o das mulheres. Um outro exemplo são os supermercados que passaram a ficar abertos 24 horas a fim de atender um mercado ampliado de consumidores. Essas práticas não têm nada a ver com segmentação – a Gillete não dividiu o seu mercado de lâminas de barbear para ofertar lâminas para uso feminino; ela avançou nesse amplo mercado depois de realizar deslocamentos laterais em algumas das dimensões possíveis a nível do mercado.

No nível de produto, podemos observar exemplos interessantes. Nesse nível, temos o descolamento laterais sendo aplicados para mudar, remover, combinar, inverter, reordenar ou exagerar em um ou mais elementos específicos de um produtos. Os chinelos Havaianas, anos atrás símbolo de produto voltado às classes baixas, hoje é um ícone internacional de consumo *premium*, possuindo até uma versão da joalheria H.Stern com as tiras adornadas com pingentes de ouro. Nesses casos, elementos do produto mudaram de forma para poder atender a uma ampliação de consumo, tal como ocorreu como os galões de água mineral e o seu respectivo equipamento quando disponibilizados para uso doméstico.

No nível de preço, promoção e distribuição, um dos exemplos é o Sam's Club, cadeia que oferece aos clientes a possibilidade de compra em grandes quantidades de varejo por preços de atacado. Os bancos também têm se apresentado como grandes plataformas de distribuição de produtos financeiros próprios e de terceiros, tais como as apólices de seguro. Novamente, não observamos nesses exemplos o exercício da segmentação – e todas as ações laterais foram aplicadas para conquistar criativamente uma quantidade superior de consumidores e clientes.

O *MARKETING* LATERAL NA EDUCAÇÃO

O setor de educação é um dos menos desenvolvidos em termos de criatividade e em implementações de ações orientadas por pensamento lateral. Raramente vemos a própria disciplina Criatividade incorporada ao currículo regular de cursos. Tradicionalmente, a criatividade tem sido considerada um assunto extracurricular ou, na melhor das hipóteses, uma prática ou cultura coadjuvante nos processos de aprendizagem de disciplinas regulares. Este é o discurso e a realidade predominante. Além desses aspectos, em geral observamos a educação como um setor de atividade com baixíssimo nível de orientação à inovação. A maioria das instituições de ensino tem ainda se concentrado na oferta recorrente de propostas pedagógicas, cursos e currículos semelhantes aos concorrentes, fazendo pouco ou nenhum uso hábil ao menos de práticas de *marketing* tradicional.

Dado que o mercado de educação tem passando pelas mesmas transformações e desafios dos mercados globais, a implementação de ações de *marketing* lateral torna-se requisito mandatório para o setor em geral. E a educação pública não está isenta dos mesmos desafios. Cada estudante que se matricula em uma instituição de ensino privada é um estudante a menos na rede pública, o que provoca a sua desqualificação a longo prazo. Investimentos em grande escala no ensino público passam, então, a ter os seus retornos questionados e dificultados, em função do grande hiato de qualidade a ser eliminado em infra-estrutura, capacitação de docentes, etc.

Há também a velha questão sobre o papel das universidades como centros de pesquisa. Enquanto boa parte das faculdades privadas são puramente institutos de ensino, as que possuem orientação e vocação para pesquisa lutam em busca de orçamentos para manter suas missões. Como o *marketing* lateral remete a questões de amplificação de mercados e melhoria de competitividade, não há nenhuma razão para que ele não seja adotado na gestão desse tipo de instituição de ensino superior.

Há alguns acadêmicos que defendem que o papel fundamental das instituições de ensino é de prover conhecimento, numa clara demonstração de que fortes paradigmas ainda persistem. O estudante, em uma visão moderna e ampliada, também deve ser tratado como um cliente acima de tudo. Esse *status* de cliente exige que a instituição forneça serviços que contemplem a geração do conhecimento, de experiências, de valores sociais, culturais e democráticos, a promoção de ambientes produtivos de aprendizagem e de uma efetiva integração acadêmica e profissional. Em suma, deve preparar o estudante para os problemas e as situações da vida real, seja ela pessoal ou profissional. É muito difícil responder-se às exigências e realidades mutantes do mercado de trabalho mantendo-se nas instituições de ensino uma identidade exclusivista de "ente provedor de conhecimento" arraigada em fortes práticas de segmentação – criando nichos de cursos e disciplinas cada vez menores e com demanda na maioria das vezes insuficiente.

Nos últimos anos, há algumas iniciativas realmente inovadoras na indústria de educação e algum pensamento lateral tem sido aplicado em áreas específicas, embora estejam ainda em fase inicial.

No que se refere a conteúdo, universidades na Europa já oferecem programas dedicados aos estudos nas áreas de Criatividade e Inovação. Os estudantes aprendem metodologias, processos e ferramentas de pensamento criativo para a implementação em diversas áreas – em ciências, educação, gestão e negócios, literatura, tecnologia, *design* e em várias outras. Algumas instituições de ensino superior também estão aumentando a oferta de cursos com programas multidisciplinares, reconhecendo que a excessiva segmentação não necessariamente prepara os estudantes para a vida real. Na realidade, essas instituições já estão executando o *marketing* lateral no nível de produto. Elas não estão ampliando o potencial de matrícula de novos alunos por meio da criação de um novo nicho de disciplinas, mas unificando e integrando disciplinas. Assim, essas instituições estão fazendo melhor uso das capacidades existentes e, ao mesmo tempo, provendo aos alunos habilidades e competências diferenciadas para a sua vida pessoal e profissional. Os alunos com formação em cursos de criatividade e inovação e aqueles com formação multidisciplinar acabam tornando-se muito mais hábeis para a vida moderna do que aqueles com formação mais verticalizada.

As oportunidades de alcançarmos novos mercados ou ampliarmos criativamente os já existentes por meio da implementação de *marketing* lateral sequer arranhou a ponta do iceberg. Nos Estados Unidos, em diversos países da Europa e em Israel, universidades já oferecem cursos acadêmicos *in-company* há muitos anos. Passamos a ver iniciativas similares no Brasil somente há alguns anos. Esse formato permite uma melhor conveniência de aprendizagem, economia de recursos e tempo para a empresa, os alunos e para a instituição de ensino. Uma área de oportunidade insuficientemente explorada é a oferta de cursos em período vespertino. Cursos acadêmicos matutinos e noturnos são muito comuns, principalmente no ensino superior privado, mas existe uma série de lacunas ainda a serem preenchidas.

Muitas instituições estão usando a tecnologia para ampliar as suas capacidades de distribuição. A idéia de educação à distância é tão velha quanto a própria educação. O ensino por meio da troca de cartas e livros existe a mais de 2.000 anos. Nos últimos 10, entretanto, criou-se uma revolução nesse campo da distribuição. Por meio de diversos meios de telecomunicação e interação, podemos distribuir o ensino para praticamente qualquer lugar, sem limitações geográficas. Essa realidade de *e-learning* e aprendizagem interativa à distância é fascinante, mas definitivamente se tornou um desafio triplo para o *marketing* tradicional. Soluções de *e-learning* hoje são oferecidas de todas as formas, contribuindo para um dos principais fenômenos discutidos no princípio deste capítulo, a concentração no poder de distribuição. O segundo desafio é a enorme barreira cultural e de idioma ainda existentes. Tal fato restringe a possibilidade de estudantes realizarem cursos internacionais a distância, subaproveitando-se o potencial de oferta e demanda de conteúdos em outros mercados. No Brasil, encontramos hoje várias opções de cursos a distância ministrados por universidades estrangeiras em formato de e-learning assíncrono, mas poucas opções de cursos síncronos e em formato híbrido de aprendizagem (a distância+presencial). Se aferirmos, então, a quantidade de estudantes usuários desses serviços, veremos ainda uma baixa taxa de adoção, apesar de o cenário futuro ser promissor. A implementação de pensamento lateral nesses conceitos pode empreender uma nova dinâmica na educação à distância, acelerando a sua progressão de uso.

Um dos maiores casos de educação a distância no mundo foi implementada pela Universidade de Derby, no Reino Unido. Em 1999, a extensão da Universidade de Derby em Israel alcançou aproximadamente 10 mil estudantes, com apenas cinco anos de operação. Devido a um ato legislativo do Ministério de Educação de Israel, todas as instituições de ensino superior israelenses que operavam alguma universidade estrangeira no país tiveram de passar a ministrar 30% dos seus cursos no idioma da universidade-mãe e pelos seus próprios professores. No caso de Derby Israel, isso significava a obrigatoriedade de ministrar parte dos cursos em inglês e pelos próprios professores britânicos da Universidade de Derby. Havia ainda um agravante: essa determinação era aplicada a quaisquer cursos, inclusive àqueles que já estavam em andamento. A única forma de se alinhar a tal legislação foi a implementação de um modelo de educação a distância. Todo o sistema foi desenvolvido durante 1999 e entrou em operação em 2000. Hoje, ele transmite cerca de 20 mil horas/aula/ano e tem grande aceitação dos alunos, apesar da imposição que houve no início quanto ao idioma inglês. O fator-chave de sucesso nessa situação foi a combinação de pensamento lateral e rapidez de ação, por meio do deslocamento de métodos, serviços e recursos educacionais de outras áreas para a construção de um modelo híbrido. Entre inúmeros exemplos decorrentes dessas ações, vale citar a presença de professores-tutores em todas as salas de aula a distância, a adaptação de horários de aula à disponibilidade dos estudantes (e não vice-versa) e a alavancagem da aprendizagem do inglês.

O fato de o setor de educação estar atrás em termos de aplicações de *marketing* lateral impõe um grande desafio e uma grande oportunidade para os gestores e mantenedores de instituições de ensino. Uma coisa é certa: não podemos esperar nenhum progresso e evolução substancial do mercado educacional enquanto forem mantidos os mesmos conceitos, métodos e práticas arraigadas há anos em diversos assuntos pertinentes à educação. No que se refere a novas tecnologias, cabe mencionar que não vale a pena tentarmos resistir à sua adoção. Devemos aprender a implementá-las de forma inteligente, seguindo alguns critérios. Os líderes e demais participantes do mercado educacional no Brasil precisam agir rapidamente e aplicar o pensamento lateral para encontrar soluções a todos os desafios que já se apresentam. Ajamos com bom senso, no entanto, orientados sempre para as mudanças e para a inovação.

O *MARKETING* LATERAL E AS RELAÇÕES COM O *MARKETING* TRADICIONAL

Pelo que temos visto, devemos então fechar o nosso tradicional departamento de *marketing* e, de agora em diante, somente aplicar o *marketing* lateral? Claro que não. O *marketing* tradicional e o lateral completam-se, um apóia o outro. Seria uma decisão errada deixar de pensar na criação de novos segmentos para suprir determinadas necessidades. A idéia, em geral, é acrescentar uma nova camada ao esforço mercadológico tradicional. Em paralelo ao *marketing* vertical, o *marketing* lateral deve ocupar-se de suas missões essenciais – amplificação, criação de mercados totalmente novos e oportunidades que melhorem distintivamente os produtos e serviços existentes.

O PROCESSO DE *MARKETING* LATERAL

Como qualquer outro assunto em negócios, o *marketing* lateral não é obra do acaso, não é resultado de um impulso ou iniciativa qualquer. Há um esforço a ser empregado, um compromisso a ser feito e um processo sistemático a ser implementado para se usufruir dos benefícios do *marketing* lateral.

O primeiro passo, então, é o compromisso! Os decisores de instituições de ensino devem comprometer-se oficialmente com a iniciativa de implementação de *marketing* lateral. É, antes de tudo, um processo de aprendizagem, tal como aprender a andar de bicicleta. No início, caímos várias vezes. Porém, depois que aprendemos a manter o equilíbrio, andar de bicicleta torna-se algo muito natural. O mesmo ocorre com o processo de *marketing* lateral, em que gradualmente ele passa a ser usado e aceito de forma natural. Para alcançar esse ponto, é necessário um forte compromisso para com o processo. Pensar e agir seguindo velhos padrões é muito fácil e confortável, e a tentação para se ter uma recaída é grande. Um dos métodos mais eficazes para se manter comprometimento é a aplicação do *coaching* para os gestores de *marketing* e demais decisores estratégicos da instituição de ensino. Trabalhar sob a orientação paralela de um *coach* é fundamental para se criar comprometimento interno e externo. Uma das responsabilidades do *coach* é ter certeza de que o compromisso está sendo mantido e que o processo está sendo realmente implementado.

Após firmar o compromisso, o processo de *marketing* lateral é implementado de acordo com as seguintes etapas:

- Seleção e definição de foco: a definição de foco é uma fase de *missão crítica*. Sem a definição do foco do processo lateral específico, pode perder-se todo o processo. A definição do foco é a grande chave do processo de *marketing* lateral e pode ser descrito pela resposta a duas perguntas: "Onde?", que recebe o nome de foco de área, e "Por quê?", que recebe o nome de foco de propósito. Definiremos, nessa etapa, um nível do processo de *marketing* lateral a atuar, como nível do mercado, produto ou restante do composto mercadológico.
- Geração de conceitos e idéias: no *marketing* tradicional, conceitos e idéias globais são criadas como uma necessidade ou uma resposta para um problema. Já no mundo do *marketing* lateral, a criação de conceitos e idéias é parte elementar da referida prática. A maneira mais eficaz para se gerar conceitos e idéias é por meio do uso das ferramentas de pensamento lateral criadas pelo Prof. Edward de Bono. Dentre elas, estão a entrada/estímulo aleatório e o triângulo de conceito. A idéia principal dessas ferramentas é provocar idéias que estão fora do espectro convencional, aqueles pertences a outros padrões. Esse tipo de pensamento requer esforço e orientação adequados, pois pode ser muito ineficaz se as ferramentas de pensamento lateral não forem apropriadamente aplicadas. É nessa etapa que efetuaremos deslocamentos laterais nas dimensões do mercado, nos elementos do produto/serviço e no restante do composto mercadológico.
- Colheita da safra ou produção: a fase de geração de idéias pode ser muito rica. No entanto, para se extrair as idéias que serão implementadas em curto prazo sem se perder outras idéias que podem ser úteis no futuro, temos de aplicar um processo de colheita. Esse processo refere-se à filtragem e à ordenação dos aspectos positivos, das idéias executáveis em um cenário imediato, das idéias que devem ser desenvolvidas em um cenário futuro dentro de um outro foco ou em conceitos ampliados, nas quais elas venham a gerar idéias mais refinadas, mais específicas.

- Transformação das idéias selecionadas em um formato executável: em outras palavras, crie um plano de ação, como em qualquer outro projeto a ser executado e transformado em realidade.
- Implementação: é preciso angariar comprometimento total, recursos e esforços para fazer o projeto acontecer.

O objetivo maior é criar uma atmosfera e uma cultura criativas, metabolizando-as pelo exercício contínuo dos passos mencionados. O processo demanda esforço dedicado e amplo comprometimento. Este é o principal fator-chave de sucesso para a adoção do *marketing* lateral em qualquer área, inclusive na educação.

O *MARKETING* LATERAL INTEGRADO AO *MARKETING* EDUCACIONAL

Duas avaliações feitas em 2003 mostraram que a escola pública brasileira apresenta alguns sinais de melhora. O Sistema Nacional de Avaliação da Educação Básica (Saeb), divulgado em junho de 2004, indicou que os alunos da 4ª série tiveram notas melhores em português; desde 1999, as notas só pioraram. A avaliação paulista, o Saresp, revelou que a maioria dos alunos acertou mais de 50% da prova e 90% dos alunos da 2ª série mostraram estar alfabetizados. As estatísticas são positivas, mas a distância entre a escola pública e a particular continua grande, principalmente no ensino fundamental. Um estudo da Fundação Getúlio Vargas, divulgado em setembro de 2004, mostra que apenas 21% das escolas públicas têm quadras esportivas, contra 59% das particulares. No quesito biblioteca, a distância é de 23% para 76%; no acesso à internet, de 10% para 52%; em laboratórios, de 5,4% para 31%. Um outro dado importante sobre a escola pública deve ser destacado: segundo a Unesco, 54% dos professores da rede pública matriculam seus filhos em escolas particulares.

O Censo do Ensino Superior 2003 mostrou também alguns dados importantes: 42,2% das vagas oferecidas nas instituições particulares do referido ano não foram preenchidas. Um dos problemas identificados é o excesso de oferta em algumas regiões do país em detrimento de outras – o Sudeste, por exemplo, concentra 49,3% das matrículas do país. Outro problema é a concentração em algumas áreas do conhecimento. Apenas seis áreas – Administração, Direito, Pedagogia, Engenharia, Letras e Comunicação – respondem por 52,7% das vagas oferecidas. No ensino superior público, temos ainda a questão da concentração de vagas no período diurno: 64,2% das matrículas são para cursos durante o dia. Nas particulares, acontece justamente o contrário: 67% da vagas são noturnas.

Dado o cenário que temos, o sucesso de educação no Brasil depende claramente da estruturação de novas estratégias que considerem a existência e a interação de vários componentes. Nesse contexto, seja nos níveis básico ou superior, no ensino público ou privado, torna-se recomendável a adoção de práticas de *marketing* lateral para redesenharmos o mapa existente.

Devemos reexaminar e inovar o conceito educação em todos os seus principais elementos, sejam eles referentes ao *design* de programas e cursos, conteúdos, recursos didáticos, tecnologia, formatos de disponibilização, diversidade e distribuição geográfica, etc. Acredito que precisamos também olhar para o estudante como um cliente, sem perder o equilíbrio e o bom senso – lembre-se que antes de tudo ele é um estudante, com inúmeras obrigações. Escutar e sentir cuidadosamente os ambientes educacional, social, empresarial e tecnológico é fundamental. Afinal, esses ambientes é que são os grandes clientes finais da educação – aqueles que acolherão profissionais, cidadãos e famílias.

Nenhuma boa estratégia funciona sem que trabalhemos recursos existentes e aqueles que precisam ser obtidos – o conhecimento explícito e o tácito. Na educação, a estratégia deve abordar e tratar de forma ampliada todo o escopo de aplicabilidades educacionais específicas, baseadas no curso em si, em habilidades, em competências, em vocações, na formação de aprendizes, na capacitação técnica, profissional, esportiva e até mesmo contemplar aplicabilidades como *hobbies* e terceiras carreiras. E, finalmente, o sistema de avaliação não pode escapar de um tratamento e uma atualização contínuos, tanto no ensino público como no privado. Nesse aspecto, já temos observado significativos avanços.

A adoção de *marketing* lateral no meio educacional não é um luxo nem um modismo, pois o próprio mercado já está evidenciando a sua necessidade por meio de inúmeros indicadores. Precisamos implementar sistematicamente mudanças inovadoras para reverter o quadro da educação em diversos escopos, e isso requer muito pensamento lateral aplicado. O *marketing* educacional necessita, portanto, dessa adição de valor. Acolhamos, então, com boas-vindas o *marketing* lateral na educação.

REFERÊNCIAS

DE BONO, E. *Lateral thinking: creativity step by step*. New York: Harper & Row, 1973.

DE BONO, E. *Serious creativity: using the power of lateral thinking to create new ideas*. New York: Harper Business, 1993.

KOTLER, P.; DE BES, F. *Lateral marketing: new techniques for finding breakthrough ideas*. New Jersey: Wiley & Sons, 2003.

. 13 .
Marketing Pessoal: Uma Reflexão

Sonia Simões Colombo

INTRODUÇÃO

Ao abordar o *marketing* pessoal, é comum encontrarmos definições e conceitos voltados apenas para os fatores externos, como a aparência, a postura e a comunicação dos profissionais. A proposta deste capítulo é contemplar uma dimensão pouco explorada da questão: os atributos que lhe dão sustentação. Não pretendemos apresentar regras e receitas a respeito de como se portar no cotidiano das instituições de ensino, e sim refletir sobre os fatores primordiais que conduzem o profissional da educação à busca da excelência nas relações interpessoais, no desenvolvimento dos processos organizacionais, na satisfação dos clientes e na efetividade dos resultados a serem alcançados. O conteúdo interno do ser humano deve ser a base e o alicerce do *marketing* pessoal e, somente após isso, associar as qualificações a técnicas eficazes de divulgação externa.

O *marketing* pessoal é, ao mesmo tempo, simples e complexo. É complexo porque envolve mudança e estabilidade, baseia-se em competências e é avaliado pelos comportamentos e pelas ações, utiliza atributos pessoais e requer relacionamentos interpessoais, respeita o passado e foca o futuro, estipula uma visão e busca resultados em ações, requer aprender e desaprender. É simples porque representa o seu "eu interior" em sintonia harmônica com o seu "eu exterior", reúne um conjunto de ações e mostra a essência do indivíduo. Não é algo forçado, mas que flui de forma espontânea. É um processo necessário nos dias atuais, o qual exige contínuo aprimoramento e refinamento.

O *marketing* pessoal contempla várias ações que possibilitam a uma pessoa caminhar rumo ao sucesso. E escolas de sucesso são formadas por pessoas de sucesso. Utiliza-se de estratégias e ferramentas para obter o reconhecimento – e ser reconhecido é um enorme desejo do ser humano. Entretanto, cabe esclarecer o que não caracteriza uma boa prática do *marketing* pessoal: falar bem de si mesmo, bajular o chefe, o cliente, querer aparecer, criar uma imagem falsa mascarando uma limitação ou maquiando uma qualidade.

Todo profissional que deseja destacar-se e ter o sucesso almejado precisa ter como foco as suas *competências* e a *autoconfiança*, canalizando esforços para concretização das metas institucionais e pessoais. O *marketing* pessoal, portanto, deve estar sintonizado e baseado nesses dois aspectos. Caso contrário, estará desconectado da realidade competitiva atual, e ser competitivo é destacar-se.

Iniciaremos a nossa análise com a caracterização da competência do profissional, salientando seus pontos fortes. Precisamos concentrar-nos nesses pontos diferenciados e colocá-los onde possam produzir bons desempenhos, pois, ao reconhecermos as nossas competências, saberemos expô-las de maneira correta e apropriada.

A FORMAÇÃO DA COMPETÊNCIA

A busca da origem da expressão competência remete-nos à linguagem jurídica, no fim da Idade Média, em que se fundamentava no atributo destinado a alguém ou a alguma instituição a tarefa de apreciar e julgar certas questões. Nesse parâmetro, o conceito passou a designar a capacidade de alguém pronunciar-se em relação a determinados conceitos. A palavra competência vem do verbo *competir*, que gera também outros substantivos como *competição* e *competidor* e o adjetivo *competitivo*.

O termo competência adquiriu o significado atual, no interior das organizações, principalmente por influência dos psicólogos, que observaram que os testes tradicionais de conhecimento, aptidão e inteligência quando utilizados isoladamente não eram suficientes para antever a possibilidade de sucesso no trabalho e mesmo na vida pessoal. Ao analisarem um candidato com o foco nas competências, em um processo seletivo, constataram uma probabilidade maior de acerto na contratação.

O enfoque adotado nos dias de hoje, seja na seleção de pessoal, capacitação, desenvolvimento, avaliação de *performance* e remuneração, leva em consideração a capacidade que a pessoa tem em agregar resultados à organização em que atua. Compreende o estar preparado, por meio de atributos próprios, para agir com eficácia em determinada situação.

A competência é o capital produtivo do ser humano, o seu eu essencial em maior grau, sendo passível de observação. Pode ser adquirida e desenvolvida continuamente. Portanto, devemos concentrar nossas energias para aprimorar as altas competências, desperdiçando poucos esforços para aquelas áreas de pouca competência, pois é necessário despender muito mais energia para sair de um estágio de mediocridade para um nível moderado do que se deslocar de um patamar de satisfatório para a excelência.

Muitos estudiosos consideraram que a competência englobava um conjunto de conhecimentos, habilidades e atitudes. Entretanto, é importante ponderarmos que, além desses três atributos, é necessário um outro aspecto altamente relevante para o alcance dos resultados: a motivação. Consideramos esse atributo essencial, pois a competência não pode ser compreendida de forma separada da ação, e a motivação é o que nos leva a agirmos em determinada direção.

Vemos a competência de maneira renovada e sintonizada com a realidade atual do mercado. A competência somente tem significado quando é transformada em atos, em ações efetivas. Competente é quem agrega valor aos atributos que possui e disponibiliza resultados para a instituição em que atua. A ênfase não é apenas na execução da tarefa, e sim no resultado alcançado.

As exigências quanto ao papel e ao desempenho dos profissionais no cotidiano das organizações mudaram. A competência não se restringe ao conhecimento em si, sendo mais ampla, com componentes de origem cognitiva, afetiva e prática. Não podemos reduzir a competência à formação acadêmica, nem aos conhecimentos adquiridos, nem tampouco ao saber fazer ou ao saber agir, mas sim a todos esses aspectos integrados com a capacidade de mobilizar e implementar em um determinado ambiente. Para tanto, devemos canalizar energia suficiente para superar os obstáculos e as restrições com que nos deparamos no âmbito dos recursos ou das dificuldades específicas. E essa energia vem da motivação.

Assim, passamos a considerar a competência do profissional contendo quatro atributos integrados de *conhecimento, habilidade, atitude e motivação*, gerando resultados efetivos para a instituição de ensino. A Figura 13.1, sintetiza tal integração.

Conhecimento

As informações adquiridas e as experiências vividas, depois de assimiladas, transformam-se em conhecimento. Ele é ativo e possibilita aumentar a capacidade de absorver novas combinações mentais.

O conhecimento não está nos livros, na internet, nos jornais, nas revistas, etc. – estes são apenas veículos de informações disponíveis no mundo atual, sem fronteiras. Ele está em nossa mente. É o *saber o quê* e *saber o porquê*.

O conhecimento não é duradouro, já que pode tornar-se obsoleto devido às mudanças e grandes evoluções presentes em nosso ambiente. Por isso, é imprescindível a aprendizagem contínua para termos o nosso conhecimento atualizado e com domínio rápido de novas tecnologias.

O fato de haver muitas informações é uma das razões para nos impulsionar rumo a novos conhecimentos. É importante selecionar o que desejamos adquirir ou aprimorar, estabelecendo prioridades e, conseqüentemente, desenvolvendo planos com vistas ao aproveitamento eficaz desses conhecimentos, e compreendendo-os como recursos a serem mobilizados.

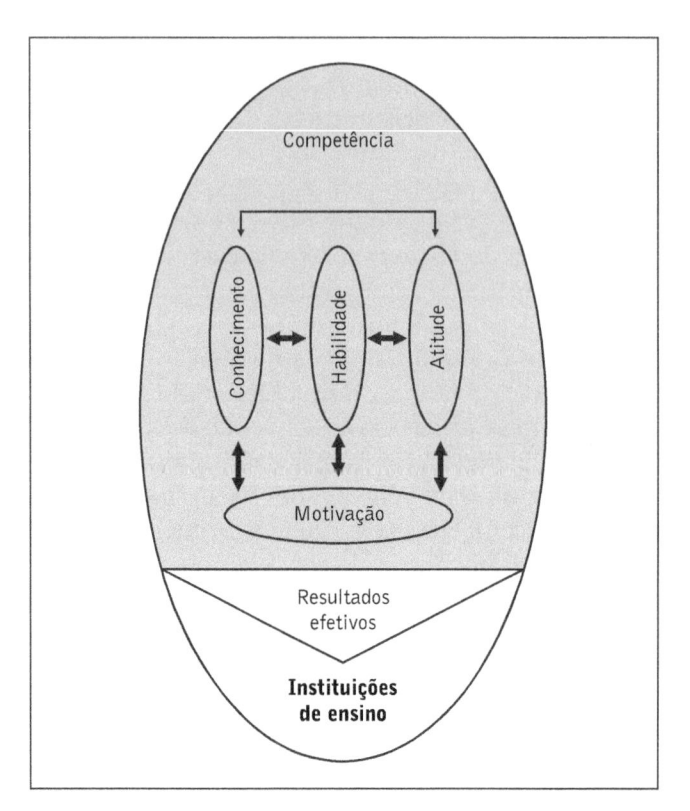

▲ **Figura 13.1** Os quatro atributos da competência.

Todo profissional que atua nas instituições de ensino precisa compreender o que é educação. Esse conhecimento é fundamental, sendo base de sustentação para os demais.

Habilidade

A natureza da habilidade está interligada com a aptidão da pessoa e com a sua capacidade potencial para desenvolver determinadas atividades. Com o desenvolvimento, determinada aptidão vai aprimorando-se, fortalecendo-se, surgindo, então, a habilidade. Quando aplicamos um teste de aptidão, temos como objetivo descobrir capacidades ainda não desenvolvidas pela pessoa. Tal teste pode ser um recurso auxiliar na seleção de pessoal e indicação de qual tipo de treinamento seria mais indicado para desenvolver plenamente toda a sua capacidade potencial.

A habilidade é uma seqüência organizada de ações executadas corretamente. Varia extraordinariamente quanto à sua natureza, extensão, variedade e complexidade. Falar bem é "habilidade verbal", pintar, tocar um instrumento musical é uma "habilidade artística", presidir com eficácia uma reunião com pais de alunos é uma "habilidade social". Ao desenvolver uma habilidade, acrescentam-se novos repertórios ao comportamento adaptativo.

À medida que uma pessoa adquire certa habilidade, suas respostas são demonstradas com maior precisão, rapidez e segurança.

Atitude

A atitude está ligada ao comportamento do ser humano no âmbito das relações interpessoais e no meio em que está inserido. A personalidade é o pano de fundo para a manifestação do comportamento e a cultura marca os limites para as atitudes aceitáveis. Não somos impotentes para escolher nossos caminhos. Temos poder para concretizar nossas escolhas e estas representam o segredo de nossa força. O bom humor e as boas relações possibilitam enfrentar os desafios com maior tranqüilidade e segurança, fatores básicos para a superação de obstáculos.

Nas interações educacionais, a atitude de respeito por outro ser humano é um dos aspectos mais valorizado por toda a comunidade.

Motivação

A motivação vem ocupando, há muito tempo, um lugar de destaque na busca da compreensão do homem. Os filósofos Platão, Sócrates e Aristóteles já procuravam explicar, em suas obras, a natureza humana, concebendo o homem como um ser racional e diferenciando-o de outras espécies. Sem dúvida, a filosofia já apresentava as inquietações a respeito da motivação.

Ela continua sendo sistematicamente pesquisada e estudada e, provavelmente, continuará sendo no futuro, tal a sua relevância pragmática para as relações com o trabalho, a concretização de resultados organizacionais/pessoais e a felicidade das pessoas.

Cada ser humano concentra múltiplas variáveis que o distinguem: seu código genético e suas experiências no decorrer das etapas da infância, adolescência, maturidade e velhice. Nesse contexto, cada pessoa é ímpar nas razões que a levam a buscar um determinado objetivo.

É por meio da motivação que encontramos os verdadeiros motivos que direcionam as pessoas a agir diante dos acontecimentos do seu dia-a-dia. Entretanto, esse aspecto tão importante para a ação do profissional não tem sido contemplado pelos estudiosos a respeito da competência.

A motivação está direcionada à natureza das necessidades e dos motivos do ser humano. É uma força que se encontra no interior de cada pessoa. Cecília Bergamini (1996) ressalta que "a motivação é considerada como algo que é tipicamente interno a cada um, é tida como uma força propulsora cujas verdadeiras origens acham-se na maioria das vezes escondidas no interior do indivíduo e cuja satisfação ou insatisfação fazem parte integrante dos sentimentos experimentados por ele mesmo". Portanto, não é possível motivar alguém, mas apenas criar condições favoráveis para que a sua motivação aflore.

Ao surgir uma necessidade, há energia para a ação em grau relacionado à força do motivo. Quanto mais motivados estivermos, menor será o nível de satisfação presente e mais forte a necessidade. O atendimento a uma necessidade propicia à pessoa atingir a satisfação correspondente, criando, assim, possibilidades de surgirem outros motivos. Precisamos conscientizar-nos com a realidade de que a satisfação nos levará em seguida a uma nova insatisfação. É um caminho que não tem fim.

Por outro lado, uma necessidade pode não obter satisfação em decorrência de obstáculos criados internamente pelo próprio indivíduo ou em seu ambiente, como falta de recursos que possibilitem à pessoa atingir o objetivo desejado ou mesmo conflitos entre diferentes motivos do próprio ser humano que os criou. A manifestação de uma dessas possibilidades leva a pessoa à frustração, fator gerador de muitas conseqüências, dependendo da força interior do envolvido. Pode ser construtiva, direcionando a pessoa a lutar com mais energia e afinco em prol do desejado. Pode ser negativa, criando mecanismos de defesa e/ou generalizações da sua incapacidade para atingir o esperado.

Com a motivação, temos mais energia para adotar e cultuar atitudes positivas e proativas, sentindo prazer nas atividades exercidas. As pessoas direcionam mais tempo e esforço para os trabalhos pelos quais estão motivadas.

O processo de formação das competências

As competências são adquiridas por meio de esquemas cognitivos e afetivos que interagem com o meio. Todos os atributos que dão sustentação à competência podem e devem ser desenvolvidos por iniciativa do profissional, bem como pela disponibilização de recursos adequados por parte da instituição para a educação continuada. O ser humano tem condições de absorver novas competências ou ampliar as já existentes, desde que ocorram estímulos internos ou externos para o seu pleno desenvolvimento.

Para sermos profissionais competentes, torna-se necessário que tenhamos o conhecimento atualizado sobre o assunto/trabalho, a habilidade requerida para o exercício funcional, a atitude adequada à atividade e a energia motivacional suficiente para nos impulsionar à ação. Reiteramos que a competência resulta em uma ação integrada desses quatros atributos, de forma efetiva e prática.

Exemplificando:

- Um professor que possui excelentes conhecimentos sobre a sua disciplina, que domina totalmente o assunto a ser abordado, mas ao qual falta a didática para transmitir o conteúdo da matéria aos seus alunos não é competente em sua função, mesmo que tenha um bom relacionamento com eles.
- Um neurocirurgião que participa regularmente de congressos e seminários e possui conhecimentos atualizados sobre o que tem de mais avançado em medicina em sua área de atuação, mas ao qual falta a destreza manual durante o ato da cirurgia também não pode ser considerado competente.
- Um professor que tenha o grande dom de ensinar, com habilidades inerentes à atividade acadêmica, mas que esteja com conhecimentos defasados e ultrapassados não se enquadra no time de profissionais competentes.
- Um neurocirurgião com habilidade no ato de manusear os equipamentos cirúrgicos, mas cujos conhecimentos estão arcaicos não pode ser considerado competente.
- Um professor que detém bons conhecimentos, com habilidades adequadas para transmitir o que sabe, mas que tem problemas de relacionamento com seus alunos, com certeza, não será caracterizado, nos dias atuais, como um profissional competente.
- Um neurocirurgião conseguiria levar a contento, com eficácia, um ato cirúrgico em que fosse indolente e grosseiro com a equipe composta por anestesista, instrumentador, médico assistente e enfermeiro? A sua atitude poderia comprometer as ações dos outros profissionais, prejudicando o resultado desejado.

O professor, o médico ou qualquer outro profissional precisa estar motivado para exercer a profissão escolhida, canalizando energia suficiente para uma ação eficaz. Pessoas desmotivadas, apáticas e desanimadas para o exercício de suas atividades terão poucas chances para demonstrar os demais atributos da sua competência.

Podemos ter várias competências, desde que tenhamos condições para desenvolvê-las e aprimorá-las. O que hoje é exigido para a realização perfeita de uma determinada atividade poderá transformar-se, resultando em novas exigências no futuro.

Nesse contexto, é importante obter novas competências, utilizá-las em sua plenitude, compartilhar o *know-how* e contribuir com a instituição em que atuamos. O ser humano é valorizado por aquilo que faz do que sabe, e o *marketing* pessoal, quando bem planejado e estruturado, fundamenta-se nesse paradigma.

Não invista em sua área de incompetência

Quando não temos qualificação, habilidade ou não gostamos do que fazemos, este é um sinal de que não temos a requerida competência. Ao voltarmos a nossa atenção para isso, provavelmente vamos colher frustrações e baixos resultados apesar do muito esforço despendido. Portanto, é um grande equívoco direcionar nossas atenções para pontos de baixa competência. Entretanto, muitos profissionais concentram-se no desenvolvimento de seus pontos fracos, perdendo recursos, tempo e energia.

É fundamental que conheçamos muito bem os nossos pontos fortes, capitalizemos aquilo que temos de especial, isto é, o nosso diferencial.

Ao maximizar nossas qualidades, com certeza, teremos resultados excepcionais. Cabem, portanto, as seguintes reflexões:

- Quais são os meus pontos fortes?
- Quais são os meus atributos?
- O que eu sei fazer muito bem?
- O que me motiva?
- Em que eu me destaco?
- Quantas competências adquiri nos últimos dois anos?

AUTOCONFIANÇA

A autoconfiança é um atributo valioso e essencial para praticarmos o nosso *marketing* pessoal, pois com ela encontramos a coragem para enfrentar os desafios e fazer a diferença. Distante da arrogância ou do egocentrismo, a autoconfiança possibilita empreender iniciativas indispensáveis para solidificar as ações planejadas do profissional, não se deixando abater pelo sucesso dos demais.

Confiança é um termo associado à emoção do ser humano em seu aspecto mais autêntico. Ao valorizarmos o que pensamos, adquirimos mais confiança no que acreditamos e obtemos melhores condições para realizarmos as nossas atividades. A crença em si leva o indivíduo a ousar, a arriscar mais, a criar abertura para desenvolver tarefas mais desafiadoras e a ter autocontrole. Por outro lado, a insegurança tira-nos a liberdade de seguir em frente.

Para ter confiança em nossas atitudes, precisamos conhecer a nossa essência em profundidade e, primeiramente, tomar importantes decisões no âmbito da vida pessoal, que são a sustentação das escolhas e decisões profissionais. Com o autoconhecimento, obtemos uma profunda percepção das nossas próprias emoções, dos nossos pontos fortes e fracos, impulsos e desejos, aspectos relevantes para a confiança em nós mesmos.

A autoconfiança propiciará condições para vislumbrar o sucesso e não o fracasso. É um erro tentarmos evitar o fracasso, pois teremos muito mais chance se direcionarmos a nossa atenção para a firme certeza da concretização do desejado e, conseqüentemente, para a obtenção do sucesso. Sem dúvida, o fracasso pode ocorrer, mas dar a ele uma importância maior do que o sucesso nas etapas de planejamento e execução é um erro.

Não podemos ser atormentados pelo medo paralisante do fracasso, pois este nos torna inoperantes. Da existência do fracasso podemos extrair a experiência e canalizarmos mais energia para o próximo passo rumo ao desejado.

Que confiança mais poderosa pode existir do que a confiança que nasce da persistência? Devemos ser eternos aprendizes, pois a persistência é que nos leva à perfeição. Enquanto a motivação é o motivo interno que nos impulsiona para canalizar esforços em busca de nossos objetivos, a persistência faz com que não desistamos diante dos obstáculos e fracassos.

Cada um é responsável por sua própria vida. Somos dotados da capacidade de disponibilizar a iniciativa e a responsabilidade para fazer com que as coisas aconteçam. Porém, muitas vezes, precisamos da persistência para alcançar o que queremos. A persistência proporciona mais convicção, compromisso e entusiasmo para que as coisas comecem a funcionar adequadamente. Com atitudes disciplinadas, tanto mentais quanto emocionais, ganhamos força para superar as dificuldades e conquistar o desejado.

A tenacidade e a resistência interior em manter o equilíbrio emocional, mesmo nos momentos de pressão e mudança, favorecerão a continuidade no caminho traçado inicialmente. O exercício do *marketing* pessoal precisa estar alinhado com o respectivo grau de autoconfiança e persistência presente em cada ser humano.

Porém, apenas tentar não nos garante nada. Muitas vezes, encontramos pessoas que dizem "vou tentar", mas não empregam todos os seus recursos em prol do objetivo e depois, ao não atingirem o estipulado, confortam-se com "pelo menos eu tentei". Dessa maneira, o "tentar" acaba sendo usado como desculpa. Com a autoconfiança e a persistência, passamos a encarar o desafio de maneira diferente. Mentalizamos e trabalhamos com afinco, tendo a firme convicção de que alcançaremos o idealizado. Tal posicionamento traz uma grande contribuição para a prática eficaz do *marketing* pessoal.

AS BARREIRAS PARA O BOM *MARKETING* PESSOAL

Assim como destacamos os dois atributos para a sustentação do *marketing* pessoal, cabe também comentarmos o que dificulta, o que faz as pessoas tornarem-se inoperantes, prejudicando o seu desenvolvimento.

A inércia e a resistência à mudança não combinam com o profissional que deseja projetar-se no universo em que atua. Pelo contrário, causam retrocesso e estagnação, dificultando a superação dos obstáculos e desafios.

A inovação emerge em ambientes que propiciam abertura para promover transformações. A natureza da mudança modificou-se. Não se movimenta como antigamente em linha reta, de forma gradual, mas sim de modo abrupto, descontínuo e rápido. Antes, podíamos acompanhar a evolução da mudança; hoje ela se instala sem que possamos perceber o seu desenvolvimento. Rapidamente, um conceito, um produto ou uma metodologia pode tornar-se obsoleto e uma nova mudança surge.

Tudo é muito acelerado, e o bom profissional não pode ficar à margem desse cenário. Se antes já não era admissível ficar resistente à mudança, hoje o paradigma é outro: não basta apenas se adaptar à mudança, quem quiser estar à frente das transformações e fazer um bom *marketing* pessoal precisa, necessariamente, ser um agente de mudanças, pois a realidade competitiva das instituições de ensino tem impulsionado freneticamente às transformações. As oportunidades vêm e vão com uma velocidade sem precedentes, cabendo aos que estão preparados e atentos agirem rapidamente para aproveitar a nova tendência.

A essência da mudança reside na arte de perceber, de ouvir e de sentir o que está por vir. O tempo de vida de uma idéia, de um processo ou de um produto está cada vez mais curto. É pouco apenas melhorar. O ritmo da mudança impõe transformações que exigem dos que querem estar à frente constantes inovações, com soluções inéditas para os seus clientes.

Thomas Kuhn (1997) enfatiza que praticamente todas as revoluções no campo da pesquisa científica começaram com rupturas na tradição, na maneira antiga de pensar e nos velhos paradigmas. Da mesma maneira, esse conceito se aplica ao cotidiano das pessoas, pois muitas vezes é necessário modificar paradigmas básicos, revendo posicionamentos. Os paradigmas são poderosos, pois se constituem nas lentes pelas quais vemos o mundo ao nosso redor. Ao mudarmos um paradigma, voltamos à estaca zero, significando que temos de reaprender uma nova atividade e fazer diferente o que já dominávamos anteriormente. Isso exige mudança. Com a mudança, abrimos caminho para o desenvolvimento de novas competências e para a transformação pessoal, tendo melhores condições para exercitarmos, de modo excepcional, o *marketing* pessoal.

Não existe uma maneira refinada de fazer mudanças. Precisamos dar autonomia para nós mesmos, pois toda mudança exige mudança de si mesmo e autoliderança durante o processo da modificação. É necessário remover todas as barreiras e resistências, pois a verdadeira mudança deve ocorrer em nossos mapas mentais.

IMPLEMENTANDO A GESTÃO PESSOAL PARA EFICÁCIA DO *MARKETING* INDIVIDUAL

Gerir é mais amplo do que administrar. A gestão contempla planejar e agir estrategicamente, enquanto a administração envolve planejar e agir taticamente.

Em outra oportunidade (Colombo, 2004), detalhamos a trajetória para o desenvolvimento de um planejamento estratégico estruturado para as instituições de ensino. Os mesmos pressupostos que ali apresentamos, pertinentes para uma instituição jurídica, também são válidos para os indivíduos.

Ao optarmos por fazer uso do *marketing* pessoal, precisamos estruturar perspectivas no âmbito de nossa missão, da visão que vislumbramos para nosso futuro, dos objetivos pessoais e profissionais, dos indicadores de desempenho frente ao rumo traçado, das metas a serem conquistadas e, finalmente, das melhorias contínuas para alcançar o desejado. Começaremos esta análise com a missão pessoal.

Missão pessoal

Cada pessoa tem uma missão pessoal que a torna única e que a diferencia das demais. Ter clara qual é a razão de ser de sua existência é um fator primário para a prática do *marketing* pessoal.

A missão não é abstrata, mas sim presente e concreta, servindo como guia para as ações, como linha de orientação para o caminho que percorremos dia após dia. No contexto da missão, encontram-se as competências, os valores e os princípios nos quais acreditamos e que estamos dispostos a adotar.

Reflexões como: quais são os meus objetivos de vida? O que desejo que falem de mim? Qual o propósito de meu trabalho? Quais são os meus principais valores? Qual a razão de minha existência? ajudarão na firme convicção de nossos propósitos com relação à vida e nortearão nosso *marketing* pessoal.

As pessoas bem-sucedidas têm sempre sua missão de forma clara e compartilhada com o meio em que estão inseridas.

Visão pessoal

Enquanto a missão é intemporal, a visão é temporal, variando ao longo da vida. Ter uma visão de futuro positiva e inspiradora servirá de guia para nossos passos.

É importante sonhar, porque isso nos dá esperança de um futuro melhor. Contudo, o sonho é abstrato, está presente em nossas mentes. A visão é mais ampla que o sonho, porque vai além. Ao projetarmos a visão de futuro, podemos vislumbrar todo o caminho a ser percorrido e planejar cada etapa da trajetória: estipular os fatores impulsores que ajudarão a concretizar os objetivos desejados, bem como analisar os possíveis obstáculos que dificultarão a conquista das metas.

Sem dúvida, precisamos do sonho para traçar a visão de futuro, mas não podemos acreditar que somente o fato de desejar algo o concretizará. Com a visão, coloca-se em prática a ambição decorrente do sonho e inicia-se a trajetória rumo ao que se quer. Assim, há chances mais concretas de se atingir o estipulado.

A visão encontra-se alinhada com o autoconhecimento e a autoconfiança, requerendo uma imagem positiva de nós como indivíduos únicos e especial, o que é extremamente relevante para o exercício do *marketing* pessoal.

Ao desenvolvermos a visão, cabem as seguintes reflexões:

- Quais os meus ideais?
- Quais são os meus desejos mais profundos?
- O que quero realizar?
- O que pretendo?

Objetivos pessoais

Os objetivos são decorrentes da visão. Enquanto na visão vislumbra-se o desejado, nos objetivos se estabelece, de forma mensurável e desafiante, o que se pretende atingir. Por exemplo: melhorar a minha sistemática de liderança, obter maior produtividade no trabalho desenvolvido, ser valorizado pelo cliente, conviver mais com a minha família, etc.

Muitas vezes, estipulam-se objetivos em apenas uma esfera da vida. Isso é um erro, pois é muito importante traçar objetivos que contemplem todos os papéis-chave que permeiam a nossa existência, tais como, profissional, familiar, afetivo, etc.

Ao delinear os objetivos, é importante verificar se existe consistência entre o que pensamos e o que efetivamente fazemos.

Indicadores de desempenho pessoais

Os indicadores possibilitam saber e acompanhar os resultados de cada objetivo. Levando em consideração os exemplos citados acima, poderíamos ter os seguintes indicadores:

- índice de satisfação dos funcionários com relação à liderança adotada;
- índice da produtividade no trabalho;
- índice de satisfação dos clientes;
- tempo dedicado à família.

Metas

As metas são os alvos que desejamos atingir. Após definirmos os indicadores de desempenho e sabermos os resultados atuais, poderemos estabelecer o quanto pretendemos atingir para um determinado período.

Quadro 13.1
Metas pessoais

Objetivos pessoais	Indicadores de desempenho	Metas pessoais
Melhorar a minha sistemática de liderança.	Índice de satisfação dos funcionários com relação à liderança adotada.	Alcançar 90% em dois anos
Obter maior produtividade no trabalho desenvolvido.	Índice da produtividade no trabalho.	Elevar 20% em um ano
Ser valorizado pelo cliente.	Índice de satisfação dos clientes.	Aumentar o índice de ótimo em 10% e diminuir o índice de regular para 0%.
Conviver mais com a minha família.	Tempo dedicado à família.	Chegar uma hora mais cedo em casa.

Melhorias pessoais

Para atingirmos as metas pessoais precisamos melhorar o desempenho. Sair de um patamar atual para um outro mais elevado exigirá melhorias na condução de nossas ações (Quadro 13.2). Não é possível se atingir uma meta utilizando os mesmos esforços até então praticados. A melhoria significa dispêndio de energia focada, com recursos e esforços diferenciados, alinhando a ambição pessoal com o comportamento correspondente.

Gestão pessoal com qualidade

Uma das ferramentas básicas para a gestão da qualidade amplamente utilizada pelas organizações no mundo todo é o ciclo do PDCA (Plan = Planejar, Do = Fazer, Check = Verificar e Act = Agir), que pode ser utilizado, de modo eficaz, para a gestão de nossa vida pessoal. Essa ferramenta fortalece a *performance*, pois leva em consideração o planejamento, a execução, a verificação dos resultados e a melhoria das ações pessoais (Figura 13.2)

AS BOAS PRÁTICAS DO *MARKETING* PESSOAL

Após termos analisado os atributos da competência, da autoconfiança e de uma boa gestão pessoal, podemos concluir a sua pertinência para a sustentabilidade da imagem profissional. A partir desse ponto, e levando em consideração os

Quadro 13.2
Iniciativas de melhoria pessoal

Indicadores de Desempenho	Metas pessoais	Melhoria pessoal
Índice de satisfação dos funcionários com relação à liderança adotada.	Alcançar 90% em dois anos.	Ingressar em um MBA que trabalhe a habilidade de liderança. Ler livros e artigos sobre liderança.
Índice da produtividade no trabalho.	Elevar 20% em um ano.	Direcionar o foco para as atividades úteis. Eliminar medos e resistências. Evitar o retrabalho e melhorar a qualidade das minhas atribuições.
Índice de satisfação dos clientes.	Aumentar o índice de ótimo em 10% e diminuir o índice de regular para 0%.	Prestar atenção às necessidades e aos desejos dos meus clientes. Ouvi-los atentamente. Implementar ações que superem as expectativas dos meus clientes.
Tempo dedicado à família.	Chegar uma hora mais cedo em casa.	Dar mais atenção aos meus filhos e aumentar as atividades de lazer em conjunto.

aspectos que nos tornam inoperantes, como as resistências a mudanças, podemos voltar a nossa atenção especificamente para o uso de ferramentas do *marketing* pessoal. Um bom conteúdo aliado a uma boa estratégia faz uma grande diferença.

Trabalhando a comunicação

A boa comunicação é crucial em qualquer profissão. Ter uma fala adequada para cada público e situação, com clareza, assertividade e objetividade, propiciará a boa transmissão de suas idéias e projetos. Não significa meramente explicar ou esclarecer algo, mas também criar significado.

Superar a timidez e o orgulho são requisitos fundamentais para fortalecer a capacidade de falar corretamente com conteúdo e assertividade. O mundo exige exposição dos profissionais, e a timidez cria obstáculos desnecessários. Tornar públicas algumas de nossas idéias e dialogar com pessoas que possam comple-

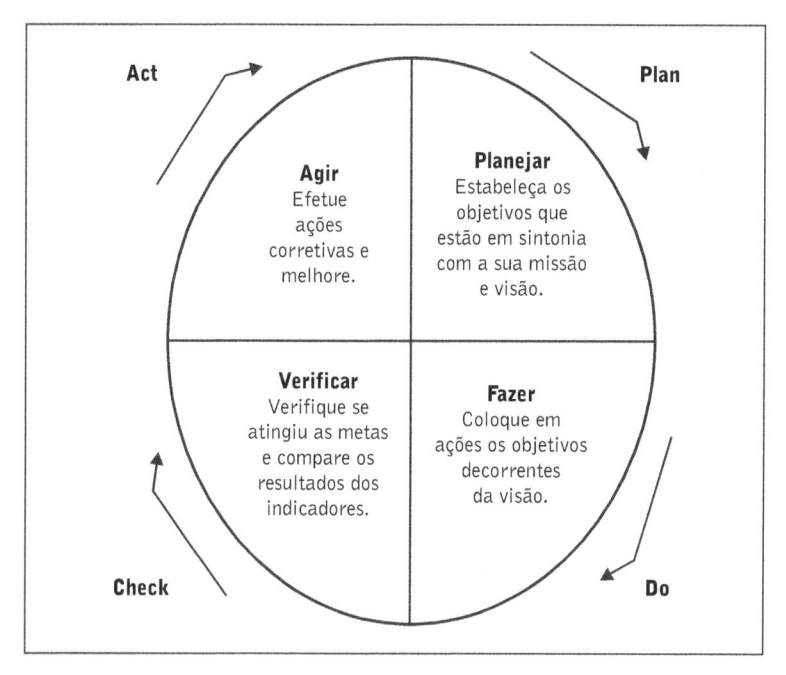

▲ **Figura 13.2** O ciclo PDCA aplicado na gestão pessoal.

mentar ou colaborar com nossas metas favorecerá o trabalho em prol de um objetivo comum.

Ler livros, jornais e revistas, diversificar o acesso a informações, participar de eventos culturais e científicos darão subsídios para comentários e opiniões nas interações sociais.

Assim como a fala é relevante em uma comunicação, também o é saber escutar, ou seja, ter uma postura de captação de informações para posterior avaliação e exposição do ponto de vista. Assim, é relevante conhecermos as opiniões das pessoas com as quais nos relacionamos para aprendermos com o *feedback* obtido. Indagar, ouvir atentamente e refletir sobre as percepções e opiniões externas de nossos comportamentos colaborará para o aperfeiçoamento de nossas competências.

A simpatia das ações do dia-a-dia

A simpatia é um dos melhores canais para efetivar o *marketing* em sua rede de relacionamento, pois cria uma imagem positiva e contagia a todos. O humor e a humildade são aspectos que se integram harmoniosamente com as características decorrentes da simpatia. Um olhar amigável, um sorriso franco, um cumprimento espontâneo, com certeza, somarão pontos para solidificar a marca pessoal.

Para sermos eficazes no *marketing* pessoal, é imprescindível que conheçamos a dinâmica humana e o processo de desenvolvimento das competências citadas no início deste capítulo. Esses atributos, somados à criatividade e a uma certa dose de ousadia, podem abrir caminhos para interagir com as pessoas, favorecendo a conquista dos objetivos traçados.

Postura e compostura sintonizadas

Geralmente, os estudiosos do *marketing* pessoal dão ênfase à postura e não abordam o contexto da compostura. Sem desmerecer a primeira, consideramos esta última, em um nível maior de importância, pois abrange um conjunto de ações que denotam a boa educação.

A postura orienta-nos a como sentar, andar e gesticular nas mais diversas situações. Já a compostura orienta-nos para todas as atitudes sociais, dando sustentação para a postura.

Ações proativas

Para ativar o *marketing* pessoal, precisamos de ações proativas. A proatividade revela não um desejo de se mover apenas por se mover, mas sim de forma determinada rumo a um objetivo concreto.

Evidenciar as competências profissionais passa por um processo de visibilidade externa, que beneficiará tanto a pessoa como a instituição da qual faz parte. Alguns exemplos de articulações:

- Associar-se a órgãos de classe e participar ativamente dos interesses da categoria.
- Publicar artigos em revistas e jornais em sua área de atuação.
- Participar de congressos e simpósios na categoria de palestrante ou de apresentação de trabalhos.
- Realizar contatos regulares com antigos colegas.
- Participar de comunidades de interesse e listas de discussão *on-line*.
- Visitar outras instituições de ensino a fim de conhecer boas práticas de gestão e intercâmbio com outros profissionais.

Marca pessoal

Assim como é importante ter uma gestão focada na marca da instituição de ensino (detalhada no Capítulo 2), também é relevante gerenciarmos a nossa própria imagem pessoal.

Se quisermos construir uma marca profunda e duradoura, precisamos ser capazes de "entregar" o que "vendemos". E isso exige planejamento, dedicação, disciplina, reafirmação e aperfeiçoamento ao longo do tempo.

As crenças, os valores pessoais e as competências é que nortearão as atitudes e os comportamentos, sendo a base de sustentação para a formação de uma marca pessoal sólida. É necessário que cada um conquiste e cuide com muito zelo de sua marca, atuando com ética, ousadia e perspicácia, pois este é um patrimônio individual valoroso, que não pode ser gerido ao acaso.

No mundo atual, se não nos perceberem, teremos sérias dificuldades para conquistar o reconhecimento desejado. Mas, sem dúvida ser percebido não significa extrapolar o bom senso e alardear as qualidades e pontos fortes que consideramos ter como atributos. A visibilidade obtida dessa maneira causará muito mais danos do que recompensas. A modéstia alinhada com a humildade é indispensável, pois mostra os aspectos que podem ser aprimorados. Já a falsa modéstia atrapalha, fazendo com que os profissionais afugentem boas oportunidades.

A construção da imagem pessoal e profissional é realizada por meio de ações corriqueiras. É possível desenvolvermos uma imagem coerente com o que somos e desejamos transmitir, com consistência, para que proporcione a visibilidade necessária e permita ser referência no ambiente social em que estamos inseridos.

Networking

Em cada área que atuamos, podemos ter uma rede de contatos, os quais colaborarão para a divulgação da nossa maneira de ser e gerar bons negócios. Estar presente, visível e acessível com as pessoas certas, propiciará ganhos frutíferos para a solidificação da nossa marca.

O *marketing* pessoal amplia-se com o desenvolvimento e a manutenção de uma rede de relacionamentos bem-planejada e ampla. Ao criarmos conexões com todas as pessoas que estão à nossa volta e com todas as que ainda podemos conhecer, potencializamos recursos. Entretanto, poucos profissionais investem, de maneira organizada e duradoura, no cultivo das relações interpessoais de várias áreas e níveis.

Daniel Goleman (1996) defende que um dos aspectos essenciais da sua teoria é a habilidade social. Ele a define como "a arte dos relacionamentos que nos permite moldar um encontro, mobilizar e inspirar outros, vicejar em relações íntimas, convencer e influenciar, deixar os outros à vontade". O autor também relata uma pesquisa realizada na Universidade de Harvard a respeito dos alunos mais bem-sucedidos profissionalmente. O resultado, para surpresa dos pesquisadores, constatou que os mais bem-sucedidos não eram os alunos de melhor aproveitamento acadêmico. Uma nova pesquisa foi elaborada para descobrir os motivos desse resultado e verificou-se que um dos fatores de sucesso era a capacidade de formar uma rede de relacionamentos, o que abriu a esses acadêmicos um maior número de possibilidades.

A formação e a manutenção de nossa rede de relacionamentos é fundamental; por isso, desta maneira, a atualização dos dados da agenda de contatos é um fator que não pode ser relegado a segundo plano. Apesar de a atividade ser simples, muitas vezes não se efetiva devido às correrias do dia-a-dia, levando ao afastamento das pessoas. O acompanhamento, por meio de contatos periódicos, além de se fazer lembrado, lhe permitirá a checagem e a verificação dos dados armazenados.

O *networking* amplia as oportunidades profissionais de forma econômica. Entretanto, não significa recorrer às pessoas somente quando se está precisando de ajuda. Os contatos devem ser mantidos exatamente quando não se está precisando deles. Procurar pessoas somente naquelas ocasiões denotará oportunismo e gerará uma impressão negativa de interesseiro. Isso, com certeza, afastará as pessoas. Forçar uma proximidade que não existe também é outro erro que atrapalha e afasta os outros.

Não existe relacionamento que não seja de mão dupla. Portanto, estar disponível e procurar ajudar quando alguém solicitar também significa ser atuante em seu processo de *networking*.

O bom *networking* deve ser um hábito, não um esforço. Não basta agir como um *networker*, é necessário pensar como um. Conseqüentemente, os comportamentos e as ações ocorrerão como resultado de seu modelo mental.

ALINHANDO OS OBJETIVOS PESSOAIS COM OS OBJETIVOS DA INSTITUIÇÃO

Assim como existem as competências profissionais/pessoais, também existem as competências empresarias.

Prahalad e Hamel (1990) caracterizaram a competência na dimensão organizacional. Eles consideraram como competências essenciais um conjunto de conhecimentos, habilidades, tecnologias, sistemas físicos e gerenciais inerentes a uma organização. Por meio dessas competências essenciais é que as organizações sobrevivem e obtêm a vantagem competitiva, conquistando a fidelidade de seus clientes.

Para um bom resultado, é necessário que estejamos integrados com as competências, pois, caso contrário, não agregaremos o valor esperado. Precisamos vincular o desempenho pessoal ao desempenho organizacional, interligando nossas metas individuais às da empresa.

Mas como integrar as competências pessoais com as competências institucionais? Alguns questionamentos podem ajudar, por exemplo: Que competências são necessárias e aplicáveis à organização? Tenho as competências requeridas?

Quais precisam ser aprimoradas? Qual é o seu planejamento estratégico? Que competências relevantes são necessárias para o futuro? Estou envolvido e comprometido com os objetivos organizacionais? As minhas expectativas de desenvolvimento estão em sintonia com as da instituição? Como disseminar o conhecimento coletivo para que possamos aumentar as competências de todos os profissionais?

Bukowitz e Williams (2002) apresentam, baseados na teoria de Ikujiro Nonaka e Hirotaka Takeuchi, dois tipos de conhecimento: o explícito e o implícito. O explícito "'é aquele que os indivíduos são capazes de expressar com bastante facilidade, utilizando a linguagem ou outras formas de comunicação – visuais, sonoras, corporais". O conhecimento implícito "é aquele que um indivíduo é incapaz de articular e, portanto, de converter em informação".

Esses dois tipos de conhecimento são utilizados no cotidiano de nossas ações; porém, para podermos compartilhar o que sabemos com as pessoas que estão ao nosso redor, torna-se necessário que transformemos o que está implícito em explícito.

O fim do segredo acabou! Não podemos mais acreditar que, ao guardarmos os nossos conhecimentos, teremos a supremacia do saber e, portanto, conseguiremos a segurança e o respeito desejados.

Guardar o segredo para si não faz mais sentido no mundo atual. Faz parte de um bom *marketing* pessoal compartilhar o que se sabe, contribuindo para ampliar as demais competências que existem nos outros profissionais da instituição. Com certeza, ao adotarmos essa prática, seremos vistos como pessoas desprendidas, seguras que favorecem o trabalho em equipe, fator muito valorizado no contexto das organizações. Nesse cenário, cabe repensarmos e questionarmos os modelos tradicionais vigentes durante décadas no interior das empresas.

Taylor, precursor da linha de administração na era industrial, pregava que não era necessário que os trabalhadores compreendessem os processos de trabalho em que estavam inseridos, pois isso poderia distraí-los, prejudicando sua eficiência. Sem dúvida, tal paradigma não é mais válido, pois o que se espera e o que se cobra dos funcionários é que agreguem valor às atividades que executam e, para que isso aconteça, é indispensável que conheçam os processos em que estão inseridos e que compartilhem seus conhecimentos. Somente assim, poderão demonstrar suas competências, bem como desenvolvê-las.

Olhar para esse novo foco exige rapidez, ousadia e determinação dos profissionais que buscam transformações eficazes para as suas metas. No entanto, a gestão do conhecimento e a gestão por competências não se instauram rapidamente na vida organizacional. Muitas vezes, é necessário ajudar a mudar a cultura vigente, geralmente presa a paradigmas enraizados e ultrapassados.

Entender como a instituição de ensino pensa e integrar as nossas competências profissionais com outros processos de trabalho, com certeza, contribuirá para o seu desenvolvimento e fortalecimento organizacional.

CONSIDERAÇÕES FINAIS

A partir das análises e considerações apresentadas, podemos concluir que é importante adotarmos ferramentas de visualização de nossas competências junto ao nosso ambiente, desde que bem-fundamentas e dotadas de conteúdo. Para finalizar, gostaríamos de ressaltar os seguintes aspectos na adoção do *marketing* pessoal.

- Ser ético é altamente relevante e, portanto, deve ficar no topo das prioridades para uma boa imagem profissional.
- Sintonizar-se com as expectativas dos clientes, realizando trabalhos valorosos capazes de atendê-los.
- Maximizar os seus pontos fortes.
- Aprimorar a auto-imagem e a auto-estima para a "compra" de si mesmo.
- Ser comprometido com as atividades sob sua responsabilidade.
- Projetar as suas idéias tendo como foco a obtenção de resultados positivos para a instituição – uma idéia adquire valor quando aceita e implementada.
- Realizar análise crítica de seu desempenho – uma auto-avaliação sincera detectará as potencialidades e deficiências, suscitando pontos para melhorias.
- Ter consciência da necessidade de mudança.
- Ter autocontrole.
- Ter visão estratégica, criando alternativas para enfrentar os desafios presentes e futuros.
- Ter visão sistêmica, isto é, compreender os macro processos da instituição em que atua de maneira global.
- Saber negociar em todos os níveis, internos e externos à organização, obtendo a compreensão e o entendimento dos objetivos propostos.
- Ser empático.
- Inspirar confiança.
- Ser criterioso com a apresentação pessoal, adequando tipo de vestimenta, cores e acessórios para cada situação.
- Ser versátil.
- Orientar-se para obter resultados efetivos.

REFERÊNCIAS

ARAUJO, P.H. de. *Motivação, hoje e sempre*. Rio de Janeiro: Qualitymark, 2003.

BUKOWITZ, W.R.; WILLIAMS, R.L. *Manual de gestão do conhecimento*. Porto Alegre: Bookman, 2002.

BERGAMINI, C.W. *Motivação*. São Paulo: Atlas, 1996.

BUKOWITZ, W.R.; WILLIAMS, R.L. *Gestão do conhecimento*. São Paulo: Bookman, 2002.

CHIAVENATO, I. *Carreira e competência: gerenciando o seu maior capital*. São Paulo: Saraiva, 2002.

COLOMBO, S.S. *Escolas de sucesso*. São Paulo: STS, 2001.

COLOMBO, S.S. *Gestão educacional: uma nova visão*. Porto Alegre: Artmed, 2004.

DUTRA, J.S. *Gestão por competências: um modelo avançado para o gerenciamento de pessoas*. São Paulo: Editora Gente, 2001.

DUTRA, J.S. *Gestão de pessoas: modelo, processos, tendências e perspectivas*. São Paulo: Editora Atlas, 2002.

GOLEMAN, D. *Inteligência emocional*. São Paulo: Objetiva, 1996.

GOMES, J.F. *A terceira competência: um convite a revisão do seu modelo de gestão*. Rio de Janeiro: Qualitymark, 2004.

GRAMIGNA, M.R. *Modelo de competências e gestão dos talentos*. São Paulo: Makron Books, 2002.

KUHN, T.S. *A Estrutura das revoluções científicas*. São Paulo: Perspectiva, 1997.

PENNA, A.G. *Introdução a motivação e emoção*. Rio de Janeiro: Imago, 2001.

PERRENOUD, P. *Formando professores profissionais*. Porto Alegre: Artmed, 2001.

PERRENOUD, P.; THURLER, M.G. *As competências para ensinar no século XXI: a formação dos professores e o desafio da avaliação*. Porto Alegre: Artmed, 2002.

PRAHALAD, C.K.; HAMEL, G. *The core competence of the corporation*. Harvard Business Review. v.68, n.3, p.79-91, May-June, 1990.

RESENDE, E. *A força e o poder das competências: conecta e integra*. Rio de Janeiro: Qualitymark, 2004.

ROMAN, J.R. *As forças da motivação*. São Paulo: Vida, 2000.